annabac
SUJETS et CORRIGÉS 2019

Sciences de la vie et de la Terre T^{le} S
spécifique & spécialité

Jacques Bergeron
Agrégé de l'Université

Jean-Claude Hervé
Agrégé de l'Université

Achevé d'imprimer
Par Maury imprimeur à Malesherbes - France
Dépôt légal 04546-0/01 - Août 2018

Annabac, mode d'emploi

Que contient cet Annabac ?

Tous les outils nécessaires pour se préparer de manière efficace à l'épreuve de SVT du bac 2019.

En premier lieu, des **sujets corrigés tombés lors des épreuves du bac 2018**, mais également :
– des sujets complémentaires ;
– des conseils de méthode ;
– les repères clés du programme.

▶ Une large sélection de sujets d'écrit

L'ouvrage comprend les **sujets de la dernière session** et des sujets complémentaires. Il regroupe à la fois des sujets complets et des exercices classés par thème, de manière à couvrir tout le programme. Il s'efforce de représenter de manière équilibrée **tous les types** d'exercices qui peuvent être proposés dans le cadre de l'épreuve.

▶ Également des QCM

Nous vous proposons des QCM afin que vous puissiez vous entraîner à ce type d'exercice, **fréquent dans les sujets de bac**.

▶ Comment les sujets sont-ils traités ?

Les auteurs de cet ouvrage ont eu à cœur de vous aider à bien interpréter un sujet et « fabriquer » une bonne copie. C'est pourquoi ils ont associé à chaque énoncé :
– une **explication du sujet** et des aides pour construire la réponse (rubrique « Les clés du sujet ») ;
– un **corrigé clairement structuré**, avec des conseils et des commentaires quand c'est nécessaire.

Comment utiliser l'ouvrage ?

▶ À l'aide du sommaire

Dès le mois de décembre, **à l'occasion d'un contrôle ou d'un examen blanc**, n'hésitez pas à vous familiariser avec les types d'exercices proposés au bac en traitant ceux correspondant aux **thèmes du programme à réviser**. Le sommaire vous aidera à les sélectionner.

Travaillez-les le plus possible, dans un premier temps, avec la seule aide des « Clés du sujet » ; puis confrontez ce que vous avez fait avec le corrigé proposé.

▶ **À l'aide du planning de révisions**

La date de l'examen se rapproche. Grâce à la rubrique « Votre planning de révisions », choisissez, en fonction du temps qui vous reste, les sujets qui vous permettront d'aborder l'épreuve dans les meilleures conditions possible.

Et l'offre privilège sur annabac.com ?

L'achat de cet ouvrage vous permet de bénéficier d'un accès gratuit* aux ressources d'annabac.com : fiches de cours, podcasts, quiz interactifs, exercices, sujets d'annales…

Pour profiter de cette offre, rendez-vous sur www.annabac.com, dans la rubrique « Vous avez acheté un ouvrage Hatier ? ». La saisie d'un mot clé du livre (lors de votre première visite) vous permet d'activer votre compte personnel.

* Selon conditions précisées sur www.annabac.com

Qui a fait cet Annabac ?

▶ L'ouvrage a été écrit par deux enseignants de SVT : Jacques Bergeron et Jean-Claude Hervé.

▶ Les contenus ont été préparés par plusieurs types d'intervenants :
- des éditeurs : Grégoire Thorel, Adeline Ida et Sarah Basset, assistés d'Anaïs Goin et de Justine Tajan ;
- une correctrice : Hannah-Belle Abdullah ;
- des graphistes : Tout pour plaire et Dany Mourain ;
- des maquettistes : Hatier et Nadine Aymard ;
- des dessinateurs : Philippe Bouillon (Illustratek) et Bernard Sullerot ;
- une illustratrice : Juliette Baily ;
- un compositeur : STDI.

SOMMAIRE

- **Votre planning de révisions** 8
- **12 sujets supplémentaires sur annabac.com** 10

I. L'épreuve en 12 questions-réponses

- **Le programme** 12
- **L'épreuve** 14
- **Nos conseils de méthode** 18

II. Préparer l'épreuve écrite

Sujet complet de France métropolitaine 2018

1. Formation et destruction des reliefs des chaînes de montagnes 22
2. Influence de la lumière sur la reproduction des plantes 29
3. Origine de la réduction (ou disparition) des membres chez les serpents 33
4. Le GABA, espoir de traitement pour les diabétiques de type 1 40

Sujets d'enseignement spécifique classés par thèmes

GÉNÉTIQUE ET ÉVOLUTION

Brassage génétique et diversité génétique

5. Des mécanismes de diversification génétique (I)
Pondichéry, mai 2018 47
6. Des hommes sans chromosome Y (I) • Afrique, juin 2016 55
7. Méiose et diversité des gamètes (I)
Nouvelle-Calédonie, novembre 2014 61
8. Transmission de deux caractères chez la drosophile (II-1)
Polynésie française, juin 2017 66
9. Les chats « calico » (II-2) • Pondichéry, avril 2016 70

De la diversification des êtres vivants à l'évolution de la biodiversité

10. Les mécanismes participant à l'évolution de la biodiversité (I)
France métropolitaine, septembre 2017 77

SOMMAIRE

11 L'origine virale du gène de la syncytine (II-2)
Nouvelle-Calédonie, novembre 2017 83
12 Relations de parenté entre l'ours polaire et le grizzly (II-2)
France métropolitaine, septembre 2016 89

Un regard sur l'évolution de l'Homme
13 Une nouvelle espèce d'hominidé : l'*Homo naledi* (II-2)
Pondichéry, avril 2017 95

La vie fixée des plantes, résultat de l'évolution
14 Le contournement des contraintes de la vie fixée des plantes (I)
Asie, juin 2017 105
15 Transpiration et croissance des feuilles
chez *Arabidopsis Thaliana* (II-1) • France métropolitaine, juin 2017 112
16 Organisation florale du mutant « pistillata » (II-1)
Amérique du Nord, juin 2016 116

LE DOMAINE CONTINENTAL ET SA DYNAMIQUE
17 Le domaine continental, sa dynamique et la géothermie (I)
Amérique du Nord, juin 2016 120
18 Rôle de l'eau dans la dynamique continentale (I) • Asie, juin 2015 127
19 La formation des monts Zagros (II-1)
France métropolitaine, septembre 2017 133
20 Les Pénitents des Mées (II-2) • Asie, juin 2016 136
21 Métamorphisme et magmatisme des roches
de la région de Gavarnie (II-2) • France métropolitaine, juin 2017 145
22 La Sierra Nevada, ancienne zone de subduction (II-2)
Afrique, juin 2017 153

GÉOTHERMIE ET PROPRIÉTÉS THERMIQUES DE LA TERRE
23 Subduction et géothermie (II-2)
France métropolitaine, septembre 2015 160

LA PLANTE DOMESTIQUÉE
24 Obtention d'une variété de blé tendre (II-2)
Amérique du Nord, juin 2017 165

QUELQUES ASPECTS DE LA RÉACTION IMMUNITAIRE
25 La varicelle, une maladie virale (I) • Asie, juin 2016 170
26 La myasthénie (I) • Afrique, juin 2017 175

27 Une nouvelle arme contre le staphylocoque doré (II-1)
Asie, juin 2017 180

28 Une molécule anti-inflammatoire de nouvelle génération (II-2)
Pondichéry, mai 2018.. 187

29 Immunité et sclérose en plaques (II-2)
France métropolitaine, septembre 2017 194

NEURONE ET FIBRE MUSCULAIRE : LA COMMUNICATION NERVEUSE

30 Mécanismes nerveux impliqués dans un mouvement volontaire (I)
France métropolitaine, juin 2017 199

31 Atropine et dilatation de la pupille (II-1)
Nouvelle-Calédonie, novembre 2017 205

32 Étude d'un dysfonctionnement synaptique (II-2)
Amérique du Nord, juin 2016 209

Sujets d'enseignement de spécialité classés par thèmes

ÉNERGIE ET CELLULE VIVANTE

33 Mécanismes énergétiques liés au fonctionnement de la pompe $Na^+ – K^+$ (II-2) • France métropolitaine, juin 2016.......... 215

34 La fabrication du vinaigre de cidre (II-2) • Liban, juin 2017 222

ATMOSPHÈRE, HYDROSPHÈRE, CLIMAT : DU PASSÉ À L'AVENIR

35 Des climats anciens en Afrique intertropicale (II-2)
France métropolitaine, juin 2017 228

36 La transformation de l'atmosphère terrestre (II-2)
Afrique, juin 2017.. 235

GLYCÉMIE ET DIABÈTE

37 La sitagliptine, un médicament antidiabétique (II-2)
Amérique du Nord, juin 2016 243

38 Obésité et diabète de type 2 (II-2)
Amérique du Sud, novembre 2017 250

III. S'entraîner aux QCM

- **39** Tout le programme 260
- **40** Méiose dans une cellule d'anthère de lys • Fesic 2013 272
- **41** Les couleurs du pelage des chats « tortie » • Fesic 2017 274
- **42** Le déterminisme du sexe chez les oiseaux • Fesic 2016 276
- **43** Biologie du lichen • Fesic 2016 278
- **44** Structure d'une fleur de lys • Fesic 2017 280
- **45** Les métagabbros • Fesic 2017 282
- **46** Densité de la lithosphère et subduction • Fesic 2017 284
- **47** Le phénotype immunitaire et son évolution • Fesic 2017 286
- **48** Effet du curare sur le système nerveux • Fesic 2016 289
- **49** Aspects histologiques du système nerveux • Fesic 2016 292

IV. Préparer l'épreuve pratique

- **50** Utilisation du glucose et respiration des levures • Sujet zéro 296

V. La boîte à outils

- ■ **Schémas et documents clés** 304
- ■ **Lexique** 324

Votre planning de révisions

J – 30 à J – 15

Vous débutez vos révisions un mois avant l'épreuve.

Traitez un exercice par thème clé

N°	Thème du programme
5	Génétique et diversification
14	La vie fixée des plantes
17	Domaine continental et géothermie
26	La réaction immunitaire
31	La communication nerveuse
33	Énergie et cellule vivante (spécialité)
37	Glycémie et diabète (spécialité)

Vous débutez vos révisions deux semaines avant l'épreuve.

Révisez dans des conditions optimales !

▶ **Avant tout, organisez-vous**

Sur une grande feuille, construisez un tableau, avec : à l'horizontale, les plages de révision qui vous restent et, à la verticale, les différentes matières à réviser. Associez à chaque case un contenu.

▶ **Mettez-vous dans les conditions de l'examen**

Dans les dernières semaines de révisions, il est très important de « plancher » sur de vrais sujets (3 exercices). Essayez de travailler par tranches d'au moins une heure, sans pause.

▶ **Travaillez en équipe**

Vous pouvez aussi organiser des séances de révisions avec des amis, afin de partager vos connaissances et vos techniques de travail, et vous soutenir le moral.

Bonne chance !

J – 15 à J – 7   J – 7 à J

Consolidez vos méthodes

N°	Point de méthode
15	Analyser un graphe
8	Résoudre un QCM
18	Réaliser un schéma
19	Organiser une réponse
31	Exploiter un modèle
12	Argumenter autour d'une hypothèse
27	Utiliser la méthode comparative

Dernière ligne droite
• Vous maîtrisez désormais les connaissances et les méthodes nécessaires pour réussir.
• Complétez vos révisions avec ces 2 sujets complets :

N°	1	2	3	4
N°	6	27	21	35

Parcourez le programme

N°	Thème du programme
7	Génétique
11	Diversification génétique
14	La vie fixée des plantes
1	Géologie
26	Immunologie
39	Tout le programme

Dernière ligne droite
• Vous avez revu les grands thèmes du programme.
• Entraînez-vous désormais sur ces 2 sujets complets :

N°	10	19	20	34
N°	5	8	32	36

Vous débutez vos révisions une semaine avant l'épreuve.

Droit au but !
• Plus qu'une semaine, il va falloir mettre les bouchées doubles !
• Travaillez sur ces 2 sujets complets dans les conditions de l'examen, en ne lisant le corrigé qu'après avoir traité le sujet au brouillon :

N°	14	30	13	38
N°	1	2	3	4

Sur **www.annabac.com**
retrouvez les corrigés de 12 sujets supplémentaires

Tapez le sujet dans le moteur de recherche du site.
D'un clic, vous affichez le corrigé.

12 sujets en accès gratuit

Enseignement spécifique

51 Génétique et évolution • L'homme de Flores : un mystère (II-2)

52 Génétique et évolution • Notions d'espèce et de gènes du développement (II-2)

53 Le domaine continental et sa dynamique
Magmatisme en zone de subduction (II-1)

54 Le domaine continental et sa dynamique
Origine de quelques granites post-collision (II-2)

55 Géothermie et propriétés thermiques de la Terre
Enjeux planétaires contemporains (I)

56 La plante domestiquée • De nouvelles variétés de tomates (II-2)

57 Quelques aspects de la réaction immunitaire
Un test rapide de diagnostic de la grippe (II-1)

58 Neurone et fibre musculaire : la communication nerveuse
Une patiente sans cervelet (II-2)

Enseignement de spécialité

59 Énergie et cellule vivante • Un gazon prêt pour l'Euro 2016 (II-2)

60 Atmosphère, hydrosphère, climat : du passé à l'avenir
Le blanchissement des récifs coralliens (II-2)

61 Atmosphère, hydrosphère, climat : du passé à l'avenir
La disparition des mammouths laineux (II-2)

62 Glycémie et diabète • Origine d'un diabète de type 2 (II-2)

I. L'épreuve en 12 questions-réponses

- ▶ **Le programme** 12
- ▶ **L'épreuve** 14
- ▶ **Nos conseils de méthode** 18

Le programme

Le nouveau programme de SVT en terminale S est défini dans le *Bulletin officiel spécial* n° 8 du 13 octobre 2011.

1. Quels sont les grands axes du nouveau programme ?

- Le programme de l'enseignement spécifique est découpé en trois grands thèmes :
– la Terre dans l'Univers, la vie, l'évolution du vivant (**thème 1**) ;
– les enjeux planétaires contemporains (**thème 2**) ;
– le corps humain et la santé (**thème 3**).

Ce découpage n'est pas fondamental lors de l'épreuve du bac car une question peut mêler les notions de **thèmes différents**. Néanmoins, l'intitulé de ces thèmes montre que l'accent est mis sur les questions d'actualité : les approches scientifiques proposées permettent de les aborder de façon rigoureuse, notamment dans l'exercice 2 de la partie 2.

- Dans le **thème 1**, une partie importante du programme est consacrée aux mécanismes génétiques de diversification du vivant, et donc à l'évolution. Cela implique de maîtriser les notions essentielles sur l'**expression des gènes** vues en première et sur les **mutations** et leurs conséquences. Quant au regard sur l'évolution humaine, il nécessite la maîtrise de notions vues en classe de troisième et de seconde, en particulier la façon de traduire les relations de parenté entre les êtres vivants.

- Dans ce **thème 1**, une place importante est consacrée à la **géologie**. En classe de première, l'accent a été mis sur la dynamique de la lithosphère océanique. En terminale, on aborde celle de la lithosphère continentale, notamment la formation des chaînes de montagnes, ce qui nécessite de maîtriser les idées fondamentales sur la **tectonique des plaques**.

- Cette partie géologie est complétée dans le **thème 2** par l'étude de la Terre en tant que machine thermique et par l'exploitation par l'Homme de l'énergie interne du globe (**géothermie**).

- L'étude de la biologie des **plantes à fleurs** dans une perspective évolutive est une nouveauté du programme. Il s'agit de découvrir les caractéristiques de la structure et de la reproduction des plantes qui sont acquises au cours de l'évolution. Ainsi, dans le **thème 2**, on envisage le principe des techniques qui permettent à l'homme de transformer une plante sauvage en une plante cultivée aux caractères avantageux pour lui.

• Les sujets se rapportant à la santé (thème 3) ont pour support, d'une part l'**immunologie** (immunités innée et adaptive) et, d'autre part, la **neurophysiologie** qui mobilise les notions de base sur les éléments d'un réflexe vues en classe de seconde.

> ▶ **Qu'est-ce qui est difficile dans ce programme ?**
>
> • Chaque thème du programme contient des difficultés qui lui sont spécifiques, mais le plus difficile est la variété des sujets abordés. De plus, comme l'étude du programme s'effectue à travers des activités pratiques et des analyses de documents divers et parfois complexes, il peut être difficile de bien s'y retrouver et de bien s'approprier les **notions fondamentales de chaque thème**.
>
> • La difficulté est donc de bien **hiérarchiser les connaissances** (distinguer ce qui est fondamental ou non) et repérer les **types de raisonnement** spécifiques à chaque sujet.

2. Que font les élèves en spécialité ?

• Le programme de spécialité est organisé autour des mêmes thèmes que le programme spécifique. Mais les sujets abordés changent :
– l'énergie et la cellule vivante (thème 1) ;
– l'atmosphère, l'hydrosphère, les climats : du passé à l'avenir (thème 2) ;
– la glycémie et le diabète (thème 3).

• L'évaluation de cet enseignement s'effectue uniquement à travers l'exercice de type 2 de la partie 2 et l'évaluation des compétences expérimentales. Par conséquent, **les activités pratiques et le travail en autonomie** sont davantage privilégiés qu'en enseignement spécifique.

L'épreuve

L'épreuve de SVT au baccalauréat est définie dans le *Bulletin officiel spécial* n° 7 du 6 octobre 2011.

3. En quoi consiste l'épreuve ?

- L'épreuve comporte deux parties :
– une partie écrite (3 h 30), comptant pour 16 points sur 20 ;
– une partie pratique d'évaluation des compétences expérimentales (1 h), comptant pour 4 points sur 20. Cette épreuve a lieu au cours du troisième trimestre, dans votre lycée.

- L'épreuve écrite est divisée en deux parties :
– la partie I, notée sur 8 points, permet d'évaluer la maîtrise des connaissances acquises ;
– la partie II permet d'évaluer la pratique du raisonnement scientifique et de l'argumentation ; elle est subdivisée en deux exercices, le premier (II-1) noté sur 3 points et le second (II-2), sur 5 points.

- L'épreuve est notée sur un total de 20 points. Elle est affectée d'un coefficient 8 pour les élèves en enseignement de spécialité et d'un coefficient 6 pour les autres.

4. Quels types de questions sont posés dans la partie I de l'épreuve écrite ?

- Le questionnement peut prendre des formes différentes :
– celle d'une question de synthèse unique ;
– celle d'une question de synthèse associée à un QCM ;
– celle d'un QCM seul.

- Quelle que soit la forme, il peut s'appuyer ou non sur un ou plusieurs documents.

> ▶ Quelques précisions sur les QCM de la partie I
> - Ces QCM sont axés sur les connaissances. Ils se présentent :
> – soit comme un **complément à la question de synthèse** ;
> – soit comme **constituant unique** de la partie I.
> - Un QCM est constitué d'une ou plusieurs questions appelées **items**.
> - Chacun des items comprend une consigne, par exemple « Cochez uniquement la proposition exacte » ou « Pour chaque proposition, dites si elle est vraie ou si elle est fausse ».

- Un item débute toujours par une **amorce** qui conduit à des **propositions** relatives à cette amorce, indépendantes les unes des autres et, généralement, en nombre réduit (4 le plus souvent). L'ordre des propositions ne préjuge en aucun cas de la bonne réponse.
- Si l'amorce s'appuie sur un document, celui-ci est obligatoirement le support des propositions qui portent directement sur les éléments de ce document.
- Les propositions sont généralement sans ambiguïté, en particulier lorsqu'il n'y a qu'une réponse exacte. Les réponses fausses (appelées distracteurs) peuvent paraître plausibles, mais il y a toujours dans leur libellé quelque chose d'inexact. Pour être quasi sûr de faire le bon choix, commencez par **éliminer les affirmations dans lesquelles vous avez repéré une erreur**, et qui sont donc fausses.
- Soyez attentif à la formulation (présence de mots tels que « **toujours** », « **la seule** », etc.) et à la précision du vocabulaire, et méfiez-vous des évidences apparentes.

5. Quelles sont les caractéristiques du premier exercice de la partie II ?

- Il est conçu dans le but d'évaluer votre capacité à raisonner à partir d'un nombre réduit de documents (le plus souvent un seul), dans le cadre d'un problème scientifique.

- Il peut se présenter sous la forme d'une question ouverte (c'est-à-dire sans guide pour l'exploitation du document) : c'est à vous d'en extraire les informations nécessaires à la résolution du problème.

- Il peut également se présenter sous la forme d'un QCM, qui sera construit suivant les mêmes modalités que dans la première partie (1 amorce et 4 propositions) mais toujours en lien avec le ou les documents, et avec une part de raisonnement plus importante. Vous ne pourrez en effet valider les propositions en faisant seulement appel à vos connaissances comme dans la partie I.

6. En quoi consiste le deuxième exercice de la partie II ?

- Si vous n'avez suivi que l'enseignement spécifique, il peut porter sur la même partie du programme que l'exercice II-1. Si vous êtes en enseignement de spécialité, cet exercice porte sur l'une des trois parties du programme de spécialité.

- Il permet d'évaluer votre capacité à pratiquer une démarche dans le cadre d'un problème scientifique à partir de l'exploitation d'un ensemble de documents et de vos connaissances. Le questionnement vous conduit à choisir et à exposer une démarche personnelle, à élaborer une argumentation et à proposer une conclusion.

- Contrairement au premier exercice de la partie II, cet exercice II-2 ne peut jamais se présenter sous la forme d'un QCM, et il est basé obligatoirement sur plusieurs documents (en général trois). Ces documents peuvent s'éloigner des choses vues en classe mais impliquent la mobilisation de connaissances acquises durant l'année de terminale.

> ▶ Peut-on faire une impasse dans ses révisions ?
>
> - Évidemment, non. En premier lieu, parce qu'un **même exercice** peut porter sur **plusieurs parties du programme**. Par exemple, un exercice peut porter à la fois sur les caractères liés à la vie fixée des plantes et sur la plante domestiquée.
> - Même si vous n'aimez pas la **géologie**, ne sacrifiez pas cette partie du programme dans vos révisions. Un sujet comprend en général une question se rapportant à l'un des deux thèmes de géologie du programme.

7. Comment se déroule l'épreuve pratique d'évaluation des compétences expérimentales ?

- Durant l'année, vous réalisez avec votre professeur toute une série d'activités pratiques qui comportent l'apprentissage de diverses techniques : utilisation du microscope, dissections, utilisation de logiciels…

- Au début du troisième trimestre, les professeurs de votre lycée choisissent un certain nombre de sujets d'évaluation parmi les 25 proposés, à cette date, par le ministère de l'Éducation nationale. Ces sujets peuvent être différents de ceux réalisés en classe durant l'année mais feront appel aux techniques que vous aurez acquises.

- Ce ne sont donc pas les travaux réalisés en classe qu'il importe de retenir mais leur intérêt pratique et les techniques acquises grâce à eux.

Tous les sujets proposés comportent quatre rubriques :

▶ **1. Comprendre ou proposer une démarche de résolution** : avant toute manipulation vous devez indiquer, à partir des éléments qui vous sont fournis, la démarche expérimentale que vous pensez suivre ou comprendre celle qui vous est proposée.

▶ **2. Utiliser des techniques et gérer le poste de travail** : vous devez suivre le protocole expérimental proposé en 1. en respectant les règles de sécurité, les précautions de manipulation du matériel et le soin général. Attention ! Vous serez jugé sur la manière de gérer votre manipulation. À la fin de celle-ci, n'oubliez pas de ranger avec soin le matériel et de laisser, dans la mesure du possible, le poste de travail dans l'état où vous l'avez trouvé.

▶ **3. Communiquer à l'aide de modes de représentation** : ceux-ci varient selon les sujets. Vous pourrez utiliser une rédaction, un schéma, un graphe…

▶ **4. Appliquer une démarche explicative** : vous devez exploiter vos résultats expérimentaux dans un exposé aboutissant à la réponse à la question qui a motivé votre démarche.

8. En quoi consiste l'épreuve orale de contrôle ?

• C'est une épreuve de « rattrapage » que vous ne passerez que si votre moyenne générale à la fin des épreuves écrites et pratiques est **égale ou supérieure à 8 et inférieure à 10**.

• Si vous avez choisi l'épreuve orale de SVT, c'est pour avoir une meilleure note qu'à l'écrit (la note obtenue à l'oral remplace, si elle est meilleure, celle de l'écrit). Le coefficient est intéressant car tout point gagné est multiplié par 6 ou 8 ; mais il faut bien réfléchir avant de vous décider : si vous avez eu une note correcte à l'écrit il vous sera peut-être difficile de faire mieux (il est plus facile de passer de 6 à 10 que de 14 à 15) !

• L'épreuve qui dure **20 minutes** est précédée d'un temps de préparation de 20 minutes. Vous tirerez au sort un sujet comportant deux questions, relatives à deux parties différentes du programme et vous devrez traiter les **deux questions**. Ces questions portent exclusivement sur le programme du tronc commun si vous n'avez pas choisi l'enseignement de spécialité. Dans le cas contraire, l'une des deux questions porte sur l'un des trois thèmes de spécialité.

• Les sujets comportent des **documents** choisis parmi ceux que les professeurs utilisent durant l'année. Une importance égale est attribuée à l'évaluation des connaissances et à celle des capacités mises en jeu (réflexion, raisonnement…).

• Vous trouverez sur le site de l'académie de Grenoble une **banque de sujets d'oral** qui vous permettra de préparer cette épreuve, si nécessaire, en en connaissant les exigences.

Nos conseils de méthode

9. Comment bien se préparer à l'épreuve tout au long de l'année ?

• Le moyen le plus simple est bien sûr de fournir un travail régulier, afin qu'au moment des révisions, vous n'ayez qu'à vous remettre en tête les notions déjà maîtrisées au cours de l'année. Pour cela, il est bon de faire le point la veille de chaque cours afin de suivre avec profit ce dernier.

• À la fin d'un thème, faites une **liste des mots clés**, en vérifiant avec le **lexique de l'Annabac** leur signification. Traitez également les sujets de l'Annabac qui se rapportent au thème en question.

• Dans la rubrique « Votre planning de révisions », vous trouvez des propositions pour réviser efficacement en fin d'année.

> ▶ **Comment utiliser cet Annabac ?**
>
> • Bien entendu, vous ne devez pas vous contenter de lire le corrigé d'un sujet, ni essayer de l'apprendre par cœur afin de pouvoir le reproduire si une question semblable est posée le jour de l'examen.
>
> • Lisez attentivement la rubrique **« Les clés du sujet »**, qui vous aide à bien cibler les questions posées, et essayez de les traiter comme si vous étiez à l'examen. Notez les points où vous avez éprouvé des difficultés. Ensuite, comparez votre réponse au corrigé de l'Annabac, en repérant les points semblables et **les idées que vous n'avez pas développées**.
>
> • Pour une question de type 1, repérez aussi les développements que vous avez faits et qui ne sont pas dans le corrigé : il y a alors de fortes chances que ce soit du hors-sujet.
>
> • Quant aux **QCM**, ne vous limitez pas à identifier la réponse exacte. Rechercher aussi pourquoi les autres sont fausses : c'est un moyen de s'approprier au mieux le thème qui s'y rapporte.

10. Comment bien utiliser le temps de l'épreuve ?

• Vous disposez de **3 h 30**. Cela paraît beaucoup, mais ce n'est pas le cas : les sujets comportent souvent des textes assez longs d'où vous devez extraire les informations utiles, ce qui exige du temps.

• La situation est d'ailleurs différente suivant que l'épreuve comporte ou non des **QCM**. **Commencez par ceux-ci si le sujet en contient.** Sous prétexte que les réponses sont rapides à faire, on a tendance à y répondre vers la fin de l'épreuve. C'est une erreur. Vous avez plus de chances de répondre correctement, si vous prenez le temps de les aborder en suivant la méthode indiquée précédemment.

• Si la question de la partie 1 est une **synthèse**, prenez le temps de la **préparer au brouillon**. Ne la rédigez pas entièrement sur votre brouillon, mais prévoyez l'introduction, les titres, l'idée directrice des différents paragraphes et la conclusion. Si on vous demande des schémas, réalisez-les avec soin, et n'oubliez pas de leur donner un titre et une légende. Globalement, il faut consacrer un peu plus d'**1 h 30** à la question de synthèse, et ce d'autant plus qu'elle est notée sur 8 points, alors que les exercices de la deuxième partie sont sur 3 et 5 points.

• Le deuxième exercice de la partie II comprend plusieurs documents, dont certains sont parfois assez longs à analyser. Commencer par cet exercice serait une erreur : vous risquez d'y consacrer trop de temps. Il est plus judicieux de le **traiter en dernier** : même si vous n'exploitez pas complètement les documents, vous pourrez assez facilement assurer un minimum de 2 ou 3 points sur 5.

11. Comment traiter la question de synthèse dans la partie I ?

• Il s'agit de faire un exposé de connaissances qui doit comporter :
– une introduction ;
– un **développement structuré** en un petit nombre de paragraphes, chacun matérialisé par un titre ;
– enfin une conclusion-bilan.

• La question vous précise si un ou plusieurs **schémas** sont exigés. Il faut alors prendre le temps de les réaliser avec soin afin de montrer visuellement au correcteur que vous avez compris, même si votre exposé écrit présente, par ailleurs, des déficiences. Si on ne vous demande pas de schémas, vous pouvez en faire malgré tout ; cela sera apprécié... s'ils apportent quelque chose à votre démonstration et révèlent une compréhension correcte du sujet.

• Il s'agit donc de présenter un enchaînement logique de vos connaissances aboutissant à une **réponse argumentée à la question posée**. Il ne vous est pas demandé de refaire les démonstrations, expérimentales ou non, qui ont permis d'établir ces connaissances.

12. Comment réussir l'exercice II-2 ?

• L'exercice 2 de la partie II propose en général une **réflexion sur un problème de société** et s'appuie sur un **dossier de plusieurs documents**, au minimum trois. Le support de ces documents vous est assez souvent inconnu : il peut s'agir aussi bien de résultats expérimentaux de chercheurs que d'articles de vulgarisation scientifique, mais les notions sous-jacentes sont relatives à votre programme.

- Sans être guidé par un questionnement précis, vous devez **extraire de chaque document les informations utiles** pour résoudre la problématique de l'exercice, les exploiter grâce à vos connaissances et les relier entre elles en une **synthèse cohérente** débouchant sur la résolution du problème posé.

- Soyez vigilants : les documents, en particulier lorsqu'il s'agit d'articles de presse, contiennent souvent des informations sans relation directe avec la problématique. Or le sujet précise toujours qu'« **aucune étude exhaustive des documents n'est attendue** » : n'utilisez que les éléments qui vous aident à résoudre le problème.

- Pour aborder cet exercice, la première chose à faire est de bien vous imprégner de la **problématique**, puis de **lire l'ensemble des documents** afin de vous faire une idée globale de la façon dont vous allez les exploiter. Cela est particulièrement nécessaire lorsque le support vous est inconnu. Analysez les documents un par un et notez au **brouillon** les informations pertinentes ainsi que les conclusions que vous tirez de chacun d'eux.

- Réfléchissez alors à la façon logique dont ces conclusions s'articulent, en pensant aux aspects sur lesquels vous avez besoin d'introduire des connaissances pour les compléter. Cela constituera alors le **plan de votre exposé**. Il ne vous reste plus qu'à rédiger votre devoir, sans oublier la conclusion qui répond à la problématique de l'exercice et peut se traduire par un schéma bilan.

> ▶ **Les critères de l'évaluation**
>
> Ils sont sensiblement les mêmes pour la question de synthèse et pour l'exercice 2 de la partie II.
> - La problématique doit être clairement présentée et montrer que le sujet a été compris.
> - Les éléments scientifiques issus de vos connaissances personnelles ou des documents doivent être complets et pertinents.
> - Le raisonnement scientifique doit apparaître clairement. Il doit témoigner d'une réflexion logique et cohérente et mettre en évidence les relations entre les différents arguments utilisés.
> - Une attention est apportée à l'expression écrite (rédaction, syntaxe, orthographe, connecteurs logiques, etc.) et à la réalisation d'éventuels schémas (clarté, présence d'un titre et d'une légende, etc.).

II. Préparer l'épreuve écrite

SUJET 1

France métropolitaine • Juin 2018
RESTITUTION DES CONNAISSANCES • 8 points

Formation et destruction des reliefs des chaînes de montagnes

▶ Expliquez la formation des reliefs associés aux chaînes de montagnes de collision ainsi que les mécanismes contribuant à leur disparition.

La réponse prendra la forme d'un texte structuré et illustré.

LES CLÉS DU SUJET

■ Comprendre le sujet

- Le libellé du sujet sans ambiguïté incite à faire un plan en deux grandes parties : la formation des reliefs, puis les mécanismes de leur disparition.
- Attention, il n'est pas demandé d'exposer les étapes de formation d'une chaîne de montagnes de collision. Il faut certes situer la formation des reliefs dans l'histoire d'une chaîne de collision, mais la description doit se limiter aux mécanismes créateurs de reliefs pendant la phase de collision.
- Concernant les mécanismes de destruction des reliefs, il faut surtout développer ceux liés à l'action de l'eau sous forme liquide et solide (action des glaciers). Les phénomènes tectoniques pouvant contribuer à la disparition des reliefs peuvent également être évoqués.
- Aucune référence à une chaîne de montagnes précise n'est imposée, seuls les mécanismes communs aux chaînes de collision importent.
- Enfin, le sujet demande d'illustrer votre propos sans donner de précision : les schémas relatifs aux plis, failles et nappes de charriage sont cependant les plus simples et les plus judicieux.

France métropolitaine 2018 CORRIGÉ 1

■ Mobiliser ses connaissances

- Au relief positif qu'est la chaîne de montagnes, répond en profondeur une importante racine crustale.
- L'épaisseur de la croûte résulte d'un épaississement lié à un raccourcissement et à un empilement.
- Les chaînes de montagnes anciennes ont des reliefs moins élevés que les plus récentes.
- Altération et érosion contribuent à l'effacement des reliefs. Les phénomènes tectoniques participent aussi à la disparition des reliefs.

CORRIGÉ 1

Introduction

Les chaînes de montagnes récentes, comme les Alpes et l'Himalaya, sont caractérisées par des reliefs positifs très accusés : plus de 8 000 m pour l'Himalaya, contrastant avec l'altitude moyenne du relief continental inférieur à 1 000 m. En revanche, les chaînes de montagnes anciennes comme le Massif armoricain ont une altitude beaucoup plus basse. Autrefois, elles ont pourtant été des montagnes aux reliefs accusés : des mécanismes ont donc contribué à la disparition de leurs reliefs au cours de leur histoire.

Nous allons explorer les mécanismes à l'origine de la formation des reliefs des chaînes de montagnes avant d'aborder ceux provoquant leur disparition.

I. La formation des reliefs des chaînes de montagnes

A. L'épaississement de la croûte des chaînes de collision

- Dans les chaînes de montagnes récentes, les reliefs sont associés à un épaississement de la croûte. Celle-ci atteint une épaisseur de 50 km dans les Alpes, et jusqu'à 70 km à certains endroits de l'Himalaya, alors que l'épaisseur moyenne de la croûte continentale est de l'ordre de 30 km. Cet épaississement affecte la couverture sédimentaire de la croûte et le socle. Au niveau du socle, cela se traduit par une racine crustale.

- Les mécanismes qui assurent l'épaississement de la croûte continentale sont aussi ceux en jeu dans la création des reliefs. Ces mécanismes sont dits tectoniques car ils se traduisent par des déformations des roches de la croûte.

B. Les déformations de la couverture sédimentaire (figure 1)

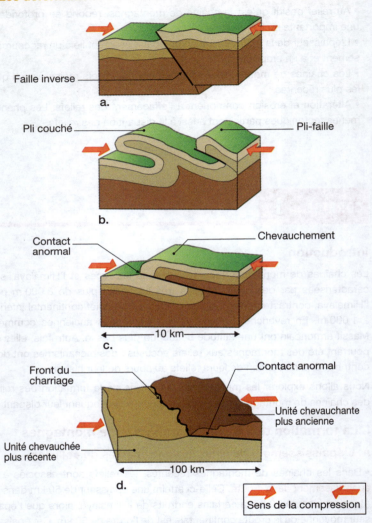

Figure 1. Déformations tectoniques associées à un raccourcissement : faille inverse (a), pli couché et pli-faille (b), chevauchement (c), nappes de charriage (d)

• La présence de plis affectant les roches de la couverture sédimentaire est très fréquente dans les reliefs des chaînes de montagnes. Or les sédiments à l'origine de ces roches se sont initialement déposés en couches quasi horizontales. Lors de la formation de la chaîne, les sédiments ont subi une déformation sous l'effet de forces compressives, provoquant un raccourcissement et un épaississement de la couverture sédimentaire.

Cela est particulièrement net pour les plis couchés, où les deux flancs sont quasiment parallèles et superposés.

• D'autres déformations dues à des contraintes compressives sont les failles inverses et les plis failles. Une faille est une fracture selon un plan, avec déplacement relatif des deux blocs situés de part et d'autre.

Lors d'une faille inverse, le compartiment situé au-dessus de la faille surmonte le compartiment situé en dessous, ce qui traduit une déformation en compression et s'accompagne d'un raccourcissement et d'un épaississement par rapport à la situation initiale.

• Les chevauchements, et surtout les nappes de charriage sont des déformations de plus grande ampleur. Dans ces deux cas, un déplacement horizontal d'un compartiment rocheux amène des terrains à chevaucher d'autres terrains. Lors d'un chevauchement, le déplacement est d'ampleur modérée (quelques kilomètres) alors que, dans une nappe de charriage, il peut dépasser une centaine de kilomètres.

Ces déformations conduisent souvent à une disposition anormale des formations sédimentaires, où des couches plus anciennes se trouvent au-dessus de couches plus récentes.

Chevauchement et nappe de charriage entraînent un raccourcissement important et un épaississement de la couverture sédimentaire participant à la formation de relief.

C. Les déformations du socle de la croûte des chaînes de montagnes

Par l'intermédiaire de données sismiques, on obtient un accès indirect à la structure profonde de la croûte d'une chaîne de montagnes. On constate un empilement d'écailles de croûte de nappes crustales superposées les unes aux autres et se chevauchant.

Ces déformations de grande ampleur participent au rétrécissement et à l'épaississement de la croûte, et donc à la formation de la racine crustale associée aux reliefs.

> **INFO**
> L'épaississement crustal dû à la superposition de nappes crée dans la croûte des conditions de température et de pression entraînant la formation de roches métamorphiques comme les gneiss. Une fusion partielle de la croûte est même parfois créée, aboutissant à la genèse d'un magma qui, en se solidifiant, donne des migmatites et des granites.

D. Le contexte tectonique créateur de l'épaississement crustal

• La chaîne de montagnes de collision résulte d'une longue histoire. La collision a été précédée d'un long épisode où de la lithosphère océanique séparant deux lithosphères continentales a subducté sous l'une des lithosphères continentales (convergence). Lorsque toute la lithosphère océanique a disparu par subduction, les deux lithosphères continentales sont entrées en collision. La convergence des deux lithosphères continentales a causé des déformations dans la lithosphère continentale subduite, ce qui a entraîné la formation de la chaîne. C'est ainsi que l'Himalaya résulte des déformations de la lithosphère de l'Inde suite à sa collision avec la lithosphère asiatique.

• Une fois la lithosphère océanique complètement résorbée, la subduction de la lithosphère continentale succède à celle de la lithosphère océanique. La majeure partie de la croûte continentale se désolidarise du manteau lithosphérique qui poursuit sa subduction. Du fait du blocage de sa subduction, la croûte se fracture et donne naissance à une première écaille de croûte sous laquelle la croûte continentale continue à s'enfoncer. Le phénomène se renouvelle tant que dure la convergence, de sorte que la croûte continentale se débite en plusieurs écailles superposées les unes aux autres. Ces écailles participent à la formation des reliefs. Les sédiments océaniques de la lithosphère océanique qui a subducté n'entrent pas pour leur majorité en subduction. Ils sont intensément déformés lors de la collision.

II. Les mécanismes contribuant à la disparition des reliefs

A. L'eau, agent principal de la destruction des reliefs

Cette action de l'eau débute dès la formation de la chaîne.

• **Action mécanique.** Les roches affleurant en altitude dans les montagnes sont fissurées et soumises à des températures variables, souvent basses. L'eau qui circule dans les fissures passe souvent de l'état liquide à l'état solide et inversement. Ce passage s'accompagnant d'une augmentation de volume, la glace fait éclater la roche, entraînant la formation d'éboulis constitués de fragments de roches. En avançant, les glaciers, masses de glace en mouvement, rabotent le fond et les parois de la vallée glaciaire, entraînant également la fragmentation de la roche encaissante.

• **Action chimique** : l'altération. L'eau attaque les minéraux des roches selon deux processus principaux :

– La dissolution, particulièrement active lorsque l'eau est riche en CO_2 dissous, concerne surtout les roches calcaires et aboutit à la disparition du calcaire solide sous forme d'ions solubles, les ions HCO_3^-.

– L'hydrolyse affecte surtout les roches magmatiques comme le granite, et les roches métamorphiques comme les gneiss, et plus précisément certains de leurs minéraux constitutifs : feldspaths micas. Certains ions participant à la composition de ces minéraux entrent en solution (Na^+, K^+, Ca^{++}). À partir des autres constituants de ces minéraux altérés se forment d'autres minéraux comme les argiles. Le quartz résiste, lui, à l'altération chimique. La roche ayant subi l'altération devient friable et sensible à l'action mécanique de l'eau.

• Érosion et sédimentation. Les fragments solides et les ions en solution produits par les actions mécanique et chimique sont entraînés par les eaux de ruissellement qui, par gravité, gagnent les torrents puis les fleuves. Ils sont finalement déposés dans des bassins continentaux et surtout des bassins océaniques. Le volume des dépôts sédimentaires de ces bassins peut être considérable et représente un transfert de matière des reliefs vers les bassins. Cela contribue à l'effacement des reliefs.

B. Phénomènes tectoniques et disparition des reliefs

• La disparition des reliefs ne se limite pas à pénéplaner la chaîne de montagnes. En effet, l'épaisseur de la croûte des chaînes de montagnes anciennes est de l'ordre de 30 km, ce qui correspond à l'épaisseur moyenne de la croûte continentale : la racine crustale a disparu. Cela suppose la disparition, outre des reliefs positifs, de 20 à 30 km de croûte. Cela est dû à un réajustement isostatique marqué par une remontée de la lithosphère suite à l'érosion des parties superficielles de la chaîne. Ce mouvement vertical, lié au fait que la lithosphère tend à être en équilibre sur l'asthénosphère, fait que la racine crustale est soumise à l'érosion jusqu'à retrouver une épaisseur normale.

• Il semble cependant que l'érosion même associée à la remontée isostatique de la croûte soit insuffisante pour rendre compte de la disparition des reliefs et que d'autres phénomènes tectoniques d'étirement et d'effondrement de la croûte y contribuent.

Conclusion

• La formation des reliefs d'une chaîne de montagnes s'intègre dans la dynamique globale de la planète, c'est-à-dire dans la tectonique des plaques. La convergence de deux lithosphères continentales entraîne des déformations de la croûte de la plaque subduite qui se traduisent par un raccourcissement et un épaississement de la croûte générateurs de reliefs. Ainsi, des mouvements horizontaux des plaques engendrent des reliefs verticaux.

- La destruction des reliefs, qui débute dès la formation de la chaîne, est due en grande partie à des phénomènes géologiques externes où l'action de l'eau est prépondérante.

- Ainsi, les chaînes de montagnes sont des systèmes dynamiques qui évoluent pendant des dizaines de millions d'années. La figure 2 traduit cette évolution : le pli est caractéristique de la formation des reliefs. La surface où des couches sédimentaires horizontales reposent en discordance sur les roches plissées évoque la destruction de la chaîne qui a été pénéplanée et recouverte ensuite par une mer.

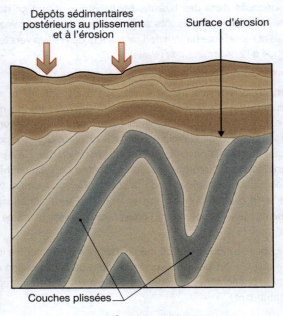

Figure 2 Évolution des reliefs des chaînes de montagnes

SUJET 2

France métropolitaine • Juin 2018
PRATIQUE DU RAISONNEMENT SCIENTIFIQUE
Exercice 1 • 3 points

Influence de la lumière sur la reproduction des plantes

▶ À partir de l'étude des documents, proposez une explication possible à l'impact de l'éclairage nocturne sur la reproduction des plantes à fleurs.

DOCUMENT 1 — Répartition des papillons de nuit en fonction de l'éclairage artificiel

Les papillons de nuit sont des pollinisateurs nocturnes.

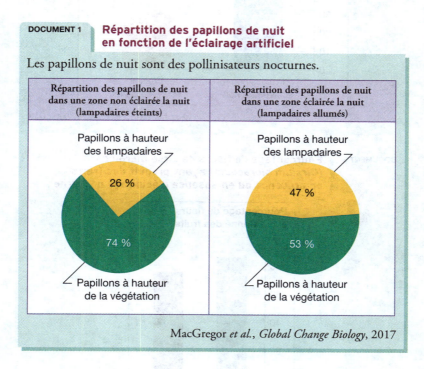

MacGregor *et al.*, *Global Change Biology*, 2017

DOCUMENT 2 — **Nombre de visites des fleurs de prairies par des insectes pollinisateurs nocturnes**

Les visites ont été dénombrées dans sept prairies laissées à l'obscurité la nuit et dans sept prairies éclairées la nuit par des projecteurs.

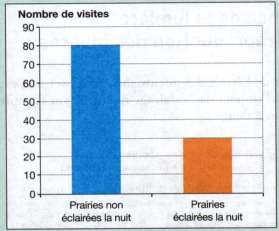

D'après Knop *et al.*, *Nature*, 2017

DOCUMENT 3 — **Pourcentage de fleurs de cirse maraîcher (*Cirsium oleraceum*) ayant produit des fruits en présence ou en absence d'éclairage nocturne**

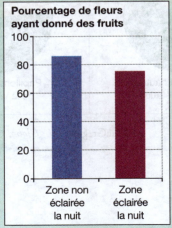

D'après Knop *et al.*, *Nature*, 2017

LES CLÉS DU SUJET

■ Comprendre le sujet

• Très souvent, lorsqu'il y a plusieurs documents dans une question II-1, l'évaluation est sous forme d'un QCM et l'exploitation des documents est guidée par les propositions. Ici, ce n'est pas le cas et c'est la question posée qui doit vous guider dans votre analyse des documents afin de réaliser un **raisonnement rigoureux**.

• Il faut **appliquer la méthode comparative** en précisant quelle est la situation **témoin** : celle sans éclairage.

• La question posée invite à préciser en premier lieu l'**impact de l'éclairage nocturne** sur la **reproduction** des plantes. C'est le document 3 qui fournit l'information, à savoir la diminution de la reproduction des plantes sous l'effet de l'éclairage nocturne.

• Les documents 1 et 2 permettent d'expliquer cet impact à travers l'action de l'éclairage artificiel sur l'activité pollinisatrice des insectes nocturnes.

• Cette démarche n'est pas obligatoirement attendue, une réponse suivant l'ordre des documents est possible bien que moins judicieuse.

■ Mobiliser ses connaissances

La pollinisation de nombreuses plantes repose sur une collaboration animal pollinisateur-plante.

CORRIGÉ 2

Introduction

Parmi les facteurs pouvant avoir une influence sur la reproduction des plantes à fleurs, les chercheurs se sont intéressés aux effets de l'éclairage artificiel nocturne de plus en plus présent dans l'environnement.

I. Impact de l'éclairage sur la fructification des plantes

• Le document 3 indique que, chez le cirse maraîcher, 85 % des fleurs en zone non éclairée ont donné des fruits contre 75 % en zone éclairée.

• Si l'on admet que les autres conditions sont par ailleurs les mêmes dans les deux zones, l'éclairage a eu pour conséquence une **diminution de la production de fruits** de l'ordre de 10 %.

• Le fruit contenant les graines étant l'aboutissement de la reproduction, on peut alors estimer que l'éclairage nocturne a un impact négatif sur la reproduction de ce type de plantes.

II. Impact de l'éclairage sur des insectes pollinisateurs nocturnes

1. Répartition des papillons de nuit en fonction de l'éclairage

• Dans le document 1, la situation dans la zone non éclairée la nuit constitue la situation témoin. Par rapport à cette situation témoin, l'éclairage nocturne a pour effet d'augmenter la densité de la population de papillons nocturnes autour du lampadaire (47 % contre 26 %) et de diminuer en conséquence celle des papillons présents à hauteur de la végétation (53 % contre 74 %).

• Il y a moins de papillons au contact des plantes sous l'effet de l'éclairage nocturne.

2. Éclairage nocturne et activité pollinisatrice des papillons

• Le document 2 montre que, par rapport aux prairies non éclairées (situation témoin), le nombre de visites dans les prairies éclairées la nuit est nettement plus faible (30 contre 80) ; cela représente une diminution de 62 %.

• L'éclairage nocturne a donc pour effet d'impacter négativement les rapports entre les insectes pollinisateurs et les plantes

Conclusion

La pollinisation est l'une des conséquences de la visite des fleurs par les insectes pollinisateurs. Lorsque les pollinisateurs ont une activité nocturne, l'éclairage a pour effet de diminuer la pollinisation.

> **INFO**
> Les plantes sont bien entendu également pollinisées par des insectes diurnes.

Cette dernière étant une étape indispensable à la reproduction des plantes à fleurs, cela peut expliquer l'impact négatif de l'éclairage nocturne sur la reproduction de ces plantes.

SUJET 3

France métropolitaine • Juin 2018
PRATIQUE DU RAISONNEMENT SCIENTIFIQUE
Exercice 2 spécifique • 5 points

Origine de la réduction (ou disparition) des membres chez les serpents

▶ À partir de l'étude des documents et des connaissances, expliquez l'origine de la réduction ou de la perte des membres chez les serpents.

DOCUMENT DE RÉFÉRENCE — Arbre phylogénétique simplifié de quelques vertébrés

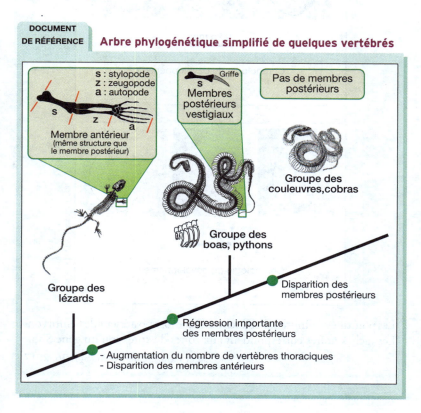

DOCUMENT 1 — **Expression du gène *Sonic HedgeHog* (Shh) dans les ébauches de membres postérieurs à différents stades du développement embryonnaire d'un lézard et d'un python**

Le gène Shh est un gène du développement participant à la formation des membres antérieurs et postérieurs des vertébrés.

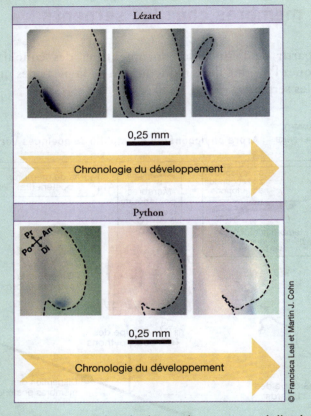

Les pointillés délimitent l'ébauche du membre postérieur de l'embryon. Les taches noires correspondent aux zones d'expression du gène Shh.

Leal et Cohn, *Current Biology*, 26, 2017

DOCUMENT 2 — Rôle de ZRS, séquence d'ADN régulatrice du gène Shh

Manipulations génétiques	Expression du gène Shh par localisation de l'ARNm de Shh (zones sombres) dans les bourgeons de membres antérieurs d'embryons de souris âgés de 10,5 jours
Témoin : séquence ZRS de souris non modifiée (mZRS)	0,1 mm
Suppression de la séquence ZRS de souris (mZRS)	0,1 mm
Insertion de la séquence ZRS de python (pZRS) en remplacement de la séquence ZRS de souris (mZRS)	0,1 mm ★ faible quantité d'ARNm de Shh mesurée

Kvon *et al.*, *Cell*, 167, 2016

DOCUMENT 3 — **Représentation schématique de la séquence ZRS de différents vertébrés**

	E0	E1	E2	E3	E4
Souris (*Mus musculus*)	■	■		■	■ ■
Lézard (*Anolis carolinensis*)	■	■		■	■ ■
Boa (*Boa constrictor*)	☒	☒		■	■ ■
Python (*Python molurus*)	☒	☒		■	■ ■
Cobra (*Ophiophagus hannah*)	- - - - - - - - - - - - - - - - - -		☒	■	■

E0, E1, E2, E3, E4 sont des portions de séquence très conservées au sein des vertébrés dotés de quatre membres locomoteurs.

☒ Portions de séquence perdues (délétions de 10 à 20 nucléotides)

- - - - - - - Séquence écourtée (perte de plusieurs centaines de nucléotides)

Kvon *et al.*, *Cell*, 167, 2016

DOCUMENT 4 — **Réactivation de la séquence ZRS de souris « serpentisées » par génie génétique**

La séquence pZRS(r) est obtenue par génie génétique en insérant la portion E1 de la séquence ZRS de souris dans la séquence ZRS du python.

Séquences ZRS insérées en remplacement de la séquence ZRS de souris	Activité de ZRS	Phénotype des souris
pZRS E0 ☒ E1 ☒ E2 ■ E3 ■ E4 ■	−	Souris « serpentisées » : membres antérieurs et postérieurs atrophiés
pZRS(r) E0 ☒ E1 de souris ⊞ E2 ■ E3 ■ E4 ■	+	Membres antérieurs et postérieurs normalement développés

Kvon *et al.*, *Cell*, 167, 2016

France métropolitaine 2018 **CORRIGÉ 3**

LES CLÉS DU SUJET

■ Comprendre le sujet

- Le document de référence indique que la réduction ou la perte des membres chez les serpents a été acquise durant l'évolution de leur lignée à partir d'un ancêtre possédant des membres. Le sujet consiste, à partir des documents, à préciser les caractéristiques des innovations génétiques survenues dans la lignée des serpents qui en sont la cause.
- Même si les informations sur la séquence codante du gène Shh ne sont pas directement fournies, il faut bien saisir qu'elle n'est pas en cause. Ce ne sont pas des mutations de la séquence codante du gène Shh dans la lignée des serpents qui ont entraîné l'atrophie des membres.
- Ce sont des mutations d'une séquence régulatrice du gène Shh affectant l'expression du gène qui sont en cause, et c'est cela qu'il faut établir. La notion de séquence régulatrice n'est pas explicite dans le programme, mais le document 3 donne l'information nécessaire sur sa fonction.
- Dans cet ensemble de documents, on révèle l'expression du gène Shh par la présence ou non dans les bourgeons des membres de l'ARNm du gène Shh. Sa présence indique que le gène s'exprime.

■ Mobiliser ses connaissances

S'agissant des gènes impliqués dans le développement, des formes vivantes différentes peuvent résulter de variations dans la chronologie et l'intensité d'expression de gènes plus que d'une différence génétique de la séquence codante de ces gènes.

CORRIGÉ 3

Introduction

L'arbre phylogénétique du document de référence indique que l'ancêtre commun aux lézards et aux serpents possédait des membres. L'absence ou la réduction importante des membres chez les serpents résulte d'innovations évolutives apparues dans leur lignée.

À partir des documents, nous allons étudier les mécanismes génétiques responsables de cette évolution.

I. Comparaison de l'expression du gène Shh chez le python et le lézard (document 1)

• On envisage ici l'expression du gène Shh au cours du développement embryonnaire du membre postérieur chez le python où ce membre, réduit au stylopode, est vestigial, et chez le lézard où son développement est complet.

• L'expression de Shh, comme celle de tous les gènes, s'effectue en deux étapes :
– la transcription (synthèse d'ARN messager) ;
– la traduction (synthèse de protéines à partir de l'ARN messager).

La tache noire présente sur certaines photographies du document 1 correspond à l'ARN messager résultant de l'expression du gène Shh.

• Au tout début du développement, le gène s'exprime aussi bien chez le python que chez le lézard, mais de manière moins étendue et moins intense chez le python. Il cesse rapidement de s'exprimer chez le python alors qu'il continue à le faire chez le lézard.

• Le gène Shh participant à la formation des membres, on peut émettre l'hypothèse que cette différence d'expression est responsable de la différence du développement des membres chez ces deux vertébrés. En particulier, l'arrêt précoce de l'expression du gène chez le python pourrait être la cause de l'existence du caractère vestigial du membre postérieur de ce serpent.

II. Cause de l'arrêt de l'expression du gène Shh chez le python (document 2)

• Chez l'embryon de souris témoin, on constate la présence d'ARN messager dans le bourgeon des membres antérieurs : le gène Shh s'exprime donc.

En revanche, chez l'embryon de souris sans séquence régulatrice ZRS du gène Shh, il n'y a pas d'ARN messager : le gène Shh ne s'exprime pas.

Cette séquence ZRS est donc indispensable à l'expression du gène Shh.

• La séquence ZRS ne fait pas partie de la séquence codante du gène ; elle n'est pas transcrite en ARN messager, mais elle contrôle son expression, d'où sa qualification de séquence régulatrice.

• Lorsque la séquence ZRS de la souris est remplacée par la séquence homologue du python chez un embryon de souris, on constate que le gène Shh s'exprime très faiblement.

On en conclut que la séquence ZRS du python ne déclenche que de façon très limitée l'expression du gène Shh.

III. Raisons de la faible efficacité de la séquence pZRS

- Le document 3 montre que les portions E0, E1, E2, E3, E4 de la séquence ZRS sont très conservées chez les vertébrés dotés de quatre membres.
- Chez le boa et le python, deux de ces portions, E0 et E1, sont absentes (délétions). Ces délétions peuvent être la cause de la taille très réduite des membres postérieurs chez le python et le boa.
- Chez le cobra, la séquence ZRS est considérablement amputée et seules les portions E3 et E4 sont conservées. Cette délétion très importante fait que ZRS doit être totalement inefficace et la cause de l'absence totale de membres chez le cobra.

IV. Importance de la portion E1 dans le fonctionnement de ZRS (document 4)

- Le remplacement de la séquence ZRS de la souris par celle du python chez un embryon de souris (document 2) entraîne une atrophie des membres.
- En revanche, si la séquence pZRS du python est modifiée par la substitution d'une portion E1 de la souris à la portion E1 du python, elle s'avère capable de déclencher l'expression du gène Shh chez l'embryon de souris et, par là, le développement des membres. Cela montre que la délétion de la région E1 dans la séquence ZRS du python est responsable de la très faible expression du gène Shh chez ce serpent, et donc à l'origine de l'atrophie des membres.

Bilan

- Le gène Shh est impliqué dans le développement embryonnaire des membres. Son expression dépend d'une séquence régulatrice ZRS présente chez tous les vertébrés.
- Chez les vertébrés aux membres atrophiés ou absents, la séquence ZRS diffère de celle des vertébrés aux membres développés par des délétions d'au moins deux portions de cette séquence ZRS (E0 et E1).
- Chez le python, la délétion de la portion E1 est responsable de l'expression très faible et très limitée dans le temps du gène Shh, ce qui entraîne l'atrophie des membres postérieurs et l'absence des membres antérieurs.
- Chez le cobra et la couleuvre, les délétions plus importantes de trois portions (E0, E1 et E2) font que la séquence régulatrice ZRS ne permet aucune expression du gène Shh, d'où l'atrophie complète des membres antérieurs et postérieurs.
- Ainsi, une innovation génétique apparue au cours de l'histoire évolutive des serpents, cause de l'atrophie ou de la disparition de leurs membres, est une mutation entraînant une délétion d'une portion de la séquence régulant l'expression du gène Shh dans les bourgeons des membres.

Le GABA, espoir de traitement pour les diabétiques de type 1

France métropolitaine • Juin 2018
PRATIQUE DU RAISONNEMENT SCIENTIFIQUE
Exercice 2 spécialité • 5 points

▶ À partir de l'étude des documents et des connaissances, justifiez que le GABA constitue un espoir de traitement pour les diabétiques de type 1 et expliquez son mode d'action.

DOCUMENT 1 — Conséquences de l'injection quotidienne de GABA sur des souris diabétiques

a. Concentration en glucose mesurée dans le sang de souris diabétiques ayant reçu des injections quotidiennes de GABA ou de solution saline (témoin)

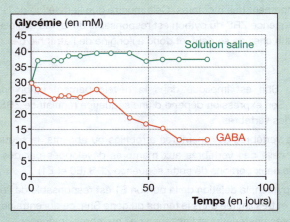

Soltani *et al.*, *PNAS*, 2011

b. Coupes de pancréas de souris observées au microscope après marquage des cellules β des îlots de Langerhans (en noir) et identification de lymphocytes infiltrant le tissu (flèches rouges)

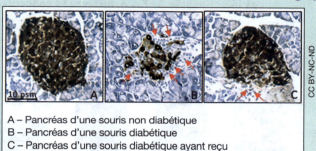

A – Pancréas d'une souris non diabétique
B – Pancréas d'une souris diabétique
C – Pancréas d'une souris diabétique ayant reçu des injections quotidiennes de GABA

Soltani *et al.*, *PNAS*, 2011

c. Concentrations d'insuline et de glucagon mesurées dans le sang de souris diabétiques ayant reçu des injections quotidiennes de solution saline ou de GABA

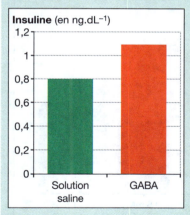
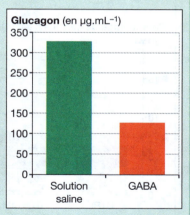

Soltani *et al.*, *PNAS*, 2011

DOCUMENT 2 — Pourcentage des cellules productrices de glucagon (cellules α) ou d'insuline (cellules β) dans les îlots de Langerhans de souris ayant reçu, ou non (CTRL), des injections de GABA à différentes concentrations

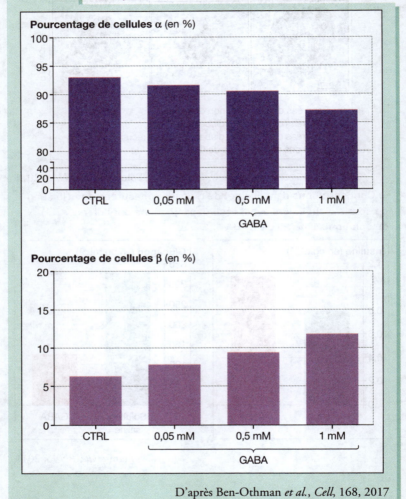

D'après Ben-Othman *et al.*, *Cell*, 168, 2017

DOCUMENT 3 — Effet du GABA sur la proportion de cellules productrices d'insuline et de glucagon dans les îlots de Langerhans

Traitement reçu par les souris	Schématisation simplifiée d'un îlot de Langerhans avec marquage des cellules produisant de l'insuline (★)	Schématisation simplifiée d'un îlot de Langerhans avec marquage : – des cellules produisant de l'insuline (★) – des cellules produisant du glucagon (▲) – des cellules ayant produit du glucagon mais n'en produisant plus (▲)
Solution saline (témoin)		
GABA		

Schéma simplifié d'après Ben-Othman *et al.*, *Cell*, 168, 2017

France métropolitaine 2018 — CORRIGÉ 4

LES CLÉS DU SUJET

■ Comprendre le sujet

- Le sujet comprend deux parties : la première porte sur l'espoir d'un traitement chez les diabétiques de type 1, la deuxième sur le mode d'action du GABA. Comprendre ce mode d'action permet d'expliquer l'utilité d'un tel médicament pour les diabètes de type 1, il est donc plus judicieux de commencer par cette partie.
- Le document 1 met en évidence l'**action hypoglycémiante** du GABA chez les souris rendues artificiellement diabétiques, et laisse supposer que son action s'exerce sur les **îlots de Langerhans**.
- Les documents 2 et 3 permettent de préciser les deux modalités d'action du GABA. Le document 3 est une **schématisation extrême** des résultats expérimentaux des chercheurs pour mettre en relief les faits essentiels. Il faut l'analyser très rigoureusement en utilisant la **méthode comparative** et en s'appuyant sur une **analyse quantitative** des données fournies.
- Il reste à utiliser vos connaissances sur le diabète de type 1 humain pour expliquer pourquoi le GABA pourrait être un médicament.

■ Mobiliser ses connaissances

- La régulation de la glycémie repose notamment sur les hormones pancréatiques : insuline et glucagon.
- Le diabète de type 1 résulte de la perturbation de la régulation de la glycémie provoquée par l'arrêt ou l'insuffisance d'une production pancréatique d'insuline.
- L'absence ou l'insuffisance de l'insuline est due à une destruction auto-immune des cellules β des îlots de Langerhans.

CORRIGÉ 4

Introduction

Le diabète de type 1 et sa manifestation hyperglycémique sont dus à la destruction des cellules bêta des îlots de Langerhans du pancréas. Les recherches récentes laissent espérer que le GABA puisse être utilisé dans le traitement de ce type de diabète.

Nous allons, en exploitant les documents proposés, établir les modes d'action du GABA qui permettraient de rétablir l'activité des cellules bêta.

I. Conséquences des injections régulières de GABA (document 1)

1. Effets du GABA sur l'hyperglycémie

La stabilité de la glycémie (5,4 g/L) des souris témoins (document 1a) indique qu'elles sont restées diabétiques durant toute la durée de l'expérience. Par contre, chez des souris également diabétiques

> **INFO**
> 30 mM/L
> équivalent à 5,4 g/L
> (30 × 180/1 000 = 5,4)

traitées par le GABA, il y a une baisse régulière de la glycémie qui passe de 5,4 g/L (30 mM) à environ 1,8 g/L (10 mM), soit une réduction des deux tiers de la glycémie d'origine : le GABA a un effet hypoglycémiant net.

2. Action du GABA sur le pancréas (document 1b)

• Par rapport au pancréas de la souris non diabétique, celui d'une souris diabétique se caractérise par la destruction importante des îlots de Langerhans, associée à une infiltration de lymphocytes sans doute responsables de la destruction des cellules pancréatiques. Sous l'action du GABA, il y a restauration des îlots de Langerhans et diminution des infiltrations leucocytaires.

• La baisse importante de la glycémie sous l'action du GABA notée dans le document 1a est donc associée à une restauration des îlots de Langerhans. Cela laisse supposer que ces îlots restaurés sécrètent de l'insuline et possèdent donc des cellules bêta.

3. Action du GABA sur les concentrations d'insuline et de glucagon

• Le document 1c indique que, sous l'action du GABA :
– la concentration d'insuline passe de 0,8 ng/dL chez les souris témoins à 1,1 ng/dL chez les souris traitées ;
– la concentration en glucagon passe de 325 µg/mL chez les souris témoins à 120 µg/mL chez les souris traitées.

L'injection quotidienne de GABA a donc pour résultat d'augmenter l'insulinémie et de diminuer la glucagonémie chez les souris diabétiques.

• L'insuline ayant un effet hypoglycémiant et le glucagon un effet hyperglycémiant, cela explique la baisse importante de la glycémie notée dans le document 1a.

• La restauration des îlots de Langerhans sous l'action du GABA chez la souris diabétique s'accompagne d'une augmentation de la sécrétion d'insuline et d'une diminution de celle de glucagon. Cela permet de supposer que le GABA a pour effet de restaurer des cellules bêta et de diminuer le nombre de cellules alpha.

II. Effet du GABA sur le nombre de cellules α et β chez les souris diabétiques (document 2)

• Chez les souris diabétiques témoins (CTRL), les îlots de Langerhans sont constitués à 93 % de cellules α et à 7 % de cellules β, donc très peu de cellules β sécrétrices d'insuline.

• Sous l'action du GABA, le pourcentage de cellules α diminue tandis que celui des cellules β augmente, et cela d'autant plus que la concentration de GABA est élevée.

III. Le double effet du GABA (document 3)

• Dans un premier temps, on considère uniquement le devenir des cellules bêta. On constate que le GABA a pour effet d'entraîner une augmentation de la taille de l'îlot de Langerhans, due à une augmentation du nombre de ses cellules, et en particulier celle des cellules bêta (de 8 à 20 sur le schéma).

• On considère maintenant le devenir des cellules alpha et des cellules bêta. Le GABA a pour effet d'augmenter le nombre de cellules produisant de l'insuline. Toutes les cellules sécrétrices d'insuline apparues sous l'action du GABA ont sécrété initialement du glucagon : elles étaient donc des cellules alpha.

• Le GABA a pour effet :
– d'augmenter le nombre de cellules alpha à partir des cellules alpha pré-existantes ;
– de provoquer la transformation de ces nouvelles cellules α en cellules β.

On constate qu'il reste un fond de cellules alpha, ce qui explique la sécrétion permanente de glucagon par le pancréas.

Conclusion

Le diabète de type 1 est caractérisé par la disparition plus ou moins complète des cellules bêta et la persistance de cellules alpha. La disparition des cellules bêta impose le traitement astreignant par injections plus ou moins fréquentes d'insuline.

Si les résultats obtenus chez la souris sont transposables à l'homme, on peut penser que l'utilisation du GABA chez les diabétiques de type 1 peut provoquer la multiplication des cellules alpha persistantes et leur transformation en cellules bêta (ce qui représente un changement de phénotype des cellules alpha).

Les cellules bêta ainsi restaurées, en produisant de l'insuline, pourraient permettre de supprimer les injections quotidiennes de cette hormone.

SUJET 5

Pondichéry • Mai 2018
RESTITUTION DES CONNAISSANCES • 8 points

Des mécanismes de diversification génétique

La diversification génétique des êtres vivants s'explique notamment par la diversité des gamètes produits lors de la méiose. Au cours de celle-ci, des accidents peuvent survenir contribuant aussi à cette diversité.

▶ **En vous appuyant sur l'exemple d'une méiose normale d'une cellule à $2n = 2$ chromosomes et d'un accident de méiose conduisant à une duplication d'un gène, montrez que ces mécanismes sont à l'origine de la diversité génétique des gamètes.**

Remarque : la paire de chromosomes homologues sera porteuse d'un gène A (avec les allèles *a1* et *a2*) et d'un gène B (avec les allèles *b1* et *b2*).
Votre exposé sera structuré avec une introduction et une conclusion. Il sera accompagné de schémas.

ENS. SPÉCIFIQUE

LES CLÉS DU SUJET

■ **Comprendre le sujet**

• Ce sujet sur la diversité des gamètes produits lors de la méiose, bien que classique, présente une double originalité :
– Envisager la méiose chez une espèce où $2n = 2$, donc où le caryotype ne possède qu'une seule paire de chromosomes homologues. De fait, il ne peut y avoir de brassage interchromosomique. Il s'agit donc de traiter le **brassage intrachromosomique**, c'est-à-dire le brassage des allèles de deux gènes situés sur le même chromosome. Il faut schématiser dès l'introduction la **localisation des allèles** sur la paire de chromosomes.
– Développer une diversité génétique engendrée non pas par un brassage d'allèles, mais par la **duplication d'un allèle** d'un gène dans une cellule issue de la méiose.

• Deux méioses sont donc à prendre en compte, l'une normale pour le brassage des allèles des gènes, l'autre qualifiée d'anormale (accident de méiose) pour la duplication d'un allèle.

• Au cours de la prophase de la première division d'une méiose qualifiée de normale, il y a toujours au moins un **crossing-over** sur une paire de chromosomes homologues. Si l'on considère les allèles de deux gènes, il faut que le crossing-over soit situé entre les loci des deux gènes pour faire apparaître la diversité génétique. Il est donc inutile de décrire une méiose sans crossing-over. Une telle méiose serait d'ailleurs anormale ! Ce qui change entre les diverses méioses, c'est la position des crossing-over.

• L'accident de méiose qui conduit à la duplication d'un allèle d'un gène affecte aussi la localisation du crossing-over. On parle de **crossing-over inégal**. C'est un crossing-over qui est localisé près d'un gène mais qui affecte de façon différente les chromatides impliquées.

■ **Mobiliser ses connaissances**

• La méiose est la succession de deux divisions précédée d'un doublement de la quantité d'ADN. Elle produit quatre cellules haploïdes à partir d'une cellule diploïde.

• Au cours de la méiose, des échanges de fragments de chromatides (crossing-over) se produisent entre chromosomes homologues d'une même paire.

• Des anomalies peuvent se produire. Un crossing-over inégal aboutit parfois à une duplication de gène.

CORRIGÉ 5

Introduction

C'est dans les gonades d'un mammifère (testicules et ovaires) que les cellules mères diploïdes des gamètes (spermatocytes I et ovocytes I) subissent la méiose. Celle-ci est caractérisée par deux divisions cellulaires successives aboutissant à la formation de quatre cellules haploïdes (n chromosomes) qui se différencient en gamètes.

Toutes les cellules mères des gamètes d'un individu ont le même caryotype et le même génotype. En revanche, les cellules haploïdes issues d'une méiose, même unique, sont génétiquement différentes. Cette diversité est due au brassage des allèles des gènes au cours de la méiose.

En outre, des anomalies peuvent survenir au cours des méioses, et notamment celles qui conduisent à une autre forme de diversité génétique consistant en la duplication d'un allèle d'un gène.

Pour décrire les mécanismes à l'origine de ces diversités génétiques, nous allons considérer une espèce dont le caryotype ne comprend que deux chromosomes, ces chromosomes homologues portant en particulier les allèles de deux gènes A et B. La figure 1 ci-après schématise la garniture chromosomique d'une cellule mère des gamètes au début (a) et à la fin (b) de l'interphase qui précède la méiose.

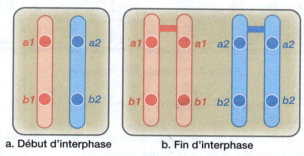

a. Début d'interphase   b. Fin d'interphase

Figure 1. Cellule mère des gamètes ($2n = 2$) à l'interphase

I. Mécanisme du brassage allélique au cours de la méiose

1. Le remaniement des chromosomes homologues au cours de la prophase I

• Cette prophase est caractérisée, dans un premier temps, par l'appariement étroit des chromosomes homologues ; puis, dans un deuxième temps, les chromosomes d'une même paire tendent à se séparer sauf au niveau de chiasmas, dont la position et le nombre sont variables d'une méiose à l'autre.

• C'est au niveau de ces chiasmas que se produit le crossing-over (figure 2, page suivante) qui consiste en l'échange de fragments entre chromatides non sœurs de chromosomes homologues.

• Cet échange entraîne un brassage intrachromosomique qui s'accompagne d'un brassage génétique pour les deux gènes considérés uniquement si le crossing-over est situé entre les loci des deux gènes.

• Ce type de brassage conduit à deux chromosomes homologues possédant chacun une nouvelle association d'allèles portée par l'une de leurs chromatides : *a1* et *b2* pour l'un, *a2* et *b1* pour l'autre.

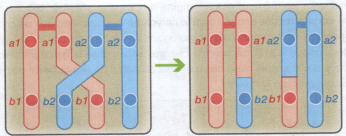

Remaniement des chromosomes homologues par crossing-over

Figure 2. Prophase I de la méiose

2. La fin de la première division de la méiose dans une cellule $2n = 2$

• Pendant la métaphase, les deux chromosomes homologues encore appariés se placent de part et d'autre de la plaque équatoriale.

• À l'anaphase, un chromosome (toujours formé de deux chromatides) se dirige vers l'un des pôles de la cellule et son homologue vers l'autre pôle. Chacune des deux cellules filles n'hérite donc que d'un chromosome, et chaque chromosome est toujours formé de deux chromatides, qui diffèrent par les deux associations d'allèles qu'elles portent (figure 3).

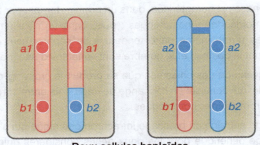

Deux cellules haploïdes

Figure 3. Fin de la première division de la méiose

3. La deuxième division de la méiose

• La deuxième division se déroule comme au cours d'une mitose normale dans chacune des deux cellules issues de la première division, lesquelles sont haploïdes avec un seul chromosome dans l'exemple envisagé.

> **DÉFINITION**
> Un gamète produit par un individu est dit parental lorsqu'il possède l'association d'allèles de gènes, identique à celle du gamète qu'il a reçu de l'un de ses parents.
> Il est dit recombiné s'il possède une association d'allèles autre que celle du gamète qu'il a reçu de chacun de ses parents.

• À l'anaphase, dans chaque cellule, les deux chromatides du chromosome se séparent et migrent chacune vers un pôle.

On aboutit à quatre cellules haploïdes (figure 4) :

– deux cellules dites parentales, possédant la combinaison initiale des allèles des deux gènes (*a1b1* pour l'une, *a2b2* pour l'autre) ;

– deux cellules dites recombinées, possédant de nouvelles associations des allèles (*a1b2* pour l'une et *a2b1* pour l'autre).

Les cellules recombinées témoignent du brassage allélique réalisé par la méiose, lequel brassage accroît la diversité génétique des gamètes.

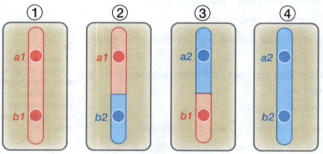

① (*a1 b1*) et ④ (*a2 b2*) : **gamètes parentaux**
② (*a1 b2*) et ③ (*a2 b1*) : **gamètes recombinés**

Figure 4. Fin de la méiose

II. Mécanismes à l'origine de la duplication d'un allèle

1. La duplication de gènes

• Dans le cas d'une méiose normale durant la prophase I, l'appariement des chromosomes homologues s'effectue gène à gène, d'une façon étroite et très précise.

• La duplication peut avoir pour origine une anomalie de cette prophase de la première division de la méiose appelée crossing-over inégal. Celui-ci est dû à un défaut dans l'appariement des chromosomes.

• Considérons un crossing-over inégal aboutissant à la duplication du gène B (figure 5, page suivante). Tout d'abord, le crossing-over a lieu près du locus du gène B, mais il y a un décalage dans sa position sur les deux chromatides homologues impliquées (figure 5a).

Le crossing-over a alors lieu en arrière de l'allèle *b2* sur l'une des chromatides et en avant de l'allèle *b1* sur l'autre chromatide.

• À la fin de ce type de prophase I, l'une des chromatides considérées possède deux allèles *b1* et *b2* du gène alors que l'autre chromatide ne possède plus d'allèle de ce gène (figure 5b).

2. Les gamètes obtenus

• À la fin d'une telle méiose, les gamètes sont de trois types :

– deux gamètes normaux possédant chacun un allèle des gènes A et B ;

– un gamète sans allèle du gène B ;

– un gamète porteur de deux allèles du gène B.

> **INFO**
> Ici les deux allèles *b1* et *b2* du gène B sont différents, mais la duplication génique peut concerner deux allèles identiques d'un gène.

• Ce gamète est ainsi porteur de deux allèles du même gène occupant des loci différents sur un même chromosome. Puisque ces allèles occupent deux loci différents on peut alors parler de deux gènes. Il y a eu une duplication génique.

Génétique et évolution **CORRIGÉ 5**

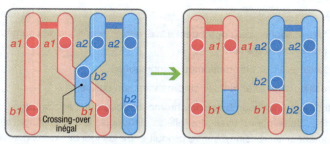

a. Prophase de la première division
(remaniement des chromosomes
par un crossing-over inégal)

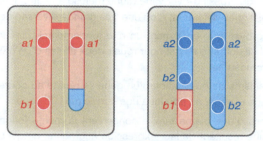

b. Fin de la première division de la méiose
(2 cellules haploïdes)

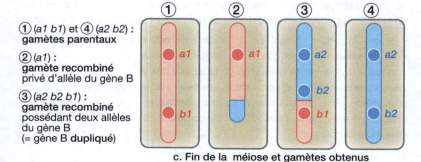

① (a1 b1) et ④ (a2 b2) :
gamètes parentaux

② (a1) :
gamète recombiné
privé d'allèle du gène B

③ (a2 b2 b1) :
gamète recombiné
possédant deux allèles
du gène B
(= gène B **dupliqué**)

c. Fin de la méiose et gamètes obtenus

Figure 5. Méiose présentant un crossing-over inégal

Bilan

- Des faits essentiels qui contribuent à la **diversité génétique des gamètes** lors d'une méiose normale sont :
– l'**appariement** des chromosomes homologues ;
– le **crossing-over** affectant les chromatides non sœurs.

Il y a toujours une recombinaison chromosomique qui s'accompagne, si l'on considère deux gènes avec des allèles différents, d'un brassage allélique uniquement si le crossing-over se produit entre les loci des deux gènes.

- Les chromosomes homologues des cellules qui subissent la méiose possèdent en réalité de nombreux gènes avec des allèles différents. Comme la localisation du crossing-over varie d'une méiose à l'autre, il en résulte des **brassages alléliques différents**, d'où une très grande diversité de gamètes.

- Le crossing-over joue également un rôle fondamental dans la **duplication génique**, mais il doit être inégal pour réunir deux allèles d'un même gène sur le même chromosome.

- Si ce mécanisme de duplication d'un gène se répète au cours de l'histoire évolutive d'une espèce, on aboutit à une **famille multigénique**.

- Si ces gènes d'une même famille conservent la même fonction, la quantité de protéine résultant de leur expression augmente, ce qui peut conférer un avantage évolutif. S'ils subissent des mutations indépendantes, cela peut conduire à l'apparition de nouvelles fonctions (par exemple la famille multigénique des opsines qui permet la vision des couleurs). Ainsi, les anomalies de la méiose peuvent être créatrices de diversité et avoir un **impact évolutif**.

- Le crossing-over normal est à l'origine de nouvelles combinaisons d'allèles préexistants, alors que le crossing-over inégal conduit à une diversité différente caractérisée par la réunion, sur un même chromosome, de deux allèles d'un même gène. Les allèles sont souvent identiques, mais ils peuvent parfois être différents, comme dans l'exemple étudié.

> **CONSEIL**
> Dans la conclusion, on peut généraliser et dépasser l'exemple envisagé.

Des hommes sans chromosome Y

Céline et Erwan peinent à avoir leur premier enfant.
Les résultats des examens prescrits pour comprendre la cause de cette difficulté montrent qu'Erwan présente une stérilité liée à une anomalie qui touche un homme sur 20 000 :
– son caryotype présente deux chromosomes X et une absence de chromosome Y ;
– un des deux chromosomes X porte le gène SRY (*Sex-determining Region of Y chromosome*) dont le locus est normalement situé sur le chromosome Y. La présence de ce gène explique qu'Erwan ait développé un phénotype sexuel masculin. Le médecin explique par ailleurs que les chromosomes X et Y présentent, aux extrémités de leur bras, des régions homologues 1 et 2.

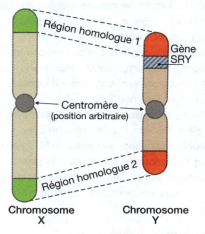

Schéma des chromosomes sexuels

La présence du gène SRY sur un chromosome X proviendrait donc, en fait, d'un transfert par crossing-over entre les chromosomes X et Y lors de la méiose.

Génétique et évolution **SUJET 6**

▸ En tant que médecin, expliquez à ce couple :
– comment, dans le cas général, la méiose et la fécondation conduisent à un caryotype XY chez un homme ;
– comment, dans de rares cas, un événement survenu au cours de la méiose peut avoir pour conséquence la présence de deux chromosomes X, dont l'un porteur du gène SRY comme chez Erwan.

Votre exposé comportera une introduction, un développement structuré illustré de schémas explicatifs et une conclusion.

LES CLÉS DU SUJET

■ Comprendre le sujet

• Il faut bien saisir qu'Erwan a hérité de son **père** un **chromosome X** porteur du gène SRY. Il est donc nécessaire d'expliquer comment la méiose ayant eu lieu chez le père d'Erwan a abouti à la production d'un spermatozoïde porteur d'un tel chromosome.

• Le sujet demande de décrire le cas d'une méiose et d'une fécondation normales conduisant à un caryotype XY. Puisque la question est ciblée sur le caryotype XY, vous pouvez vous limiter à représenter uniquement le comportement des chromosomes X et Y.

• Attention, il ne faut pas laisser penser que l'anomalie ayant eu lieu lors de la méiose du père d'Erwan est un crossing-over. Un crossing-over a toujours lieu au cours de la méiose au niveau de la région homologue 1 des chromosomes X et Y. L'anomalie réside dans **la position** de ce crossing-over. Aussi, il faut **représenter une méiose normale avec un crossing-over** pour **ensuite mettre en évidence l'anomalie** avec le schéma de la méiose anormale.

■ Mobiliser ses connaissances

• Au cours de la méiose, des échanges de fragments de chromatides (crossing-over ou enjambement) se produisent entre chromosomes homologues d'une même paire.

• Des anomalies peuvent survenir. Un **crossing-over inégal** aboutit parfois à une duplication de gènes.

CORRIGÉ 6

Introduction

La stérilité d'Erwan est liée à une dissociation entre son caryotype féminin XX et son phénotype masculin. Ce dernier est dû au fait que l'un des chromosomes X d'Erwan porte le gène SRY qui, au cours du développement embryonnaire, détermine le phénotype masculin. Ce gène SRY est, normalement, uniquement présent sur le chromosome Y.

Le gène SRY étant exclusivement présent chez l'homme, Erwan a reçu le chromosome X normal de sa mère et le chromosome X porteur de SRY de son père. Son père est fertile (puisqu'il a eu un fils, Erwan), il a donc un caryotype normal : XY_{SRY}.

Nous allons établir comment le père d'Erwan a pu produire un spermatozoïde possédant un chromosome X porteur du gène SRY (X_{SRY}).

Au préalable, à titre de comparaison, nous allons envisager le cas normal de la production de spermatozoïdes possédant un chromosome X non porteur du gène SRY.

I. Comportement des chromosomes X et Y au cours d'une méiose normale

A. La méiose (figure 1)

• Au cours de la prophase de la première division de méiose, les chromosomes X et Y dédoublés (formés chacun de deux chromatides) s'apparient par leurs régions homologues, en particulier au niveau de leurs régions 1.

• Puis ils tendent à se séparer, sauf au niveau d'un chiasma localisé dans leurs régions homologues (figure 1). Au niveau de ce chiasma, en amont du locus du gène SRY, un échange entre une chromatide du chromosome Y et une chromatide du chromosome X peut se produire.

• Cet échange n'a pas de conséquences sur le chromosome X, qui reste dépourvu de gène SRY, ni sur la chromatide du chromosome Y.

À la métaphase-anaphase, les chromosomes X et Y se séparent et chaque cellule issue de cette première division reçoit un seul chromosome sexuel, X ou Y, toujours dédoublé (et remanié sans aucune conséquence).

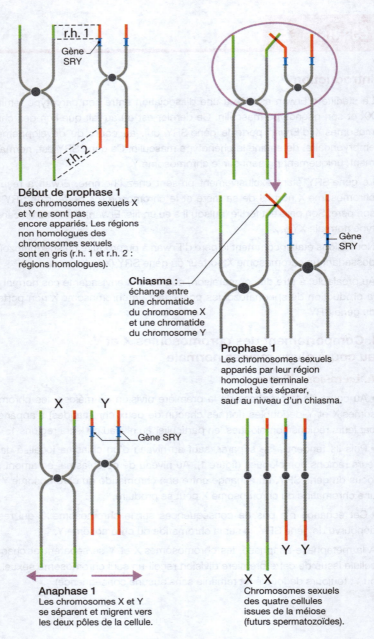

Figure 1. Une méiose normale

• Au cours de la deuxième division de la méiose, dans chaque cellule issue de la première division, les chromatides de chaque chromosome se séparent. Il se forme 4 cellules à 23 chromosomes ; ce sont de futurs gamètes : deux possèdent un chromosome Y et les deux autres un chromosome X normal, sans gène SRY.

> **Remarque**
> Lors de la formation des gamètes femelles, la méiose se déroule de manière identique. À partir d'une cellule-mère XX, la méiose conduit à quatre cellules possédant chacune un chromosome X simple.

B. La fécondation et la production d'un zygote XY

Si, lors de la fécondation, un spermatozoïde porteur du chromosome Y féconde un ovule, le zygote formé aura le caryotype XY. La présence d'un chromosome Y porteur du gène SRY fait que le phénotype de l'individu sera masculin.

II. Production par le père d'Erwan d'un spermatozoïde porteur d'un chromosome X_{SRY}

A. Une méiose anormale (figure 2)

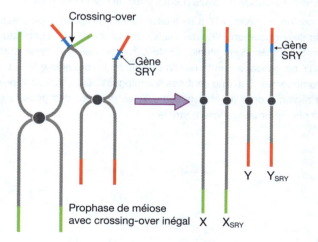

Figure 2. Une méiose anormale

• Au cours de la prophase de la première division, il y a bien un crossing-over entre une chromatide du chromosome X et une chromatide du chromosome Y, mais celui-ci se situe au voisinage immédiat de la région

> **Remarque**
> Un crossing-over se produisant entre régions non strictement homologues des chromosomes sexuels s'apparente à un crossing-over inégal.

homologue 1 des chromosomes X et Y, en aval du gène SRY. Il en résulte la formation d'une chromatide X possédant la région terminale 1 mais comportant en plus celle du gène SRY d'une chromatide Y.

• Une telle méiose produit alors un spermatozoïde porteur d'un chromosome X normal, un spermatozoïde porteur d'un chromosome Y et de deux spermatozoïdes anormaux, l'un porteur d'un chromosome X comportant le gène SRY (X_{SRY}) et l'autre porteur d'un chromosome Y privé du gène SRY.

B. La fécondation

Si un spermatozoïde porteur du chromosome X_{SRY} féconde un ovule normal, donc porteur d'un chromosome X, on obtient un œuf de génotype $X_{SRY}X$ qui, en se développant, donnera un individu de sexe masculin semblable à Erwan.

Conclusion

La stérilité d'Erwan résulte d'abord d'une anomalie dans la position du crossing-over au cours d'une méiose (crossing-over inégal) chez son père, anomalie ayant abouti à la formation du spermatozoïde qui a contribué à sa naissance ; ce spermatozoïde présentant un chromosome X porteur du gène SRY a ensuite fécondé un ovule normal avec un chromosome X.

La possession du gène SRY a suffi pour réaliser un phénotype masculin au cours du développement d'Erwan, mais n'a pas permis une spermatogenèse normale, Erwan est donc stérile. Or, le chromosome X d'Erwan porteur du gène SRY ne possède pas la région propre au chromosome Y (les régions des chromosomes X et Y ne sont pas homologues). Cela laisse supposer que dans la région propre au chromosome Y, se trouvent des gènes indispensables à une spermatogenèse normale.

SUJET 7

Nouvelle-Calédonie • Novembre 2014
RESTITUTION DES CONNAISSANCES • 8 points

Méiose et diversité des gamètes

▶ **Expliquez, en vous limitant au cas d'un individu hétérozygote pour trois gènes, comment la méiose permet la diversité génétique des gamètes.**

Vous illustrerez votre raisonnement par des schémas successifs*, en partant d'une cellule possédant deux paires de chromosomes.
– La première paire porte le gène A (allèles A et a) et le gène B (allèles B et b).
– La seconde paire porte le gène D (allèles D et d).
Votre exposé comportera une introduction, un développement structuré et une conclusion.

* Il n'est pas attendu que toutes les étapes de la méiose soient schématisées.

ENS. SPÉCIFIQUE

LES CLÉS DU SUJET

■ **Comprendre le sujet**

• Ce sujet classique, limité à la formation des gamètes, est à ne pas confondre avec des sujets proches portant sur le **brassage au cours de la reproduction sexuée** impliquant méiose et fécondation. Ici, **seuls les brassages intra- et interchromosomiques au cours de la méiose sont à aborder.**

• Le sujet demande de raisonner avec trois gènes portés par deux paires de chromosomes, ce qui implique que deux d'entre eux sont liés, portés par le même chromosome, le troisième étant situé sur l'autre paire. Cela est nécessaire pour traiter des brassages intra- et interchromosomiques.

• Il est important d'insister sur le fait que chaque méiose est unique et que **tous les types de gamètes ne peuvent résulter d'une seule méiose.**

• Pour arriver à établir la diversité totale des gamètes produits par l'individu (en ne considérant que les trois gènes), il suffit de considérer **2 méioses** au cours desquelles il y a eu un brassage intrachromosomique suivi d'un brassage interchromosomique différent pour les deux méioses.

Génétique et évolution — CORRIGÉ 7

■ Mobiliser ses connaissances

- Méiose et fécondation participent à la stabilité de l'espèce.
- **La méiose assure le passage de la phase diploïde à la phase haploïde**. Elle suit une phase de réplication de l'ADN et se compose de deux divisions successives, la deuxième n'étant pas précédée d'une duplication de l'ADN. Ces deux divisions conduisent, à partir d'une **cellule mère diploïde (2n chromosomes), à quatre cellules filles haploïdes, les gamètes (n chromosomes)**.
- Méiose et fécondation sont à l'origine du brassage génétique.
- Lors de la méiose se produisent les brassages intra- puis interchromosomique :
  – **le brassage intrachromosomique**, ou recombinaison par crossing-over, a lieu entre chromosomes homologues appariés lors de la **prophase de la première division** de méiose ;
  – **le brassage interchromosomique** est dû à la migration indépendante des chromosomes homologues de chaque paire lors de **l'anaphase de la première division**. Il concerne donc des chromosomes remaniés par le brassage intrachromosomique qui l'a précédé.

CORRIGÉ 7

Introduction

La reproduction sexuée implique la formation de cellules haploïdes spécialisées, les gamètes. Ceux-ci sont l'aboutissement d'un processus complexe, la gamétogenèse, dont l'un des événements fondamentaux est le passage de 2n à n chromosomes au cours de deux divisions successives, inséparables, et dont l'ensemble constitue la méiose. Lors du déroulement de la méiose, un brassage génétique important se produit ; il est dû à l'intervention de divers mécanismes.

Pour les présenter, nous partons d'un organisme hétérozygote pour trois gènes situés, dans toutes les cellules subissant la méiose, comme indiqué sur les chromosomes de la figure 1.

Figure 1

On admettra que les allèles A, B et D sont hérités de l'un des parents de l'individu et que les allèles a, b et d sont hérités de l'autre parent.

Nous étudierons le brassage allélique de façon chronologique : d'abord le brassage intrachromosomique qui se produit au cours de la prophase de la première division, puis le brassage interchromosomique qui a lieu au cours de l'anaphase de cette même division et s'exerce donc sur des chromosomes remaniés.

I. Le brassage intrachromosomique

• Il se produit au cours de la première division de la méiose. Lors du déroulement de certaines méioses (pas toutes), les gènes liés (situés sur un même chromosome) peuvent être brassés par crossing-over (figure 2b) : au cours de la prophase I, les chromosomes homologues appariés (formés de deux chromatides) peuvent échanger des segments de chromatides, donnant ainsi naissance, en fin de prophase (figure 2c), à de nouvelles associations des allèles des gènes si le crossing-over a lieu entre les deux loci. Pour chaque chromosome, une des deux chromatides possède une association (Ab pour l'une, aB pour l'autre) différente de celles existant initialement (AB et ab). Il y a bien eu un brassage génétique.

• Les probabilités pour qu'un crossing-over se produise entre les gènes A et B sont plus ou moins importantes (suivant la distance séparant ces gènes liés sur le chromosome).

II. Le brassage interchromosomique

• À la fin de la prophase I, on obtient donc une cellule dont les chromosomes (toujours formés de deux chromatides) ont été remaniés par le brassage intrachromosomique.

• Considérons deux cellules mères de gamètes chez lesquelles il y a eu un brassage génétique intrachromosomique au cours de la prophase. Elles subissent la suite de la première division de la méiose (figure 2d). C'est la métaphase – anaphase, au cours de laquelle les chromosomes homologues, toujours formés de deux chromatides, se séparent et migrent vers les pôles opposés de la cellule (figures 2d et e).

• Le comportement des deux paires de chromosomes est indépendant et deux dispositions des chromosomes lors de la métaphase I sont possibles et équiprobables. L'une de ces dispositions est illustrée par la méiose A, l'autre par la méiose B.

- Par conséquent, après la deuxième division de la méiose (figure 2f), dans la méiose A, 4 gamètes différents entre eux sont formés : ABD, AbD, aBd et abd. Lors **d'une autre méiose, la méiose B**, 4 autres types de gamètes, différents de ceux obtenus lors de la méiose A et différents entre eux, sont produits : ABd, Abd, aBD et abD.

- **Ces deux méioses indépendantes**, de deux cellules possédant le même génotype, sont à l'origine de 8 gamètes génétiquement différents les uns des autres.

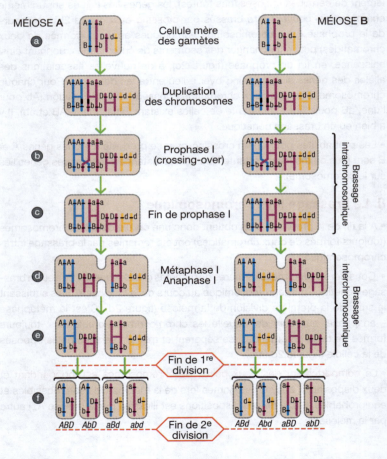

Figure 2 La diversité des gamètes produits par les brassages intra- puis interchromosomiques

Conclusion

• Les deux méioses A et B considérées globalement prennent en compte le brassage génétique intrachromosomique ayant lieu par crossing-over au cours de la prophase I, suivi du brassage interchromosomique au cours de l'anaphase I. Elles suffisent à établir la diversité génétique des gamètes produits par un individu hétérozygote pour trois gènes, avec deux de ces gènes sur un chromosome et le troisième sur un autre chromosome.

• Parmi les 8 types de gamètes produits, 2 sont de type parental (ABD et abd), identiques aux gamètes des parents à l'origine de l'individu, et 6 de type recombiné (AbD, aBd, ABd, Abd, aBD et abD), différents de ceux des parents. Ce sont ces 6 types de gamètes recombinés qui témoignent du brassage génétique assuré par la méiose. Un individu ne transmet pas à sa descendance les seules associations d'allèles qu'il a reçues de chacun de ses parents.

• Si on considère non plus 2 paires de chromosomes et 3 gènes, mais les 23 paires de chromosomes et les 25 000 gènes environ de l'espèce humaine, les brassages génétiques intra- et interchromosomiques conduisent à une infinité de gamètes génétiquement différents. Ce brassage génétique au cours de la méiose est amplifié par la rencontre au hasard des différents types de gamètes au cours de la fécondation.

SUJET 8

Polynésie française • Juin 2017
PRATIQUE DU RAISONNEMENT SCIENTIFIQUE
Exercice 1 • 3 points

Transmission de deux caractères chez la drosophile

Chez la drosophile, les caractères « couleur du corps » et « longueur des ailes » sont respectivement codés par deux gènes.

DOCUMENT 1 — Caractères, gènes, phénotypes et allèles étudiés dans les croisements réalisés

Gène codant chaque caractère	Gène « couleur du corps »	Gène « longueur des ailes »
Phénotypes possibles pour chaque caractère	[clair] ou [noir]	[longues] ou [vestigiales]
Allèles codant chaque phénotype	b^+ codant [clair] b^- codant [noir]	vg^+ codant [longues] vg^- codant [vestigiales]

DOCUMENT 2 — Schéma d'un premier croisement

On croise deux lots de drosophiles (P1 et P2) homozygotes pour les deux gènes considérés (c'est-à-dire possédant deux allèles identiques pour chaque gène) et de phénotypes différents. On obtient une première génération de drosophiles appelée « F1 ».

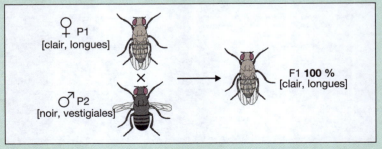

♀ P1 [clair, longues]
×
♂ P2 [noir, vestigiales]
→ F1 **100 %** [clair, longues]

D'après pedagogie.ac-toulouse.fr/svt

Génétique et évolution SUJET 8

DOCUMENT 3 **Schéma d'un second croisement (croisement test)**

On croise les drosophiles F1 issues du premier croisement (document 2) avec des parents P2. On obtient une seconde génération de drosophiles appelée « F2 ».

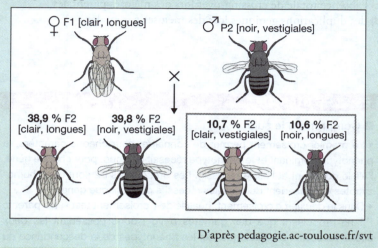

D'après pedagogie.ac-toulouse.fr/svt

▶ À partir de l'étude des documents, identifiez la bonne réponse parmi les quatre proposées pour chaque affirmation.

1. Le premier croisement (document 2) permet de conclure que :
a) l'allèle b^+ est dominant par rapport à l'allèle b^- et que l'allèle vg^+ est dominant par rapport à l'allèle vg^-.
b) l'allèle b^+ est récessif par rapport à l'allèle b^- et que l'allèle vg^+ est récessif par rapport à l'allèle vg^-.
c) les gènes codant la couleur du corps et la longueur des ailes sont portés par le même chromosome.
d) les gènes codant la couleur du corps et la longueur des ailes sont portés par des chromosomes différents.

2. Les drosophiles obtenues en F1 sont :
a) homozygotes pour les deux gènes considérés.
b) hétérozygotes pour les deux gènes considérés.
c) homozygotes pour le gène codant la couleur du corps et hétérozygotes pour le gène codant la longueur des ailes.
d) homozygotes pour le gène codant la longueur des ailes et hétérozygotes pour le gène codant la couleur du corps.

Génétique et évolution **SUJET 8**

3. À l'issue du second croisement (document 3), les proportions des phénotypes encadrés s'expliquent par :
a) un brassage génétique interchromosomique lors des méioses parentales.
b) un brassage génétique intrachromosomique lors des méioses parentales.
c) l'absence totale de crossing-over lors des méioses parentales.
d) des duplications géniques lors des méioses parentales.

LES CLÉS DU SUJET

■ Comprendre le sujet

• Le premier croisement permet de connaître, pour chaque caractère, le phénotype dominant et le phénotype récessif (et donc, pour chaque gène, l'allèle dominant et l'allèle récessif). Les drosophiles P2 sont donc homozygotes et possèdent deux allèles récessifs pour chaque gène.

• Dans le deuxième croisement, qualifié de « croisement test », les parents P2 ne produisent que des **gamètes** b^-vg^-, donc possédant les deux allèles récessifs. En conséquence, les phénotypes de la descendance du croisement test renseignent sur les **types** de gamètes produits par les drosophiles F1 et sur leurs **pourcentages**.

• Ces pourcentages renseignent sur le type de brassage à l'origine des **gamètes recombinés** b^+vg^- et b^-vg^+.
On parle de brassage interchromosomique si les deux gènes sont situés sur deux chromosomes non homologues, et de brassage intrachromosomique lorsque les deux gènes sont situés sur le même chromosome.

■ Mobiliser ses connaissances

• Au cours de la méiose, des échanges de fragments de chromatides (crossing-over) se produisent entre chromosomes homologues.
• Les chromosomes ainsi remaniés subissent un brassage interchromosomique résultant de la migration aléatoire des chromosomes homologues lors de la première division de la méiose.

Génétique et évolution   CORRIGÉ   8

CORRIGÉ 8

1. a) Exact. La drosophile F1 a le corps clair, ce qui indique que l'allèle b^+ est dominant et l'allèle b^- récessif. De même, F1 a les ailes longues, donc l'allèle vg^+ est dominant alors que l'allèle vg^- est récessif.

b) Faux. Il s'agit de l'affirmation opposée à la proposition a).

c) Faux. La proposition est correcte, mais le document 2 ne permet pas à lui seul de savoir si les gènes sont portés par le même chromosome ou s'ils se trouvent sur des chromosomes différents.

d) Faux. Le document 2 ne permet pas non plus de tirer une telle conclusion. De plus, la proposition est fausse.

2. b) Exact. Les parents P1 et P2 étant homozygotes, ils ont pour génotypes :
• P1 : $b^+//b^+$, $vg^+//vg^+$ (ou $b^+vg^+//b^+vg^+$ si les gènes sont liés) ;
• P2 : $b^-//b^-$, $vg^-//vg^-$ (ou $b^-vg^-//b^-vg^-$).
Les F1 ont donc pour génotype $b^+//b^-$, $vg^+//vg^-$ (ou $b^+vg^+//b^-vg^-$).
Ces F1 sont donc hétérozygotes, car ils possèdent des allèles différents pour chaque gène.

a) c) et d) Faux. Le raisonnement justifiant la proposition b) exclut ces propositions.

3. b) Exact. Le résultat de ce croisement test (test-cross) indique que les pourcentages des phénotypes recombinés de la descendance sont nettement inférieurs à ceux des phénotypes parentaux. Cela montre que les deux gènes sont situés **sur le même chromosome** (gènes liés). L'apparition de phénotypes recombinés [corps clair, ailes vestigiales] et [corps noir, ailes longues] s'explique par un brassage intrachromosomique lors des méioses chez la femelle F1 (production de gamètes recombinés).

a) Faux. Dans le cas du brassage interchromosomique, les quatre phénotypes obtenus à l'issue du croisement test auraient présenté la même fréquence (25 %, 25 %, 25 %, 25 %).

c) Faux. Le brassage intrachromosomique résulte de crossing-over.

d) Faux. Les données fournies n'ont aucun rapport avec la duplication génique (production de deux gènes à partir d'un seul).

SUJET 9

Pondichéry • Avril 2016
PRATIQUE DU RAISONNEMENT SCIENTIFIQUE
Exercice 2 • 5 points

Les chats « calico »

Certains chats possèdent un pelage composé d'une mosaïque de taches blanches, rousses et noires. On les appelle des « calico ».
Chacune de ces mosaïques forme un motif unique qui permet de reconnaître un individu calico aussi sûrement qu'avec des empreintes digitales.
On a découvert que tous les chats calico sont des femelles.

Photographie d'une chatte calico

▶ À l'aide de l'exploitation des documents proposés et de vos connaissances :
– montrez que la méiose et la fécondation permettent d'expliquer les résultats du croisement présenté dans le document 2 ;
– expliquez comment des chattes calico possédant un même génotype peuvent avoir des pelages différents.

Le candidat ne cherchera pas à expliquer la présence de poils blancs : ce travail ne porte que sur le déterminisme des taches rousses et noires.

Génétique et évolution — SUJET 9

DOCUMENT 1 — Relation entre les allèles (O^+ et O^-) portés par les chromosomes sexuels et la couleur du pelage chez le chat

Chat mâle		Chat femelle	
Génotype	Phénotype	Génotype	Phénotype
O^+ sur X, Y	Poils roux	O^+ sur X, O^+ sur X	Poils roux
O^- sur X, Y	Poils noirs	O^- sur X, O^- sur X	Poils noirs
		O^+ sur X, O^- sur X	Calico

D'après A. Jaraud-Darnault, *La paire de chromosomes sexuels subit la même méiose que les autres chromosomes*, thèse, 2015.

DOCUMENT 2 — Résultat d'un croisement

On croise un chat roux avec une chatte calico. Le tableau suivant présente le résultat de ce croisement.

Proportions	25 % des descendants	25 % des descendants	25 % des descendants	25 % des descendants
Phénotype	Calico	Poils roux	Poils roux	Poils noirs
Sexe	Femelles	Femelles	Mâles	Mâles

Aspects du pelage de trois des chatons femelles calico :

DOCUMENT 3   **La coloration d'un poil**

Les mélanocytes sont des cellules qui fabriquent les pigments responsables de la coloration d'un poil. Les mélanocytes de chat produisent tous un pigment roux appelé « trichochrome ». Mais les mélanocytes peuvent aussi former un autre pigment, l'eumélanine, qui masque le trichochrome et rend le poil noir.
On a découvert que l'expression de l'allèle O⁺ empêche la biosynthèse d'eumélanine.

DOCUMENT 4   **Le corpuscule de Barr**

a. L'hypothèse de Mary Lyon

En 1949, le docteur Murray Barr découvre que le noyau de certaines cellules contient un amas d'ADN qu'il baptise « corpuscule de Barr ». Douze ans plus tard, la généticienne Mary Lyon propose que le corpuscule de Barr corresponde à un chromosome X inactivé. Les gènes de ce chromosome ne pourraient plus s'exprimer et seuls les gènes portés par l'autre chromosome X seraient utilisés par la cellule.
Selon cette hypothèse, dans une cellule embryonnaire possédant deux chromosomes X, c'est le hasard qui déterminerait lequel des deux se transforme en corpuscule de Barr. Toutes les cellules filles de la cellule embryonnaire conserveraient ensuite le même chromosome X inactivé.

b. Aspect du noyau d'un mélanocyte de chat mâle (A) et du noyau d'un mélanocyte de chatte calico (B)

Sur ce type d'image, un corpuscule de Barr apparaît sous la forme d'une tache blanche.

D'après B. Hong *et al.*, *PNAS*, 2001.

On retrouve les mêmes résultats dans tous les mélanocytes responsables des poils roux ou noirs des femelles.

LES CLÉS DU SUJET

■ Comprendre le sujet

• Le sujet repose sur les notions **d'hérédité liée au sexe** (le gène en cause est situé sur le chromosome X) et sur **l'inactivation d'un des chromosomes X** dans chaque cellule de l'organisme et notamment dans les mélanocytes, cellules qui synthétisent les pigments responsables de la couleur du pelage. Ces notions ne sont pas explicitement au programme mais le sujet fournit toutes les informations nécessaires, de sorte que vous n'avez qu'à les exploiter à l'aide de vos connaissances sur les chromosomes, la méiose et la fécondation.

• Le sujet comporte deux questions. Il faut repérer les documents se rapportant à chacune d'elles : les documents 1 et 2 sont à exploiter pour la première question ; les documents 3 et 4 servent pour la deuxième question.

• La question 1 demande de montrer comment méiose et fécondation expliquent les résultats d'un croisement. Il ne s'agit surtout pas de réciter toute la méiose et la fécondation, mais seulement de préciser les caractéristiques essentielles de ces phénomènes permettant de prévoir la descendance d'un croisement à l'aide d'un **échiquier de croisement**.

Génétique et évolution — CORRIGÉ 9

- Les documents 3 et 4 apportent beaucoup d'informations. La difficulté est de ne pas les paraphraser et d'arriver à en dégager les points essentiels pour élaborer une réponse argumentée à la deuxième question.

■ **Mobiliser ses connaissances**
- La méiose produit quatre cellules haploïdes à partir d'une cellule diploïde.
- Au cours de la fécondation, un gamète mâle et un gamète femelle s'unissent : leur fusion conduit à un zygote. La diversité génétique potentielle des zygotes est immense.

CORRIGÉ 9

I. Les résultats du croisement et leur interprétation

- Les phénotypes de la descendance entre chats roux et chattes calico diffèrent avec le sexe. Si la moitié des femelles et des mâles ont le pelage roux, l'autre moitié des femelles a le pelage calico alors que l'autre moitié des mâles a le pelage noir. Pour interpréter ces résultats, il faut considérer les **génotypes** des parents.

- Le **document 1** indique que les **chats roux** ont le génotype $XO^+ // Y$ et les **chattes calico** le génotype $XO^+ // XO^-$. Comme le gène en cause est porté par le chromosome X, et donc absent du chromosome Y, les mâles, contrairement aux femelles, ne possèdent qu'un seul allèle de ce gène.

> **Notez bien**
> L'écriture de ces génotypes est un peu spéciale : on traduit que le gène est situé sur le chromosome X uniquement en faisant précéder le symbole de l'allèle de la nature du chromosome qui le supporte. Le génotype relatif aux mâles indique que le chromosome Y ne possède pas ce gène.

- **La méiose** conduit à la formation de gamètes mâles et femelles haploïdes à partir d'une cellule diploïde. Il y a séparation des chromosomes homologues (et donc des chromosomes sexuels) au cours de la première division, et séparation des chromatides de chaque chromosome lors de la deuxième division. Il en résulte que chaque gamète ne possède qu'un seul chromosome sexuel simple. En conséquence, les chats roux pour le gène considéré produisent deux types de gamètes, 50 % ayant le génotype XO^+, 50 % le génotype Y. Les chattes produisent 50 % d'ovules XO^+ et 50 % d'ovules XO^-.

- Au cours de la fécondation, la rencontre des gamètes s'effectue au hasard. Un spermatozoïde de génotype XO^+ a la même probabilité de féconder un ovule XO^+ qu'un ovule XO^-. Il en est de même pour un spermatozoïde Y.

- Ces caractéristiques de la méiose et de la fécondation permettent de construire l'échiquier de croisement prévisionnel de la descendance du croisement entre chats roux et chattes calico :

Spermatozoïdes \ Ovules	½ XO^+	½ XO^-
1/2 XO^+	¼ $XO^+//XO^+$ [F pelage roux]	¼ $XO^-//XO^+$ [F calico]
1/2 Y	¼ $XO^+//Y$ [M pelage roux]	¼ $XO^-//Y$ [M pelage noir]

F = Femelle / M = Mâle

- On constate que les phénotypes prévus et leurs pourcentages sont bien identiques à ceux réellement observés. Cela valide l'interprétation proposée : les phénotypes de la descendance ne sont que les conséquences des mécanismes de la méiose et de la fécondation.

II. Interprétation du pelage différent des chattes calico

- Les dessins des trois chattes calico résultant du croisement précédemment analysé montrent que la répartition des taches rousses et noires du pelage diffère d'une chatte à l'autre. Elles ont donc des phénotypes différents. Or, l'interprétation précédente indique qu'elles ont le même génotype $XO^+//XO^-$. Le problème est donc de trouver une explication à cette divergence entre les phénotypes des chattes ayant le même génotype. Pour cela, on recherche d'abord une explication à l'existence de couleurs différentes du pelage chez un même animal.

- Le **document 3** indique que « l'expression de l'allèle O^+ empêche la biosynthèse d'eumélanine, pigment responsable de la couleur noire du pelage ». Si les deux allèles s'exprimaient dans tous les mélanocytes d'une chatte calico, il ne devrait pas y avoir de régions à pelage noir car tous ses mélanocytes, hétérozygotes, possèdent l'allèle O^+ qui empêche la synthèse du pigment noir. On est donc conduit à l'hypothèse que, dans certaines régions du corps, l'allèle O^+ ne s'exprime pas alors qu'il s'exprime dans d'autres régions.

Notez bien
Le corrigé exploite les informations du sujet sans les paraphraser c'est-à-dire en ne faisant que les répéter.

- Le **document 4a** complète cette hypothèse : chez une femelle, ce serait tous les allèles des gènes portés par un chromosome X qui seraient inactivés, cette inactivation de l'un des deux chromosomes X de chaque cellule se traduisant par l'apparition d'un corpuscule de Barr.
- Le **document 4b** permet de tester cette hypothèse, car le corpuscule de Barr est identifié par une tache blanche. Les mélanocytes des mâles ne possèdent pas de corpuscule de Barr, ce qui indique que les gènes portés par leur unique chromosome X s'expriment. Tous les mélanocytes des femelles n'ont qu'une seule tache blanche, ce qui traduit l'inactivation d'un seul chromosome X. La couleur du pelage dépend donc de la nature du seul allèle du gène O qui s'exprime dans les mélanocytes d'une région du corps, ce qui confirme l'hypothèse.
- On peut maintenant expliquer l'existence de zones rousses et de zones noires dans le pelage d'une chatte calico par une inactivation différente des deux chromosomes X selon les régions du corps. Lorsque le chromosome porteur de l'allèle O^+ est inactivé, seul s'exprime l'allèle O^- situé sur l'autre chromosome X et le pelage est noir. Si seul l'allèle O^+ s'exprime, le pelage est roux.

Bilan

Il reste à expliquer les pelages différents des chattes calico. Le document 4a indique que l'inactivation d'un des chromosomes X a lieu au cours du développement embryonnaire dans chaque cellule de l'embryon et précise que c'est le hasard qui détermine lequel des deux chromosomes X est inactivé dans telle ou telle cellule embryonnaire. En outre, toutes les cellules de l'animal qui sont issues d'une cellule embryonnaire où s'est initiée l'inactivation d'un chromosome X ont conservé la même inactivation. Comme l'inactivation des chromosomes X des cellules embryonnaires s'effectue au hasard, elle diffère d'un embryon à un autre de sorte que les chattes calico ont un pelage où la répartition des taches rousses et noires est différente.

SUJET 10

France métropolitaine • Septembre 2017
RESTITUTION DES CONNAISSANCES • 8 points

Les mécanismes participant à l'évolution de la biodiversité

■ Question de synthèse (5 points)

La biodiversité actuelle peut être considérée comme la diversité des espèces aujourd'hui existantes. Elle résulte de la transformation des populations au cours du temps.

▶ Montrez, à partir d'exemples, comment la dérive génétique et la sélection naturelle participent à l'évolution de la biodiversité.

L'exposé doit être structuré avec une introduction et une conclusion.
Vous vous appuierez sur un exemple pour chaque mécanisme.

■ QCM (3 points)
Crossing-over, gènes de développement, polyploïdie

▶ Indiquez la réponse exacte pour chaque série de propositions.

1. Les crossing-over inégaux sont :
a) une anomalie de la méiose qui permet parfois de générer de la diversité génétique.
b) une anomalie de la méiose qui n'a jamais aucune conséquence génétique.
c) un processus normal de la méiose qui ne produit aucune anomalie.
d) un processus normal de la méiose qui produit de la diversité.

2. De grands changements phénotypiques peuvent apparaître si l'expression des gènes de développement varie :
a) en intensité et en chronologie obligatoirement.
b) en intensité ou en chronologie.
c) en intensité uniquement, non en chronologie.
d) en chronologie uniquement, non en intensité.

ENS. SPÉCIFIQUE

3. La polyploïdie qui existe chez les plantes :
a) peut s'écrire $2n$ si elle fait suite à un doublement du stock de chromosomes.
b) peut s'écrire $2n$ et résulte d'une hybridation.
c) peut s'écrire $4n$, si elle fait suite à un doublement du stock de chromosomes.
d) peut s'écrire $4n$ et résulte d'une hybridation.

LES CLÉS DU SUJET

Le sujet, axé sur la biodiversité, est proposé en deux parties : une question de synthèse portant sur la diversification des êtres vivants au cours du temps et un QCM centré sur les processus génétiques en tant que tels.

■ Question de synthèse

Comprendre le sujet

- Il s'agit ici d'expliquer comment les populations d'une espèce évoluent génétiquement et phénotypiquement au cours du temps. En conclusion, il sera intéressant d'évoquer la façon dont les mécanismes en jeu peuvent conduire à de nouvelles espèces.
- Dérive génétique et sélection naturelle ne sont pas les mécanismes qui créent des innovations génétiques dans les populations. C'est l'œuvre des mutations à l'origine de nouveaux allèles. En revanche, sélection naturelle et dérive génétique agissent sur le devenir des innovations génétiques. Elles déterminent les changements de la fréquence des allèles des gènes dans les populations au cours du temps, changements qui peuvent aller jusqu'à la fixation d'un nouvel allèle dans la population (sa fréquence est alors de 100 %). Le sujet demande donc d'expliquer comment ces mécanismes réalisent cela.
- Le sujet vous demande également de vous appuyer sur un exemple pour chaque mécanisme, ce qui est rarement le cas dans les questions de type 1. Aucun exemple n'étant imposé par le programme, vous êtes libre de choisir celui qui vous semble le plus facile à exposer. Il ne s'agit pas de faire une étude exhaustive de l'exemple. Ce dernier doit servir uniquement de support pour dégager les idées essentielles relatives à la sélection naturelle et à la dérive génétique. Dans le corrigé qui vous est proposé, les exemples choisis sont facilement compréhensibles même si vous ne les avez pas étudiés.

Génétique et évolution **CORRIGÉ 10**

Mobiliser ses connaissances

Sous l'effet de la pression du milieu, de la concurrence entre êtres vivants et du hasard, la diversité des populations change au cours des générations. L'évolution est la transformation des populations qui résulte de ces différences de survie et du nombre de descendants.

■ QCM

Comprendre le sujet
- Le QCM se rapporte aux mécanismes de diversification génétique autres que les mutations ponctuelles de la séquence codante des gènes.
- Les séries 1 et 3 sont construites suivant un modèle de QCM fréquemment proposé au bac. Dans une telle série de propositions, on considère deux caractères qui se présentent chacun sous deux aspects. Il faut considérer d'abord un caractère, ce qui permet d'éliminer deux propositions, puis on utilise ensuite le deuxième caractère pour déterminer laquelle des deux propositions restantes est exacte.

Mobiliser ses connaissances
Des anomalies peuvent survenir au cours de la méiose. Un crossing-over inégal aboutit parfois à la duplication d'un gène.

ENS. SPÉCIFIQUE

CORRIGÉ 10

■ Question de synthèse

Introduction

Le sujet précise que la biodiversité actuelle est issue de la transformation des populations au cours du temps.

Une population désigne un groupe d'individus qui se croisent entre eux et qui ont une moindre probabilité de se croiser avec des individus d'autres populations appartenant à la même espèce. Ce qui caractérise une population naturelle est sa diversité génétique, traduite par le polymorphisme de nombreux gènes. Mais cette diversité génétique évolue au cours du temps, d'une part à la suite de mutations qui engendrent de nouveaux allèles et, d'autre part, par des mécanismes tels que la sélection naturelle et la dérive génétique. Nous allons envisager cette évolution à partir d'un exemple pour chacun de ces deux mécanismes.

I. La sélection naturelle

- À la fin des années 1960, dans la région de Montpellier, on a réalisé l'épandage d'insecticides dans un rayon de 20 km à partir du bord de mer afin de limiter la population de moustiques. On a constaté que les moustiques, et particulièrement leurs larves, étaient sensibles à l'action des insecticides.
- Quelques années plus tard, on s'est rendu compte que les mêmes doses d'insecticide n'avaient plus d'effet sur les moustiques : ils étaient devenus résistants. En revanche, la population de moustiques régionaux de la zone non traitée était toujours sensible aux insecticides.

Il y a donc eu une évolution de la population de moustiques sous l'action d'un facteur, l'introduction d'un insecticide, qui a modifié l'environnement de ces insectes.

- L'insecticide utilisé agissait en inhibant l'action d'une enzyme dont le rôle est crucial dans le fonctionnement des synapses neuromusculaires. Chez les moustiques résistants, il a été observé que le gène codant pour cette enzyme était muté, de sorte que l'action de l'insecticide était affaiblie. L'allèle mutant pouvait aussi bien exister dans la population avant l'épandage d'insecticides qu'être apparu après, à la suite d'une mutation.

Le fait important est qu'il s'est répandu au fil des années dans la population. Le mécanisme en jeu est la sélection naturelle.

En présence d'un environnement contenant des insecticides, la mortalité des moustiques sensibles à l'état larvaire était beaucoup plus importante que celle des moustiques résistants. Ces derniers, participant donc davantage à la reproduction, ont davantage transmis leurs allèles à la génération suivante, et en premier lieu celui à l'origine de la résistance. De génération en génération, la fréquence de l'allèle muté a alors augmenté dans la population.

- La sélection naturelle qui, dans cet exemple, tend à diminuer la diversité phénotypique, résulte, dans un environnement donné, d'une reproduction différentielle des phénotypes de la population.
- En généralisant, la sélection naturelle implique :
– une variation phénotypique au sein de la population ;
– un déterminisme génétique de cette variation phénotypique ;
– une reproduction différentielle des phénotypes.

II. La dérive génétique

- Le système des groupes sanguins A, B, O est dû à un gène dont on connaît trois allèles : *A*, *B* et *O*. La fréquence de ces trois allèles est variable dans les populations humaines et il existe certaines populations, comme celle des Amérindiens d'Amérique du Sud, qui ne possèdent que l'allèle *O*.

Cet allèle est dit « fixé » dans cette population.

- La sélection naturelle n'explique pas cette variabilité au sein des populations. Ainsi, aucune donnée épidémiologique ou expérimentale n'a établi que le groupe sanguin O est plus favorable en Amérique du Sud que dans les autres régions du monde.

> **INFO**
> Les Amérindiens sont issus des populations d'Asie qui, il y a une dizaine de milliers d'années, ont quitté l'Asie pour gagner l'Amérique par le détroit de Béring.

- La diversité des allèles *A*, *B* et *O* que l'on retrouve chez d'autres primates devait exister dans les premières populations humaines. Elle a été perdue chez les Amérindiens et a évolué différemment dans les autres populations.

- Le mécanisme aboutissant à la fixation d'un allèle dans une population est la dérive génétique. Celle-ci repose, à chaque génération, sur un échantillonnage aléatoire des allèles des gènes de la population. Sur les multiples gamètes produits par les individus d'une génération, seul un petit nombre contribue à la génération suivante, ne serait-ce que par le caractère aléatoire de la méiose et de la fécondation. Il en résulte que la fréquence des allèles des gènes fluctue de génération en génération. On a montré que, par ce seul mécanisme d'échantillonnage aléatoire de la population de descendants, au bout d'un nombre de générations plus ou moins grand, un allèle peut se fixer dans une population : sa fréquence est alors de 100 %.

- Ce mécanisme de dérive génétique est d'autant plus efficace que la population est isolée (il n'y a pas d'apports d'allèles nouveaux provenant d'autres populations) et surtout que son effectif est faible. Cela a été le cas des Amérindiens d'Amérique du Sud.

- Puisque le hasard joue un rôle essentiel dans l'évolution de la fréquence des allèles par la dérive, il peut intervenir de façon différente suivant les populations. Cela explique la diversité des fréquences alléliques du gène du système A, B, O dans les populations humaines actuelles, bien qu'elle tende à disparaître par suite des migrations entre populations.

Bilan

Les mutations sont, dans tous les cas, à l'origine de la diversité génétique des populations. Ces mutations se font de manière aléatoire et non en fonction de l'avantage qu'elles peuvent procurer : **le hasard joue un rôle important dans la création de la biodiversité**.

Le hasard intervient aussi fortement dans **l'évolution de cette biodiversité** par la **dérive génétique**.

En revanche, l'évolution de la biodiversité par **sélection naturelle** est déterminée par les caractéristiques du milieu dans lequel se trouve la population. Mais ces caractéristiques de l'environnement peuvent varier tout à fait indépendamment des populations et entraîner un changement dans la sélection naturelle et, par là, dans la biodiversité de celles-ci.

Ainsi, de l'importance du hasard et des changements de l'environnement, l'évolution biologique n'est jamais prévisible.

■ QCM

1. a) Exact. Le crossing-over inégal est en effet une anomalie qui peut parfois entraîner une duplication de gènes (origine des familles multigéniques).
b) Faux, à cause de l'adverbe « jamais ».
c) et d) Faux. Le crossing-over inégal n'est pas un processus normal. C'est une anomalie, comme l'indique la réponse **a)**.

2. b) Exact. Il suffit d'une variation de l'intensité de l'expression d'un gène ou du moment où il s'exprime au cours du développement pour que cela entraîne des modifications phénotypiques.
a) c) et d) Faux, à cause des adverbes « obligatoirement » et « uniquement ».

3. c) Exact. Le stock normal de chromosomes étant de $2n$, un doublement du stock aboutit effectivement à $4n$ chromosomes.
a) et b) Faux. La diploïdie n'est pas une polyploïdie. Pour qu'il y ait polyploïdie, il faut plus de deux jeux de n chromosomes ($3n$, $4n$…).
d) Faux. Une hybridation ne conduit généralement qu'à un organisme dont les cellules ne possèdent que $2n$ chromosomes. Toutefois, dans certains cas, une hybridation peut mettre en jeu des gamètes diploïdes résultant d'une méiose anormale et conduire directement à un organisme à $4n$ chromosomes.

SUJET 11

Nouvelle-Calédonie • Novembre 2017
PRATIQUE DU RAISONNEMENT SCIENTIFIQUE
Exercice 2 • 5 points

L'origine virale du gène de la syncytine

La syncytine est une protéine produite chez l'Homme dans certains tissus. Les chercheurs pensent que son existence témoigne d'un transfert de gènes par voie virale.

▶ À partir de l'étude des documents et de l'utilisation de vos connaissances :
– expliquez le rôle de la syncytine ;
– donnez des arguments en faveur du transfert par voie virale du gène de la syncytine.

DOCUMENT 1 — Organisation comparée du gène de la syncytine humaine et d'une séquence d'ADN d'une catégorie de virus (exemple du virus MSRV)

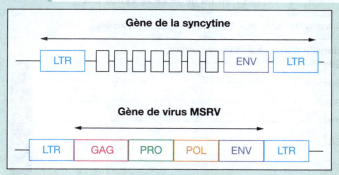

D'après Dupressoir et coll., *PNAS*, 2005, 102(3):725-730 et Mayer, 2013

Les séquences LTR sont spécifiques de l'ADN de certaines catégories de virus. Elles sont nécessaires à l'intégration des gènes viraux dans le génome de la cellule hôte.
Parmi les gènes viraux étudiés, la séquence ENV permet la synthèse de l'enveloppe virale.

Génétique et évolution **SUJET 11**

DOCUMENT 2 — **Comparaison de deux protéines : la syncytine humaine et une protéine de l'enveloppe du virus MSRV**

Les deux protéines sont constituées d'environ 542 acides aminés ; 473 acides aminés sont identiques, soit 87,3 % d'identité. Le document ci-dessous montre la comparaison effectuée de l'acide aminé 145 à l'acide aminé 172.

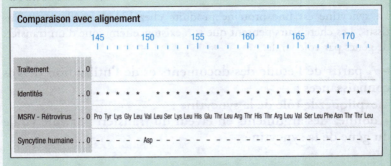

D'après acces.ens-lyon.fr

DOCUMENT 3 — **Expression du gène de la syncytine**

a. Dans différents organes chez la souris adulte

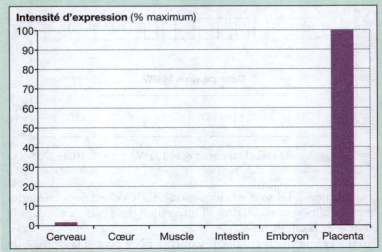

D'après Dupressoir et coll., *PNAS*, 2005, 102(3):725-730

b. Au niveau du placenta humain

La zone d'expression de la syncytine est visualisée dans une villosité placentaire grâce à une coloration cytoplasmique sombre.

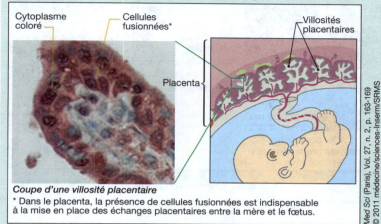

Coupe d'une villosité placentaire

* Dans le placenta, la présence de cellules fusionnées est indispensable à la mise en place des échanges placentaires entre la mère et le fœtus.

D'après Dupressoir et coll., *Placenta*, 33, 2012

DOCUMENT 4 — Action de la syncytine et d'une séquence nucléotidique de virus sur des cultures cellulaires

a. Cultures de cellules humaines

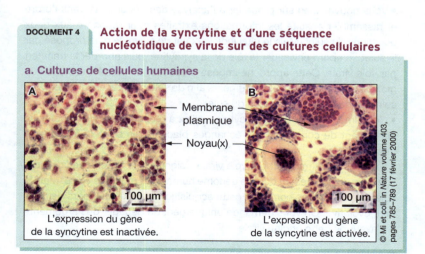

A — L'expression du gène de la syncytine est inactivée.

B — L'expression du gène de la syncytine est activée.

b. Cultures de cellules humaines (lignée TELac2)

Pour cette souche de cellules humaines, le gène de la syncytine est inactif.

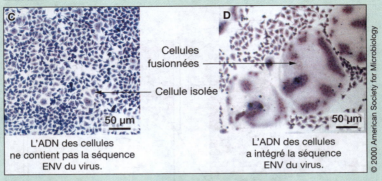

L'ADN des cellules ne contient pas la séquence ENV du virus.

L'ADN des cellules a intégré la séquence ENV du virus.

D'après Blond et coll., *J. Virol.*, 2000, 74, 3321-3323

LES CLÉS DU SUJET

■ Comprendre le sujet

• Vous pouvez bien sûr procéder à l'analyse des documents dans l'ordre et rassembler ensuite les informations extraites pour répondre aux deux questions du sujet. Mais le plus judicieux est de suivre le plan proposé par le sujet : d'abord envisager le rôle de la syncytine, puis aborder le transfert par voie virale. Cette approche impose d'acquérir en premier lieu une vue globale de l'ensemble des documents afin de sélectionner ensuite ceux qui se rapportent à chaque partie du sujet.

• Concernant le rôle de la syncytine, veillez à rechercher les propriétés lui permettant de contribuer aux échanges placentaires entre le fœtus et la mère.

• L'expression « transfert par voie virale » signifie que le gène de la syncytine aujourd'hui présent dans le génome humain est d'origine virale. Mais le sujet ne précise pas comment cette acquisition a eu lieu au cours de l'histoire évolutive. On vous demande uniquement de dégager des arguments en faveur de cette origine virale.

■ Mobiliser ses connaissances

Plusieurs mécanismes de diversification des génomes existent, dont les hybridations suivies de polyploïdisation et le **transfert par voie virale**.

CORRIGÉ 11

Introduction

Parmi les mécanismes de diversification du vivant, il y a l'acquisition par un organisme de gènes provenant d'une autre espèce : c'est le cas du transfert de gènes d'un virus à un organisme eucaryote. Nous allons voir comment les données des documents proposés permettent d'établir le rôle de la syncytine dans la reproduction humaine et d'argumenter en faveur de l'idée que le gène du génome humain codant pour cette protéine est d'origine virale.

I. Le rôle de la syncytine

• Dans le génome humain, le gène de la syncytine s'exprime à travers la synthèse d'une protéine, la syncytine. Le **document 3a** montre qu'en dehors d'une très faible expression dans le cerveau, le gène ne s'exprime que dans le placenta.

• Le **document 3b** apporte des précisions et montre que la protéine syncytine est localisée dans les cellules de la paroi des villosités placentaires, surface d'échanges entre le sang maternel et celui du fœtus.

• Les cellules qui constituent la paroi de ces villosités, en contact avec le sang maternel, présentent la caractéristique d'être fusionnées. Or ces villosités sont d'origine fœtale. Le gène de la syncytine qui s'exprime à leur niveau est donc le gène fœtal.

• L'existence de cellules fusionnées est indispensable aux échanges entre le fœtus et la mère. La corrélation syncytine-cellules fusionnées permet alors de faire l'hypothèse que la syncytine est responsable de la fusion cellulaire.

• Les photographies A et B du **document 4** permettent de vérifier cette hypothèse en comparant des cultures de cellules humaines où le gène de la syncytine ne s'exprime pas (A) à d'autres où il s'exprime (B). La photographie A présente des cellules humaines dispersées, isolées, alors que la photographie B permet de voir des cellules fusionnées, reconnaissables à leur grande taille et à l'existence de plusieurs noyaux au sein d'un même cytoplasme.

• La syncytine favorise donc bien la fusion de cellules des villosités placentaires et est donc indispensable à la réalisation des échanges placentaires.

II. L'origine du gène de la syncytine dans le génome humain

A. Arguments tirés de la comparaison des génomes

- Le **document 1** montre qu'il existe des similitudes entre le gène de la syncytine présent dans le génome humain et celui présent dans le génome d'un virus (MSRV). En effet, il est indiqué l'existence de séquences LTR et ENV communes.

- Le **document 2** montre que les séquences d'acides aminés de la syncytine humaine et d'une protéine de l'enveloppe du virus ont un degré de similitude très fort (87,3 %). Cela est visualisé par la comparaison des séquences des acides aminés positionnés de 145 à 172 qui ne diffèrent que par un seul acide aminé. Cela signifie que les deux protéines, et donc les deux gènes, sont homologues. Cette homologie est en accord avec l'idée que le gène ENV de la syncytine est issu d'un virus.

B. Arguments tirés de la comparaison des protéines

Les photographies C et D du **document 4** permettent de comparer des cultures de cellules humaines ayant intégré (D) ou non (C) le gène ENV du virus.

En C, les cellules sont isolées, alors qu'en D on observe des cellules fusionnées reconnaissables à leur taille et à la présence de nombreux noyaux.

Or, les données précisent que le gène humain de la syncytine est inactif, il n'entre donc pas en jeu. La fusion des cellules photographiées en D est donc due à la protéine exprimée par le gène viral ENV.

Conclusion

La similitude des structures entre le gène viral et le gène de la syncytine ainsi que la similitude des propriétés de la syncytine et de la protéine virale ENV indiquent que le gène de la syncytine provient d'un génome viral.

Ce sont les séquences LTR présentes chez le virus qui ont permis l'intégration de gènes viraux.

Le gène ENV viral est ensuite resté fonctionnel dans le génome humain, devenant le gène de la syncytine, et en a gardé les propriétés : provoquer la fusion cellulaire impliquée, chez l'Homme, dans le rôle du placenta.

Relations de parenté entre l'ours polaire et le grizzly

SUJET 12 — France métropolitaine • Septembre 2016
PRATIQUE DU RAISONNEMENT SCIENTIFIQUE
Exercice 2 • 5 points

L'ours polaire (*Ursus maritimus*) et le grizzly (*Ursus arctos*) sont classiquement vus comme deux espèces à part entière. Cependant des faits récents posent question.

▶ À partir des informations des documents et de vos connaissances, argumentez l'une et l'autre des hypothèses suivantes :
– le grizzly et l'ours polaire sont deux espèces différentes récemment séparées ;
– le grizzly et l'ours polaire constituent deux populations d'une même espèce.

DOCUMENT 1 — Tableau comparatif *Ursus arctos* (grizzly) et *Ursus maritimus* (ours polaire)

		Ours	
		Ursus arctos d'Amérique du Nord (grizzly)	*Ursus maritimus* (ours polaire)
Caractéristiques	Pelage	Brun	Blanc
	Dimension — Tête et corps	1,7 à 2,8 m	1,8 à 3 m
	Dimension — Hauteur au garrot	0,9 à 1,5 m	1 à 1,6 m
	Membres	Griffes non rétractiles longues Doigts non palmés	Griffes non rétractiles courtes Doigts partiellement palmés
	Régime alimentaire	Omnivore	Carnivore
	Milieu de vie	Forêt, zone côtière, montagne	Banquise
	Période d'accouplement	Mai à juillet	Avril à juin
	Hibernation	De décembre à mi-mars	Seules les femelles gestantes hibernent

D'après ac-nantes.fr

DOCUMENT 2 — Des cas d'hybridation naturelle

Lors de recherches menées au Canada et au nord de l'Alaska, des ours présentant des caractéristiques mixtes des ours polaires et des grizzlys ont été observés. L'investigation génétique sur quatre de ces individus a montré :
– un patrimoine génétique constitué à 50 % du génome de grizzly et à 50 % du génome d'ours polaire pour trois cas ;
– un patrimoine génétique constitué à 75 % du génome d'ours polaire et à 25 % du génome de grizzly pour un cas.

DOCUMENT 3 — Allèles partagés par les grizzlys, les ours polaires et les ours noirs pour les gènes dits SNP (A) et la famille de gènes SAP (B) [en nombre d'allèles]

L'ours noir d'Amérique du Nord sert ici d'extra-groupe.

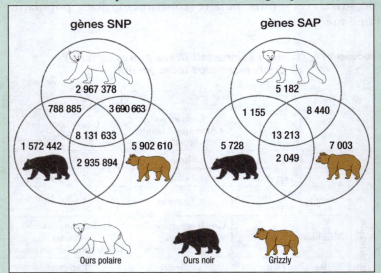

D'après Webb Miller *et al.*, *PNAS*, 2012

Génétique et évolution **SUJET 12**

DOCUMENT 4 — Répartition des populations des ours polaires et des grizzlys en Amérique du Nord

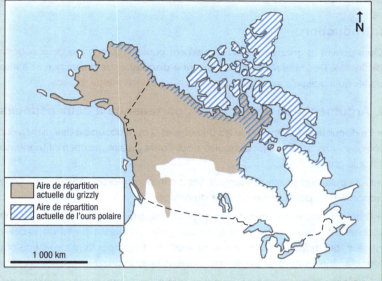

D'après hww.cwf-fcf.org

LES CLÉS DU SUJET

■ **Comprendre le sujet**

• Le **document 1**, qui fait le point sur les différences morphologiques, anatomiques et écologiques entre l'ours polaire et le grizzly, permet d'argumenter en faveur de deux espèces différentes.
• Le **document 2** est en rapport avec le critère d'interfécondité, et permet d'argumenter en faveur de deux populations d'une même espèce.
• Les **documents 3 et 4** permettent de considérer l'histoire des ours dans une perspective évolutive et de conclure qu'il s'agit d'un cas de spéciation non achevée.

■ **Mobiliser ses connaissances**

La définition de l'espèce est délicate et peut reposer sur des critères variés : critères phénotypiques, interfécondité, etc. Une espèce peut être considérée comme une population d'individus suffisamment isolée génétiquement des autres populations.

CORRIGÉ 12

Introduction

Ours polaire et grizzly sont classiquement considérés comme **deux espèces distinctes**. Des faits récents conduisent à discuter cette distinction et à envisager qu'il puisse s'agir de **deux populations d'une même espèce**.

I. Arguments en faveur de l'appartenance à deux espèces

• Le **document 1** précise que les deux types d'ours occupent des **niches écologiques très différentes** : banquise pour l'ours polaire, forêts montagneuses pour le grizzly.

• Ours polaire et grizzly présentent des différences morphologiques générales importantes : poids, taille, couleur du pelage.

• D'autres différences morphologiques et biologiques sont adaptées à l'environnement : l'ours polaire possède une **palmure** faisant de lui un excellent nageur, des **griffes non rétractiles** permettant d'agripper la glace et une couleur blanche ; autant de caractères absents chez le grizzly.

• Le **régime alimentaire** est lui aussi adapté à l'environnement : carnivore pour l'ours polaire (absence de toute végétation sur la banquise), omnivore pour le grizzly.

• Les grizzlys ne pourraient vivre dans le milieu où vit l'ours polaire et inversement. Les deux types sont donc isolés géographiquement.

• Il existe également une différence dans les périodes de reproduction, qui sont décalée dans le temps : d'avril à juin pour l'ours polaire et de mai à juillet pour le grizzly. Ce décalage a pour effet de diminuer les probabilités d'accouplement entre les deux types d'ours.

Bilan

Les populations d'une même espèce occupent une même niche écologique. Les populations d'ours polaires et de grizzlys occupent des niches écologiques très nettement différentes et présentent des caractéristiques morphologiques, d'alimentation et de comportement également très différentes.

Cela constitue un ensemble d'arguments sérieux en faveur de la séparation en deux espèces différentes.

Toutefois, l'espèce se définit par une population ou un ensemble de populations dont les individus peuvent se reproduire entre eux en engendrant une descendance viable et féconde dans les conditions naturelles. Deux espèces sont séparées par des barrières d'isolement reproductif. Le décalage dans les périodes de reproduction est une ébauche d'une telle barrière mais semble insuffisante pour exclure toute interfécondité.

II. Faits récents

• La découverte d'ours présentant des caractères mixtes (document 2) permet d'envisager l'existence d'hybrides ours polaire-grizzly. Si ce sont des hybrides, ils ont reçu n chromosomes de l'ours polaire et n chromosomes du grizzly. L'analyse de leur patrimoine génétique (document 2) le confirme : ces ours possèdent bien 50 % de l'ADN de l'ours polaire et 50 % de l'ADN du grizzly.

Ours polaires et grizzlys peuvent donc avoir des descendants en commun ; ces derniers sont-ils, eux aussi, fertiles ?

• L'ours qui possède 75 % du génome de l'ours polaire et 25 % du génome du grizzly est le produit d'un accouplement entre un hybride ours polaire-grizzly et un ours polaire. L'existence de cet hybride de deuxième génération est la preuve que les hybrides d'ours polaire et de grizzly sont viables et fertiles.

Ours polaire et grizzly ne sont donc pas séparés par une barrière d'isolement reproductif, ce qui conduit à penser qu'il s'agit de deux populations d'une même espèce et non de deux espèces distinctes.

III. Une spéciation non achevée

• Le document 3 montre que, tant en ce qui concerne les allèles SNP que ceux de la famille de gènes SAP, les trois ours possèdent un grand nombre d'allèles communs (8 131 633 pour SNP et 13 213 pour SAP). Cela témoigne d'un patrimoine génétique commun important.

• Chaque type d'ours possède des allèles qui lui sont propres, ce qui témoigne d'une évolution dans les trois lignées.

• Mais, surtout, ce document montre que l'ours polaire a plus d'allèles communs avec le grizzly (3 690 663 pour SNP et 8 440 pour SAP) qu'avec l'ours noir (788 885 pour SNP et 1 155 pour SAP). De même, le grizzly a plus d'allèles en commun avec l'ours polaire qu'avec l'ours noir.

Cela signifie qu'ours polaires et grizzlys sont plus étroitement apparentés entre eux qu'avec l'ours noir : ils ont un ancêtre commun récent qui n'est pas celui de l'ours noir.

La phylogénie de ces trois ours peut être illustrée par la figure suivante.

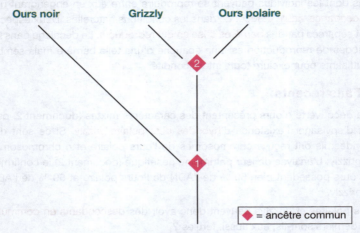

Figure 1. **Phylogénie des trois types d'ours**

• Le **document 4** indique que les populations d'ours polaires et de grizzlys sont quasiment isolées géographiquement. On peut penser qu'il en a été de même dans le passé et que cela a pour point de départ une scission entre des populations de leur ancêtre commun.

Les conditions réunies favorisent donc un mécanisme de spéciation allopatrique, c'est-à-dire un phénomène de différenciation morphologique, anatomique et comportemental au cours du temps entre des populations n'ayant plus de contacts et évoluant dans des conditions sélectives différentes.

Cependant, la frange de territoire commune aux deux populations d'ours polaires et de grizzlys rend possible leur rencontre. L'existence d'hybrides fertiles prouve ainsi que le processus de spéciation n'est pas achevé.

> **Définition**
> La **spéciation allopatrique** concerne la formation d'espèces à partir de populations géographiquement isolées, conduisant à la diminution ou l'arrêt des échanges génétiques ainsi qu'à l'accumulation de différences aboutissant à la formation de sous-espèces, puis d'espèces.

Une nouvelle espèce d'hominidé : l'*Homo naledi*

En octobre 2013, une équipe de scientifiques américains a découvert dans une grotte d'Afrique du Sud plus de 1 500 ossements fossilisés appartenant à une quinzaine de grands primates. Selon Lee Berger, le responsable de cette équipe, il s'agit d'une nouvelle espèce du genre *Homo*, baptisée *Homo naledi*. Mais tous les spécialistes n'approuvent pas cette classification. C'est le cas du paléontologue français Yves Coppens, qui déclarait en 2015 dans les colonnes du journal *Le Monde* : « L'*Homo* en question n'est, bien sûr, pas un *Homo* […] mais un australopithèque de plus ».

▶ À l'aide de l'exploitation des documents mise en relation avec vos connaissances, montrez que la place d'*Homo naledi* est encore discutable dans le genre *Homo*.

*Votre réponse intégrera le tableau comparatif donné en annexe, que les scientifiques ont commencé à remplir à partir de l'analyse des ossements retrouvés d'*Homo naledi*, et que vous compléterez.*

DOCUMENT 1 — Comparaison du diamètre de la première molaire d'*Homo naledi* avec celui d'autres espèces fossiles

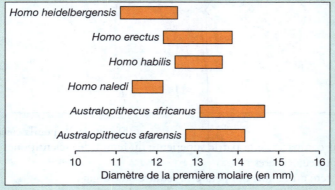

D'après L. Berger *et al.*, *eLife*, 2015

Génétique et évolution   SUJET 13

DOCUMENT 2   **Comparaison du volume de l'encéphale d'*Homo naledi* avec celui d'autres espèces fossiles**

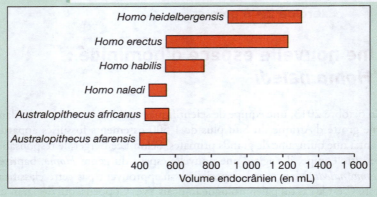

D'après L. Berger *et al.*, *eLife*, 2015

DOCUMENT 3   **Quelques caractéristiques des os de la jambe d'*Homo naledi***

a. Vue antérieure de la partie supérieure du fémur d'un *Homo naledi*, comparée à celle de deux autres espèces

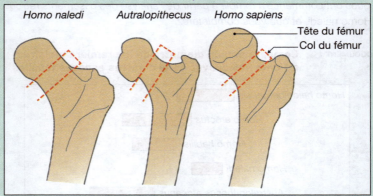

D'après le site pourlascience.fr

Pour comparer cette partie supérieure du fémur, les scientifiques utilisent deux critères :
– la tête du fémur, qui peut être réduite ou élargie ;
– le col du fémur, qui peut être court ou long.

b. Longueur maximale du tibia d'*Homo naledi*, comparée à celle d'autres primates

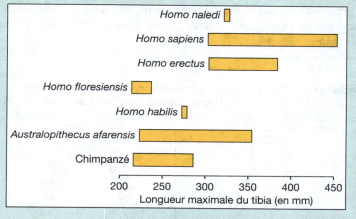

D'après L. Berger *et al.*, *eLife*, 2015

DOCUMENT 4 — **Pied d'*Homo naledi*, comparé à celui d'autres primates**

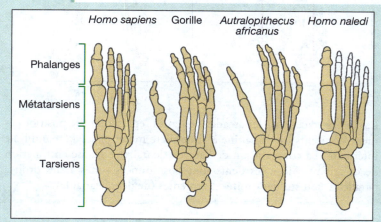

D'après L. Berger *et al.*, *eLife*, 2015 et le site evolution-biologique.org

Chez *Homo naledi*, les os représentés en blanc n'ont pas été retrouvés.
Chez le gorille :
• le premier métatarsien s'écarte des autres, il s'agit d'une adaptation au grimper arboricole.

- les tarsiens représentent à peine 1/3 de la longueur du pied contre 1/2 chez *Homo sapiens*.

Chez *Homo sapiens*, le fait que les tarsiens représentent la moitié de la longueur du pied rend ce dernier rigide, ce qui confère une aptitude à la course.

DOCUMENT 5 — **Comparaison de l'arcade dentaire de la mandibule inférieure d'*Homo naledi* avec celle de trois primates**

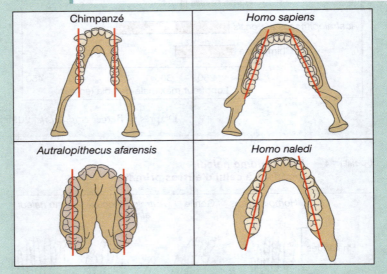

D'après le site elifesciences.org

Les lignes tracées sur les arcades dentaires représentent le positionnement des dents (de la canine à la dernière molaire) sur la mandibule inférieure. La comparaison de l'arcade dentaire se réalise en fonction de ce critère. Ainsi, les dents sont positionnées soit sur des droites parallèles, soit sur des droites divergentes (de degré variable).

DOCUMENT 6 — **L'importance de la datation d'*Homo naledi***

Les fossiles d'*Homo naledi* n'ont pas encore pu être datés. Or, cette datation pourrait se révéler déterminante pour la classification.

En effet, si tous les paléontologues s'accordent à dire que cette nouvelle espèce n'appartient pas au genre *Paranthropus*, ils hésitent toujours entre le genre *Australopithecus* et le genre *Homo*. La frise ci-dessous indique les périodes d'existence des principales espèces de chacun de ces trois genres.

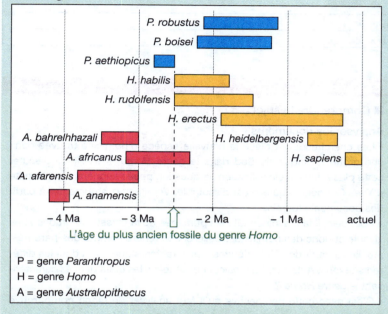

D'après *La Recherche*, hors-série, mars-avril 2016

Le tableau suivant a été réalisé par des scientifiques à partir de l'analyse de quelques caractères issus des ossements d'*Homo naledi*.

	Caractères d'*Homo naledi* se rapprochant du genre *Australopithecus*	Caractères d'*Homo naledi* se rapprochant du genre *Homo*
Tête	Bourrelet sus-orbitaire développé : ce caractère primitif apparaît chez tous les primates hormis l'*Homo sapiens*	
	Inclinaison de la face montrant un fort prognathisme	
Organisation de l'épaule	Articulation de l'épaule orientée vers le haut	
Organisation de la main	Première phalange des doigts incurvée	Os formant le poignet et la paume de forme évoluée adaptés à la manipulation d'outils
Doc. 1		
Doc. 2		
Doc. 3a		

	Caractères d'*Homo naledi* se rapprochant du genre *Australopithecus*	Caractères d'*Homo naledi* se rapprochant du genre *Homo*
Doc. 3b		
Doc. 4		
Doc. 5		

LES CLÉS DU SUJET

■ Comprendre le sujet

Analyser les documents

• Les chercheurs ont placé la nouvelle espèce d'homininé trouvée dans une grotte d'Afrique du Sud dans le genre *Homo*. Il s'agit de discuter cette place dans la classification, la question posée suggérant – à la suite d'Yves Coppens – qu'elle est discutable. Vous devez argumenter à partir des documents fournis.

• Pour cela, il faut avoir en tête les **principes de la classification** des êtres vivants et donc des homininés. Celle-ci doit rendre compte **des parentés**, établies à partir des **états dérivés** des caractères que possèdent les différents taxons. Autrement dit, *naledi* possède-t-il les états dérivés caractérisant le genre *Homo* ?

• C'est avec cette perspective qu'il faut analyser de **façon comparative** les données de chaque document. Quand elles sont fournies, les données sur le chimpanzé ou le gorille renseignent sur l'état ancestral du caractère envisagé. Il faut bien voir que, pour chaque taxon, le trait horizontal renseigne sur l'étendue de la variabilité du caractère et prendre en compte cette variabilité dans les comparaisons. Attention à ne pas paraphraser les documents. Lorsque c'est possible, essayez d'aboutir à une conclusion sur l'état du caractère chez *naledi*.

Des caractères en mosaïque

Les conclusions tirées de l'analyse des documents servent à compléter le tableau fourni. Les états des caractères des Australopithèques que possèdent *naledi* sont considérés comme ancestraux, ceux partagés avec les *Homo* sont considérés comme dérivés au sein des homininés. *Homo naledi* présente ainsi une **mosaïque** de caractères, pour certains ancestraux, pour d'autres dérivés. À partir de là, il convient de discuter sur la place d'*Homo naledi* dans la classification. Tout repose sur la définition des états dérivés qui définissent le genre *Homo*. Si un volume endocrânien supérieur à 600 mL est un critère pour être rangé parmi les *Homo*, alors *Homo naledi* n'est pas un véritable *Homo*.

Intérêt de la datation

Le document 6 est intitulé « **importance de la datation d'*Homo naledi* ».** En quoi est-elle importante ? Pas pour classer un fossile, car la classification repose **uniquement** sur des données morphologiques, anatomiques, moléculaires. En revanche, elle peut apporter des informations sur l'histoire évolutive du genre *Homo*. Par exemple, si *Homo naledi* est âgé de 2,5 millions d'années ou plus, il se trouve à l'émergence du genre *Homo* et, sans être pour autant l'ancêtre commun à tous les *Homo*, il fournit une image de ce que pouvaient être les premiers représentants du genre.

■ **Mobiliser ses connaissances**

Le genre *Homo* regroupe l'homme actuel et quelques fossiles qui se caractérisent notamment par une face réduite, un style de bipédie favorisant l'aptitude à la course à pied, une mandibule parabolique, etc.

CORRIGÉ 13

Introduction

- Récemment, des chercheurs ont trouvé de nombreux restes fossiles d'hominidés appartenant à une même espèce qu'ils ont nommée *Homo naledi*.

- Il n'y a pas de discussion sur le fait que c'est un **hominiré**, c'est-à-dire qu'il est plus apparenté à l'homme que ne l'est le chimpanzé. Les discussions persistent concernant sa place parmi les Australopithèques ou le genre *Homo*.

- L'étude comparative des caractères anatomiques d'*Homo naledi* par rapport à ceux des Australopithèques et des autres *Homo*, permet de discuter la logique de ranger cette espèce fossile dans le genre *Homo*.

> **Notez bien**
> Le titre du sujet évoque une nouvelle espèce d'**hominidés**. En réalité, le terme « hominidé » désigne l'ensemble formé par l'ancêtre commun au gorille, au chimpanzé, à l'homme et par toutes les espèces qui dérivent de cet ancêtre commun. Les **homininés** constituent un sous-ensemble des hominidés.

I. Caractères rattachant l'espèce fossile au genre *Homo*

A. L'arcade dentaire (document 5)

• L'arcade dentaire du chimpanzé est en forme de U, alors que celle d'*Homo sapiens* est de forme parabolique. L'arcade parabolique est un état dérivé.

• *Homo naledi*, qui présente une mandibule parabolique, possède donc l'état dérivé d'*Homo sapiens*, contrairement aux Australopithèques.

Ce caractère est en accord avec la place d'*Homo naledi* dans le genre *Homo*.

B. La première molaire (document 1)

Le diamètre de la première molaire d'*Homo naledi* (11,4 à 12,2 mm) est en dehors du domaine de variation de celui des Australopithèques (12,8 mm à plus de 14 mm). De même, il n'entre pas dans le domaine de variabilité de celui des *Homo* les plus anciens (*habilis* et *erectus*). Par contre, le diamètre de cette molaire entre dans le domaine de variabilité de celui des *Homo heidelbergensis*, espèce relativement récente (document 6).

Une première molaire de diamètre relativement faible est un état dérivé en accord avec la place d'*Homo naledi* parmi le genre *Homo*.

C. Caractéristiques du pied et du tibia

• Le pied chez *Homo naledi*, comme chez *Homo sapiens*, possède le premier métatarsien qui ne s'écarte pas des autres métatarsiens contrairement à ce que l'on observe chez le gorille et les Australopithèques (document 4).

• Chez le fossile, la longueur des os tarsiens représente presque la moitié de la longueur du pied comme chez les *Homo sapiens*, alors que chez les Australopithèques ils ne représentent qu'environ le tiers de la longueur du pied (guère plus que chez le gorille).

Homo naledi présente donc les deux états dérivés du pied d'*Homo sapiens* : gros orteil non écarté et taille importante des tarsiens montrant une aptitude à la course. Cela justifie pleinement sa place dans le genre *Homo*.

• La taille maximale du tibia du fossile varie dans un domaine de variabilité qui se situe dans celui d'*Homo erectus* et d'*Homo sapiens*, mais également dans le domaine de variabilité des *Australopithecus afarensis* (document 3b). Sa taille correspond donc à celle du tibia de grands Australopithèques et à celle d'*Homo* (*erectus* et *sapiens*) de petite taille.

La comparaison avec le chimpanzé montre que l'allongement du tibia est un état dérivé au sein des Homininés, présent chez les *Homo* les plus récents, *Homo erectus* et *Homo sapiens*, à l'exception d'*Homo floresiensis*. *Homo naledi* présente cet état dérivé, ce qui justifie sa place dans le genre *Homo*. Toutefois, on peut nuancer cette conclusion dans la mesure où la grande variabilité d'*Australopithecus afenrensis* fait que certains d'entre eux ont cet état. Mais la variabilité chez *Homo naledi* est très faible, ce qui renforce sa place dans le genre *Homo*.

II. Caractères rattachant l'espèce fossile aux Australopithèques

A. Le volume de l'encéphale (document 2)

Le volume crânien d'*Homo naledi* est du même ordre que celui de deux Australopithèques, *afarensis* et *africanus* (ainsi que de celui du chimpanzé) et inférieur à celui d'*Homo habilis*. Il possède, au sein des homininés, l'état ancestral de ce caractère. Cela semble donc l'exclure du genre *Homo*.

B. Le fémur (document 3a)

- La tête du fémur chez *Homo naledi* est relativement réduite, proche de sa taille chez les Australopithèques.
- De même, le col du fémur est nettement plus long que celui d'*Homo sapiens*, proche de celui des Australopithèques.

Les caractères du fémur rapprochent donc l'espèce fossile des Australopithèques.

Récapitulatif

	Caractères d'*Homo naledi* se rapprochant du genre *Australopithecus*	Caractères d'*Homo naledi* se rapprochant du genre *Homo*
Tête	Bourrelet sus-orbitaire développé : ce caractère primitif apparaît chez tous les primates hormis l'*Homo sapiens*	
	Inclinaison de la face montrant un fort prognathisme	
Organisation de l'épaule	Articulation de l'épaule orientée vers le haut	
Organisation de la main	Première phalange des doigts incurvée	Os formant le poignet et la paume de forme évoluée adaptés à la manipulation d'outils
Doc. 1		Faible diamètre de la molaire
Doc. 2	Volume endocrânien réduit	
Doc. 3a	Fémur : tête réduite, col long	
Doc. 3b	Longueur tibia = grands Australopithèques	Pouce non écarté. Longueur tibia semblable à celle de petits *Homo erectus* et *sapiens*
Doc. 4		Longueur tarsiens presque égale à la demi-longueur du pied
Doc. 5		Arcade dentaire parabolique

Bilan

- *Homo naledi*, qui présente une combinaison de caractères dérivés et de caractères ancestraux, est une espèce différente des autres espèces d'hominines connues. Il s'inscrit dans l'évolution buissonnante des hominines.
- Cette association de caractères traduit une évolution en mosaïque. C'est cette caractéristique qui rend difficile la détermination de la place d'*Homo naledi* dans la classification.
- Possédant plusieurs états dérivés communs avec le genre *Homo* que ne possèdent pas les Australopithèques, cet hominine fossile apparaît plus étroitement apparenté au genre *Homo* que ne le sont les Australopithèques.
- Si ces états dérivés communs (pied, arcade dentaire, première molaire) suffisent pour définir le genre *Homo*, alors *Homo naledi* appartient au genre *Homo*.
- Si un volume crânien supérieur à 600 cm^3 est un état dérivé indispensable pour définir le genre *Homo*, alors *Homo naledi* n'est pas un *Homo* mais un Australopithèque.
- Même si l'âge d'un fossile ne permet pas de le placer dans la classification, sa datation peut procurer des renseignements intéressants.

Ainsi, si *Homo naledi* vivait il y a 200 000 ans, alors il s'agit :
– soit d'une lignée d'Australopithèques ayant survécu alors que toutes les autres espèces d'Australopithèques ont disparu depuis longtemps, ce qui est peu probable ;
– soit d'une lignée d'*Homo* ayant conservé des états ancestraux de quelques caractères. Il s'agit alors d'une nouvelle espèce d'*Homo* ayant vécu en même temps que les premiers *Homo sapiens*. L'existence de l'homme de Florès rend plausible cette interprétation.

- Si *Homo naledi* vivait il y a 2 500 000 ans, il peut alors représenter une espèce qui, sans être l'ancêtre commun aux *Homo*, possède des caractères pouvant évoquer ceux d'un ancêtre commun possible.
- Il n'y a donc pas de réponse définitive à la place de cette nouvelle espèce dans la classification. De nouvelles découvertes peuvent remettre en cause son appartenance à tel ou tel genre.

> **Remarque**
> Une publication de fin avril 2017 – donc postérieure à la conception du sujet – indique un âge compris entre 236 000 et 335 000 ans pour *Homo naledi*.

SUJET 14

Asie • Juin 2017
RESTITUTION DES CONNAISSANCES • 8 points

Le contournement des contraintes de la vie fixée des plantes

Les végétaux terrestres sont pour la plupart des êtres vivants fixés. La vie fixée impose des contraintes.

▶ **Expliquez comment l'organisation d'une plante à fleurs ainsi que sa collaboration avec d'autres espèces permettent de répondre aux contraintes de la vie fixée.**

L'exposé devra comporter une introduction, un développement structuré, une conclusion et sera illustré par un schéma au choix du candidat.

ENS. SPÉCIFIQUE

LES CLÉS DU SUJET

■ **Comprendre le sujet**

- C'est un sujet très vaste car les connaissances à mobiliser portent sur l'ensemble du thème de la vie fixée des plantes. Il ne faut donc pas se limiter à l'organisation de l'appareil végétatif en rapport avec la nutrition de la plante, mais envisager aussi les modalités de la reproduction sexuée qui permettent la rencontre des gamètes alors que la plante ne se déplace pas.
- Il faut en outre indiquer, tant en ce qui concerne la nutrition que la reproduction, comment les relations avec d'autres êtres vivants aident à surmonter les contraintes de la vie fixée.
- Enfin, le dernier point à aborder est la façon dont les plantes résistent aux agressions de l'environnement qu'elles ne peuvent éviter puisque fixées.
- La variété des connaissances à exposer oblige à ne pas être exhaustif sur chacun des points et à cibler les données pour lesquelles la relation avec les contraintes de la vie fixée est nette. Le sujet ayant trait aux plantes à fleurs en général, il suffit d'indiquer les caractéristiques communes à toutes les plantes. Dans votre conclusion, vous pouvez cependant évoquer les adaptations qui permettent à certaines espèces de vivre dans des milieux où les contraintes sont très fortes : sécheresse, températures très élevées ou très faibles, etc.

Génétique et évolution   CORRIGÉ 14

■ **Mobiliser ses connaissances**
• La plante développe des surfaces d'échanges de grande dimension avec l'atmosphère et avec le sol.
• L'organisation florale et le fonctionnement de la fleur permettent le rapprochement des gamètes entre plantes fixées. La pollinisation de nombreuses plantes et la dispersion des graines reposent souvent sur une collaboration animal pollinisateur-plante, produit d'une coévolution.
• La plante possède des structures et des mécanismes de défense contre les agressions du milieu.

CORRIGÉ 14

Introduction

Comme tous les êtres vivants, les végétaux doivent se nourrir, se reproduire et se défendre vis-à-vis d'agressions extérieures diverses (climatiques, biologiques…). Dans le cas d'une plante fixée, ces fonctions doivent être assurées alors qu'il lui est impossible de se déplacer pour rechercher la nourriture, trouver un partenaire pour se reproduire ou encore fuir une agression.
Nous allons envisager les caractéristiques de ce type de plantes qui, malgré leurs contraintes, leur permettent d'assurer les fonctions nécessaires à leur survie.

I. Se nourrir tout en étant fixée

La plante chlorophyllienne est autotrophe grâce à sa capacité de photosynthèse. Pour assurer son bon déroulement, la plante doit trouver dans son environnement l'eau, les ions minéraux et le dioxyde de carbone nécessaires (**figure 1**). Les organes photosynthétiques doivent de plus être en mesure de capter l'énergie lumineuse indispensable à la photosynthèse.

A. L'eau et les ions minéraux

• Ces nutriments sont captés par l'appareil racinaire. Les ramifications de la racine, garnies à leur extrémité de poils absorbants extrêmement nombreux, constituent une surface de contact considérable entre les racines et le sol ; cela favorise l'absorption de l'eau et des ions minéraux par la plante.

• En outre, beaucoup de plantes présentent un système racinaire doté de mycorhizes qui résultent d'une association intime entre les filaments d'un champignon et les racines de la plante (**figure 1**). Les filaments du champignon permettent le prélèvement d'eau et d'ions minéraux sur une surface très agrandie du sol avant de les transmettre aux racines de la plante.

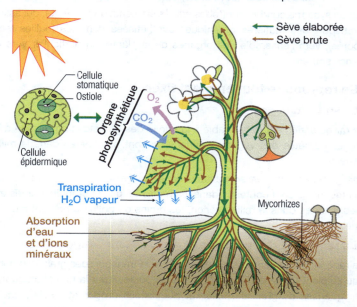

Figure 1. **Organisation fonctionnelle d'une plante chlorophyllienne**

B. Le dioxyde de carbone et l'énergie lumineuse

• Le dioxyde de carbone est puisé dans l'air environnant. La surface d'échanges gazeux entre l'atmosphère et l'appareil foliaire est considérable. Elle est encore énormément augmentée par l'existence de lacunes internes dont l'atmosphère est sans cesse renouvelée grâce à des orifices ouverts sur l'extérieur : les stomates (**figure 1**).

Cette énorme surface assure le prélèvement efficace du dioxyde de carbone, nutriment indispensable à la photosynthèse.

• L'énergie lumineuse, quant à elle, est captée par les chloroplastes des cellules foliaires. Chez beaucoup de plantes, les cellules les plus riches en chlorophylle constituent un tissu dense, situé sur la face supérieure la plus exposée à l'énergie lumineuse.

C. Les relations entre racines et feuilles

Celles-ci sont indispensables car les fonctions différentes des appareils souterrain et aérien nécessitent l'existence de relations nutritives.

Elles sont assurées :
– par un tissu conducteur (vaisseaux du xylème), qui effectue le transport de l'eau et des ions minéraux (sève brute) du sol vers l'appareil aérien ;
– par un système conducteur (tubes criblés éléments du phloème), qui assure le transport des matières organiques synthétisées dans les feuilles (sève élaborée), vers l'ensemble des organes de la plante, en particulier vers les organes souterrains.

II. Se reproduire tout en étant fixée

A. La survie des gamètes

• Le milieu aérien est défavorable à la survie des gamètes ; en relation avec cela, les gamètes des végétaux aériens ne sont pas libérés dans le milieu extérieur.

• Les gamètes femelles sont situés dans l'ovaire du pistil des fleurs. Les gamètes mâles sont contenus dans les grains de pollen produits par les étamines. Libérés dans le milieu aérien, les grains de pollen protègent ainsi les gamètes mâles.

B. La rencontre des gamètes et la fécondation (figure 2)

• La rencontre des gamètes est assurée par le transport des grains de pollen jusqu'au pistil : c'est la pollinisation. Elle se poursuit par la formation du tube pollinique issu du grain de pollen et qui conduit un gamète mâle jusqu'au gamète femelle : la fécondation est donc interne. L'œuf formé dans la plante mère est ainsi lui aussi protégé du milieu extérieur.

• Le développement de l'œuf dans l'ovaire donne finalement une graine qui sera libérée dans le milieu extérieur. L'une des propriétés de la graine est sa capacité à mener une vie ralentie et à résister aux contraintes du milieu.

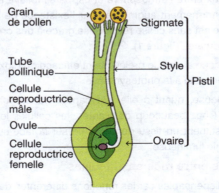

Figure 2. La pollinisation

C. La reproduction et la collaboration avec d'autres êtres vivants

• Les animaux interviennent à deux moments distincts dans la reproduction des végétaux :

– Lors de la pollinisation ; chez de nombreuses plantes, la pollinisation est assurée par les insectes qui recherchent, dans la fleur, une source de nourriture : le nectar (liquide sucré sécrété par de petites glandes, les nectaires, situées à la base des pièces florales) et le pollen (notamment les abeilles).

Lorsqu'un insecte visite une fleur, le pollen se fixe aux soies de son corps. En pénétrant dans d'autres fleurs, l'insecte abandonne involontairement quelques grains de pollen sur les stigmates gluants.

– Lors de la dispersion des graines, laquelle permet à la plante de conquérir de nouveaux milieux.

• La semence peut être dispersée en s'attachant aux poils, plumes ou autres parties du corps d'un animal, mais aussi par la consommation, après passage dans le tube digestif de l'animal puis rejet par les excréments. Les fruits charnus font ainsi partie des stratégies facilitant la dissémination des graines.

• On observe parfois une relation entre les caractéristiques des plantes et celles des animaux qui assurent la dissémination en consommant leurs fruits. On parle alors de coadaptation : la morphologie des fruits est fréquemment adaptée aux caractéristiques morphologiques générales des animaux frugivores. Comme dans le cas de la pollinisation, on l'interprète comme une coévolution, c'est-à-dire que l'on suppose qu'au cours de l'histoire évolutive de la plante, les animaux ont exercé une pression sélective qui a favorisé les phénotypes attractifs des plantes pour les animaux. Inversement, les plantes ont ensuite exercé une pression sélective sur les animaux.

III. Se défendre tout en étant fixée

A. Les facteurs physiques

Les plantes fixées doivent répondre aux pressions du milieu extérieur dont font partie les variations de températures. Elles ont ainsi développé diverses stratégies selon les contraintes.

• **Résister aux basses températures**

Les plantes entrent en vie ralentie pendant la période froide, durant laquelle les activités sont réduites au minimum et où le développement est interrompu.

Les organes assurant la permanence de la plante sont alors protégés afin de réduire l'impact des basses températures :

– seule la partie souterraine persiste (bulbes, tubercules, rhizomes…) ;

– un système de protection (écailles) est développé au niveau des bourgeons ;
– les graines entrent en vie ralentie, en particulier chez les plantes annuelles, protégeant ainsi la descendance.

- **Résister à la sécheresse**

Lorsque les températures sont élevées, la réponse sera en particulier de réduire les pertes d'eau par fermeture des stomates.

Des caractéristiques anatomiques spécifiques favorisent également la résistance à la sécheresse : présence de cryptes sur les feuilles pour la protection des stomates, morphologie à feuilles réduites limitant les surfaces d'échange, accumulation et stockage d'eau (plantes grasses), etc.

B. Les facteurs biologiques

Il s'agira alors pour la plante de développer des systèmes de défense afin de résister aux prédateurs et aux parasites. Deux types de défense sont ainsi observées :

– des défenses constitutives (passives) de nature mécanique (cuticules épaisses rendant les feuilles coriaces, écorce épaisse et dure, épines, poils urticants, etc.) ou chimique (sécrétion passive de substances toxiques et mortelles pour les agresseurs) ;

– des défenses induites (actives), qui se développent en réponse à l'agression. La plante réagit en diffusant des substances volatiles odorantes qui attirent des prédateurs de l'agresseur et augmentent les capacités de défense des plantes voisines saines. La plante peut également répondre directement à l'agression en sécrétant des substances chimiques toxiques pour l'agresseur (PsI, nicotine, etc.).

Conclusion

La plante fixée possède des singularités qui concernent à la fois son appareil végétatif et son appareil reproducteur.

- L'appareil végétatif est caractérisé par de vastes surfaces d'échanges avec l'environnement (sol, atmosphère) où les nutriments nécessaires à la plante sont en faible concentration. En outre, cet appareil végétatif peut subir des modifications pour résister aux agressions du milieu.

- L'appareil reproducteur est marqué par la production et la libération d'un très grand nombre de grains de pollen vecteurs et protecteurs de gamètes mâles qui peuvent ainsi atteindre les organes femelles distants où se trouvent les gamètes femelles. La fécondation est ensuite interne, et le développement de l'œuf à l'intérieur de l'ovaire du pistil conduit à une graine.

Génétique et évolution **CORRIGÉ 14**

La graine, qui contient un embryon de plante, peut ensuite être disséminée, tout en étant capable de mener une vie au ralenti lorsque les conditions sont défavorables.

• Tant en ce qui concerne la pollinisation que la dispersion des graines, la collaboration avec les animaux contribue à la réussite de la reproduction et la conquête de nouveaux milieux.

Ce sont des propriétés générales des plantes terrestres fixées mais elles peuvent parfois être accentuées chez certaines d'entre elles, leur permettant de s'adapter pour vivre dans des milieux aux conditions physiques sévères (déserts, altitudes élevées, etc.).

SUJET 15

France métropolitaine • Juin 2017
PRATIQUE DU RAISONNEMENT SCIENTIFIQUE
Exercice 1 • 3 points

Transpiration et croissance des feuilles chez *Arabidopsis Thaliana*

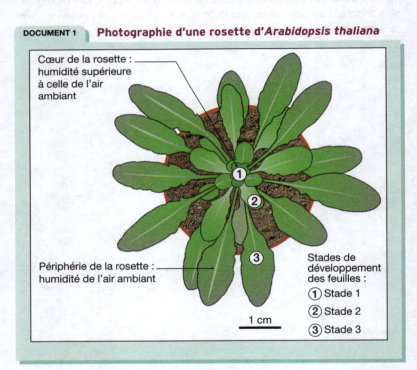

DOCUMENT 1 Photographie d'une rosette d'*Arabidopsis thaliana*

- Cœur de la rosette : humidité supérieure à celle de l'air ambiant
- Périphérie de la rosette : humidité de l'air ambiant
- Stades de développement des feuilles :
  ① Stade 1
  ② Stade 2
  ③ Stade 3

DOCUMENT 2 Mesures de la transpiration foliaire en réponse à des conditions d'humidité variables

Conditions expérimentales

• Conditions d'humidité de l'air durant les 24 heures précédant les mesures :
HRnorm : la plante est soumise à l'humidité de l'air ambiant.
HRfaible : la plante est soumise à un air sec soufflé au centre de la rosette.

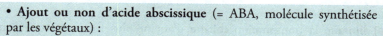

- Ajout ou non d'acide abscissique (= ABA, molécule synthétisée par les végétaux) :

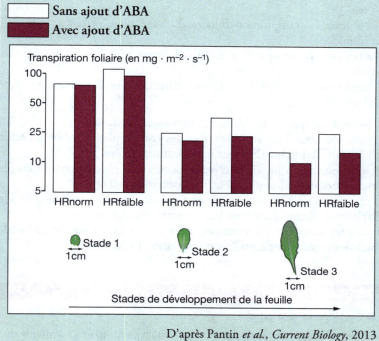

D'après Pantin *et al.*, *Current Biology*, 2013

▶ À partir de l'étude des documents, indiquez la bonne réponse dans chaque série de propositions du QCM.

1. La transpiration des feuilles de stade 1 d'*Arabidopsis thaliana* :
a) est supérieure à celle des feuilles de stade 3 et indépendante des conditions d'humidité de l'air.
b) est inférieure à celle des feuilles de stade 3 et indépendante des conditions d'humidité de l'air.
c) est supérieure à celle des feuilles de stade 3 et dépend des conditions d'humidité de l'air.
d) est inférieure à celle des feuilles de stade 3 et dépend des conditions d'humidité de l'air.

2. L'acide abscissique :
a) diminue la transpiration foliaire d'autant plus fortement que l'air est sec.
b) diminue la transpiration foliaire d'autant plus fortement que l'air est humide.
c) augmente la transpiration foliaire d'autant plus fortement que l'air est sec.
d) augmente la transpiration foliaire d'autant plus fortement que l'air est humide.

3. En se développant, les feuilles d'*Arabidopsis thaliana* :
a) sont soumises à un air plus sec et deviennent plus sensibles à l'acide abscissique, réduisant ainsi leur transpiration foliaire.
b) sont soumises à un air plus sec et deviennent plus sensibles à l'acide abscissique, augmentant ainsi leur transpiration foliaire.
c) sont soumises à un air plus sec et deviennent moins sensibles à l'acide abscissique, augmentant ainsi leur transpiration foliaire.
d) sont soumises à un air moins sec et deviennent moins sensibles à l'acide abscissique, réduisant ainsi leur transpiration foliaire.

LES CLÉS DU SUJET

■ Comprendre le sujet

- C'est une question classique d'un QCM de type II.1 (partie « Pratique du raisonnement scientifique », Exercice 1) ne reposant sur aucune connaissance en particulier. Toutes les informations nécessaires pour apprécier la validité des propositions sont à extraire des documents.
Il faut donc bien repérer le ou les documents à exploiter pour chaque série de propositions : le **document 2** pour les deux premières séries de propositions, les **documents 1** et **2** pour la troisième série.

- Il faut veiller à ne pas considérer les propositions une par une et bien tenir compte de la façon dont chaque série est construite.

- Les deux premières séries sont construites suivant le même modèle. Deux éléments sont considérés, avec chacun deux possibilités. Par exemple, pour la première série, le premier élément est l'importance de la transpiration des feuilles de stade 1 par rapport aux feuilles de stade 3 avec deux possibilités : la transpiration est supérieure ou inférieure. Il faut confronter ces deux possibilités aux données du document pour éliminer deux propositions. Il reste alors à utiliser le deuxième élément (l'humidité de l'air) pour éliminer l'une des deux propositions restantes, et donc trouver la proposition exacte.

Génétique et évolution **CORRIGÉ 15**

• Pour la troisième série, c'est un peu plus complexe dans la mesure où l'on considère trois éléments, mais le principe d'exploitation est le même. Il faut d'abord considérer le premier élément pour éliminer au moins une proposition, puis un second élément et enfin le troisième élément pour arriver à la proposition exacte.

■ Mobiliser ses connaissances

Aucune connaissance précise n'est requise, mais la compréhension des termes utilisés est mobilisée.
En revanche, la capacité à tirer des informations d'un ensemble d'histogrammes est en jeu.

CORRIGÉ 15

1. c) Exact.

b) et **d)** Faux. La transpiration de la feuille au stade 1 est supérieure à celle de la feuille au stade 3 (et non inférieure).

a) Faux. La transpiration des feuilles au stade 1 est bien supérieure à celle des feuilles au stade 3, mais elle est un peu plus importante lorsque la plante est soumise à un air sec soufflé (HRfaible) que lorsque l'air ambiant est plus humide (HRnorm).

2. a) Exact. Les histogrammes montrent que la diminution de la transpiration sous l'action d'ABA est plus importante lorsque l'air est sec (HRfaible). En conséquence, la proposition **b)** est fausse.

c) et **d)** Faux. La présence d'ABA entraîne une baisse de la transpiration et non une augmentation.

3. a) Exact. Le document 1 indique qu'au stade 1, les feuilles sont soumises à une humidité supérieure à celle de l'air ambiant, contrairement au stade 3 où elles sont soumises à l'humidité de l'air ambiant, plus sec. Cela élimine la proposition **d)**. La baisse de la transpiration sous l'action d'ABA est plus importante au stade 3 qu'au stade 2 et, surtout, qu'au stade 1 (document 2).

b) Faux. L'expression « l'augmentation de la transpiration foliaire » est inexacte, même si tout le reste de la proposition est correct.

c) Faux. L'affirmation « deviennent **moins sensibles** à l'acide abscissique, **augmentant** ainsi la transpiration » est contraire à la réalité.

SUJET 16

Amérique du Nord • Juin 2016
PRATIQUE DU RAISONNEMENT SCIENTIFIQUE
Exercice 1 • 3 points

Organisation florale du mutant « pistillata »

L'arabette des dames (*Arabidopsis thaliana*) est l'une des plantes les plus étudiées pour comprendre le contrôle génétique du développement d'une fleur.
On cherche à expliquer la formation de plantes mutantes qui présentent une organisation florale anormale.

▶ À partir des informations extraites des documents, expliquez l'organisation florale particulière des mutants pistillata.

DOCUMENT 1 — Organisation florale d'une plante normale et d'un mutant à fleur dite « pistillata »

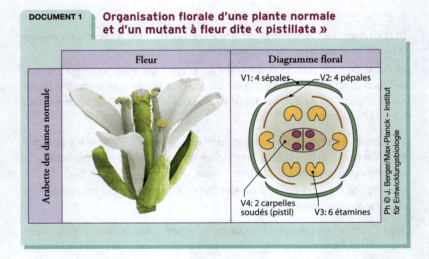

Ph © J. Berger/Max-Planck – Institut für Entwicklungsbiologie

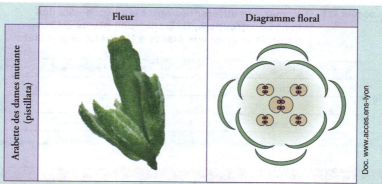

Les pièces florales sont représentées avec le même symbolisme dans les deux diagrammes.
La lettre V signifie « verticille ». Il s'agit de l'ensemble de pièces florales insérées au même niveau sur l'axe de la fleur.

D'après acces.ens-lyon.fr et tuebingen.mpg.de

DOCUMENT 2 — **Contrôle génétique de la mise en place des pièces florales**

Le développement des pièces florales est sous le contrôle de trois catégories de gènes du développement (appelés gènes du groupe ABC) dont voici le modèle de fonctionnement.

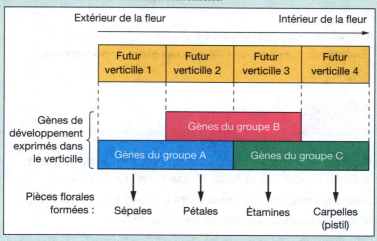

Génétique et évolution **CORRIGÉ 16**

DOCUMENT 3 — Nombre de différences entre les séquences des gènes du groupe A, B, C chez une plante à fleur normale et chez une plante à fleur mutée pistillata

Gènes	Nombre de différences
Du groupe A	0
Du groupe B	1
Du groupe C	0

LES CLÉS DU SUJET

■ **Comprendre le sujet**

• Il faut tout d'abord comparer l'organisation florale du mutant à celle d'une plante normale de façon à préciser le problème à résoudre : pourquoi, chez le mutant, les pétales sont-ils remplacés par des sépales et les étamines par des carpelles ?

• L'exploitation du **document 2** mène à une réponse à cette question : chez le mutant, les gènes du groupe B ne s'expriment pas dans les verticilles 2 et 3, contrairement à ce qu'il se passe au cours de la formation de la fleur chez une plante normale.

• Le **document 3** permet de proposer une explication à cette absence d'expression des gènes du groupe B : ce sont des gènes mutés, la mutation agissant de manière à ce qu'ils codent pour des protéines non fonctionnelles.

■ **Mobiliser ses connaissances**

L'organisation florale est contrôlée par des gènes du développement.

CORRIGÉ 16

I. Comparaison de l'organisation de la fleur du mutant pistillata à celle de la fleur d'une plante normale

• Les diagrammes floraux du **document 1** indiquent que, chez le mutant :

– les quatre pétales sont remplacés par quatre sépales ;

– deux étamines ont disparu et les quatre autres sont remplacées chacune par 2 carpelles soudés.

• Ainsi, chez le mutant pistillata, le verticille 2 est un verticille de sépales et non de pétales. De même, le verticille 3 est un verticille de carpelles et non d'étamines.

II. Explication de l'organisation florale du mutant pistillata

• Le **document 2** indique que, au niveau du verticille 2, les gènes A et B s'expriment, ce qui permet la formation de pétales. Si seuls les gènes A s'expriment (verticille 1), ce sont alors des sépales qui apparaissent.

• Chez le mutant, au niveau du verticille 2, se forment des sépales et non des pétales. Donc, dans la zone correspondant au verticille 2, seuls les gènes A s'expriment tandis que les gènes B ne s'expriment pas.

• Au niveau du verticille 3, l'expression des gènes B et C chez la plante normale assure la formation des étamines. Lorsque les gènes C s'expriment seuls (verticille 4), ce sont des carpelles qui se forment

• Chez le mutant pistillata, le remplacement des étamines par des carpelles indique qu'au niveau du verticille 3, les gènes du groupe C s'expriment seuls, donc que les gènes du groupe B ne s'expriment pas (ou les protéines qu'ils codent ne sont pas fonctionnelles).

Bilan

Chez le mutant pistillata, au cours du développement de la fleur, les gènes B ne s'expriment pas dans les verticilles 2 et 3, contrairement au développement de la fleur normale.

III. Explication de l'organisation florale de pistillata

• Le **document 3** indique que le génome du mutant ne diffère de celui d'une plante normale que par une seule caractéristique, celle affectant la séquence des gènes B. Chez pistillata, ces gènes B sont donc des gènes mutés qui doivent coder pour une protéine non fonctionnelle.

• La mutation de l'un des gènes du développement responsables de l'organisation des pièces florales conduit à la formation d'une fleur mutante sans pétales ni étamines.

SUJET 17

Amérique du Nord • Juin 2016
RESTITUTION DES CONNAISSANCES • 8 points

Le domaine continental, sa dynamique et la géothermie

▶ **Cochez la bonne réponse pour chaque série de propositions.**

1. La lithosphère continentale se distingue de la lithosphère océanique par :
a) une croûte plus épaisse, plus dense.
b) une croûte plus épaisse, moins dense.
c) une croûte moins épaisse, plus dense.
d) une croûte moins épaisse, moins dense.

2. L'isostasie traduit :
a) un état d'équilibre de la croûte sur le manteau supérieur de la lithosphère.
b) un état d'équilibre de la lithosphère sur l'asthénosphère.
c) un état de déséquilibre de la croûte sur le manteau supérieur de la lithosphère.
d) un état de déséquilibre de la lithosphère continentale sur la croûte océanique.

3. L'altitude des continents est en moyenne :
a) moins élevée que celle des océans, principalement à cause d'une croûte plus dense.
b) moins élevée que celle des océans, principalement à cause d'une croûte moins dense.
c) plus élevée que celle des océans, principalement à cause d'une croûte plus dense.
d) plus élevée que celle des océans, principalement à cause d'une croûte moins dense.

4. L'âge de la croûte continentale :
a) est globalement identique à celui de la croûte océanique.
b) ne dépasse jamais 200 millions d'années.
c) peut atteindre, voire dépasser, les 4 milliards d'années.
d) ne peut jamais être établi.

5. Dans une chaîne de montagnes, on peut observer un épaississement de la croûte :
a) uniquement en surface.
b) uniquement en profondeur.
c) en surface et en profondeur, donnant des reliefs et une racine crustale.
d) en surface et en profondeur, donnant des reliefs et une remontée mantellique.

6. Dans une chaîne de collision, plis, failles et nappes sont associés :
a) à un étirement de la croûte.
b) à un raccourcissement de la croûte.
c) à une diminution du relief.
d) à un amincissement de la croûte.

7. Les ophiolites sont constituées :
a) de roches issues d'une ancienne lithosphère continentale.
b) de lambeaux de lithosphère océanique.
c) de granite et de roches métamorphiques.
d) de roches sédimentaires exclusivement.

8. Par rapport à une chaîne de montagnes récente, une chaîne ancienne présente :
a) une proportion de roches formées en profondeur plus importante à l'affleurement.
b) une proportion de roches formées en profondeur moins importante à l'affleurement.
c) un Moho plus profond.
d) un Moho globalement aussi profond.

9. Dans les zones de subduction :
a) la lithosphère océanique chevauche toujours la lithosphère continentale.
b) la lithosphère océanique est moins dense qu'au niveau de la zone d'accrétion.
c) la lithosphère océanique est plus dense que dans la zone d'accrétion.
d) la lithosphère océanique est plus jeune que dans la zone d'accrétion.

10. Dans les zones de subduction, on observe un magmatisme se traduisant par :
a) la formation de roches volcaniques de type granitoïde.
b) la formation de roches volcaniques sur la plaque plongeante.
c) la formation de roches plutoniques de type granitoïde.
d) la formation de roches plutoniques de type basalte.

11. Le magmatisme des zones de subduction a pour origine la fusion de péridotite :
a) partielle, par déshydratation de la plaque plongeante.
b) totale, par déshydratation de la plaque plongeante.
c) partielle, par hydratation de la plaque plongeante.
d) totale, par hydratation de la plaque plongeante.

12. Andésite et granite sont toutes deux :
a) des roches produites par un magmatisme de dorsale.
b) des roches plutoniques.
c) des roches produites au niveau des zones de subduction.
d) des roches ayant la même structure.

13. Dans une chaîne de montagnes, les reliefs tendent à :
a) augmenter sous l'effet de l'altération et de l'érosion.
b) augmenter sous l'effet de la seule érosion.
c) disparaître sous les seuls effets de l'altération et de l'érosion.
d) disparaître sous l'effet de l'altération, de l'érosion et de phénomènes tectoniques.

14. On observe un flux géothermique :
a) fort au niveau des dorsales, associé à une production de lithosphère continentale.
b) faible au niveau des dorsales, associé à une production de lithosphère océanique.
c) fort au niveau des fosses océaniques, associé au plongement de la lithosphère.
d) faible au niveau des fosses océaniques, associé au plongement de la lithosphère.

15. Les transferts de chaleur par convection au niveau du globe :
a) sont plus efficaces que les transferts de chaleur par conduction.
b) ne s'accompagnent d'aucun déplacement de matière.
c) sont le seul mécanisme de transfert thermique de la Terre.
d) sont peu importants dans le manteau.

16. Le flux géothermique global :
a) a une valeur homogène à la surface de la Terre.
b) est dû au transfert de chaleur de la profondeur vers la surface de l'énergie libérée par la désintégration de substances radioactives.
c) est dû au transfert de chaleur de la surface vers la profondeur de l'énergie libérée par la désintégration de substances radioactives.
d) est lié à l'énergie solaire reçue par la surface terrestre.

LES CLÉS DU SUJET

■ Comprendre le sujet

• C'est une question de type 1 originale dans la mesure où elle consiste uniquement en un QCM de 16 séries de propositions qui couvrent **l'ensemble des thèmes de géologie du programme.** Il n'y a pas de support complémentaire, de sorte que vous devez apprécier la validité des propositions en les confrontant à vos connaissances. Cette question de type 1 est donc un excellent outil de révision.

• La compréhension des termes utilisés dans les propositions est souvent cruciale (zone d'accrétion, roche plutonique, structure d'une roche, Moho, etc.). Il faut donc veiller à l'acquisition et à la signification des termes de vocabulaire relatifs aux sciences de la Terre.

• Plusieurs séries de propositions sont construites sur le même modèle. Les quatre propositions font intervenir deux paramètres avec deux caractéristiques opposées pour chacun d'entre eux (plus épaisse/moins épaisse et moins dense/plus dense, par exemple.)
Il est ainsi judicieux de considérer d'abord un paramètre afin d'éliminer deux propositions. Il ne reste plus qu'à utiliser le deuxième paramètre pour sélectionner la proposition exacte parmi les deux qui restent.

■ Mobiliser ses connaissances

C'est le type de sujet pour lequel il ne faut pas avoir fait d'impasse, car il mobilise toutes les connaissances sur la caractérisation du domaine continental, la convergence lithosphérique et la formation des chaînes de montagnes, le magmatisme en zone de subduction, la disparition des reliefs, la géothermie et les propriétés thermiques de la Terre.

CORRIGÉ 17

1. b) Exact. La croûte continentale a une épaisseur d'environ 30 km et une densité de l'ordre de 2,7 alors que la croûte océanique à une épaisseur de 6 à 7 km et une densité de 2,9.
L'exactitude de la proposition **b)** exclut les propositions **a)**, **c)** et **d)**.

2. b) Exact. Tout déséquilibre se traduit par des mouvements verticaux rétablissant cet équilibre. L'isostasie traduit l'état d'équilibre de la lithosphère rigide sur l'asthénosphère plus plastique.

a) Faux. Croûte et manteau supérieur sont rigides, alors que l'isostasie implique qu'une partie rigide repose sur quelque chose de plus plastique.

c) Faux en ce qui concerne les deux critères signalés, « déséquilibre » et « croûte sur manteau ».

d) Faux. La lithosphère ne peut reposer sur la croûte océanique.

3. d) Exact. L'altitude des continents est évidemment supérieure à celle des océans, ce qui exclut les propositions **a)** et **b)** ; d'autre part, la densité de la croûte continentale (2,7) est moins élevée que celle de la croûte océanique (2,9), ce qui exclut la proposition **c)**.

4. c) Exact.

a) Faux. La croûte continentale est globalement plus âgée que la croûte océanique.

b) Faux. Les roches les plus âgées de la croûte continentale sont datées de 4 milliards d'années environ. L'âge des roches de la croûte océanique ne dépasse jamais 200 millions d'années.

d) Faux. La datation des roches continentales se fait à l'aide des isotopes radioactifs.

5. c) Exact, au moins pour les chaînes récentes.

a) et **b) Faux**, à cause de l'adverbe « uniquement ».

d) Faux. La remontée du manteau n'a aucun rapport direct.

6. b) Exact. Plis, failles et nappes de charriage sont caractéristiques d'une tectonique en compression, ce qui implique un raccourcissement de la croûte ; en conséquence, la proposition **a)** est fausse.

c) Faux. Plis, failles et nappes entraînent un épaississement de la croûte, donc une augmentation du relief.

d) Faux. C'est l'inverse.

7. b) Exact.

a) Faux. Les ophiolites sont constituées d'un ensemble de roches (basaltes en coussins, gabbros et péridotites) caractéristiques de la lithosphère océanique.

c) Faux. Granites et roches métamorphiques sont caractéristiques de la croûte continentale.

d) Faux. Basaltes et gabbros sont des roches magmatiques, et non des roches sédimentaires.

Le domaine continental et sa dynamique **CORRIGÉ** **17**

8. a) Exact. C'est le cas des granites et des roches métamorphiques qui, formés en profondeur, affleurent sur de grandes surfaces dans les chaînes de montagnes anciennes. Donc la proposition **b)** est fausse.

c) et **d)** Faux. Le Moho est la limite entre la croûte et le manteau. La croûte d'une chaîne ancienne est moins épaisse que celle d'une chaîne récente, donc le Moho est moins profond au niveau d'une chaîne ancienne.

9. c) Exact. De la zone d'accrétion à celle de subduction, la lithosphère devient plus dense par suite de l'épaississement du manteau lithosphérique, plus dense que la croûte. Cela exclut la proposition **b)**.

a) Faux. La lithosphère océanique, plus dense que la lithosphère continentale, ne peut chevaucher celle-ci.

d) Faux. La lithosphère océanique se forme au niveau de la zone d'accrétion.

10. c) Exact. Les roches granitoïdes ont une structure grenue et sont donc des roches plutoniques.

a) Faux. Des granitoïdes ne sont pas des roches volcaniques, mais plutoniques.

b) Faux. Les roches volcaniques se forment sur la plaque chevauchante, et non plongeante.

d) Faux. Andésites et basaltes ne sont pas des roches plutoniques, mais volcaniques.

11. a) Exact. Le métamorphisme subit par la croûte de la plaque plongeante libère de l'eau qui favorise la fusion partielle de la péridotite de la plaque chevauchante. Cela exclut les propositions **c)** et **d)**.

b) Faux. La fusion est toujours partielle, et non totale.

12. c) Exact. Le magmatisme des zones de subduction engendre des roches plutoniques de type granite au sein de la croûte et des roches volcaniques andésitiques en surface. Cela exclut la réponse **a)**.

b) Faux. Les andésites sont des roches volcaniques, et non plutoniques.

d) Faux. Les andésites, roches volcaniques, ont une structure microlithique, alors que les granites, roches plutoniques, ont une structure grenue.

13. d) Exact. Altération et érosion, sous l'action continuelle de l'eau, enlèvent des matériaux et donc diminuent les reliefs ; en conséquence, les propositions **a)** et **b)** sont fausses. Des facteurs tectoniques (failles en extension, par exemple), concourent également à la diminution des reliefs.

c) Faux à cause de l'adjectif « seuls » ; des phénomènes tectoniques interviennent aussi.

ENS. SPÉCIFIQUE

Le domaine continental et sa dynamique **CORRIGÉ 17**

14. d) Exact. C'est de la lithosphère océanique froide qui plonge. Cela exclut la proposition **c)**.
a) Faux. Au niveau des dorsales, c'est de la lithosphère océanique qui est produite et non de la lithosphère continentale.
b) Faux. Le flux géothermique est élevé au niveau des dorsales car lié à l'activité magmatique importante de la dorsale.

15. a) Exact.
b) Faux. C'est l'inverse ; en effet, le transfert de chaleur par convection est réalisé par un déplacement de matière.
c) Faux. Dans la lithosphère le transfert de chaleur se fait par conduction.
d) Faux. Par son volume et sa richesse en éléments radioactifs, le manteau est la principale zone du globe productrice de chaleur.

16. b) Exact et excluant **c)**, qui est une proposition inverse.
a) Faux. Le flux est plus élevé au niveau des dorsales, des points chauds, et au niveau de l'arc volcanique des zones de subduction, zones à forte activité magmatique.
d) Faux. Le flux géothermique global est lié à la chaleur d'origine interne et non à l'énergie solaire. Ce flux géothermique global est uniquement lié au transfert de la chaleur de l'intérieur du globe à la surface.

SUJET 18

Asie • Juin 2015
RESTITUTION DES CONNAISSANCES • 8 points

Rôle de l'eau dans la dynamique continentale

Les zones de subduction sont le siège d'une importante activité magmatique. Dans les chaînes de montagnes, le relief tend à disparaître. Les matériaux issus du démantèlement de la chaîne sont ensuite déplacés et donnent naissance à de nouvelles roches. Ainsi, les roches du domaine continental se trouvent en permanence recyclées.
Le domaine continental doit être considéré comme un système dynamique dans lequel l'eau joue un rôle fondamental.

▶ **Montrez comment l'eau participe à la production de nouveaux matériaux dans les zones de subduction et, par la disparition des reliefs, au recyclage des roches continentales.**

Votre exposé se limitera à la seule étude des rôles de l'eau et comportera une introduction, un développement structuré et une conclusion. Elle sera accompagnée d'au moins un schéma illustrant le rôle de l'eau dans la production de nouvelles roches continentales.

ENS. SPÉCIFIQUE

LES CLÉS DU SUJET

■ **Comprendre le sujet**

• Le libellé du sujet **indique le plan à suivre** car il intègre deux thèmes de la partie « Le domaine continental et sa dynamique » : le magmatisme des zones de subduction et la disparition des reliefs. Le plus simple est de traiter les deux thèmes successivement, mais en veillant à bien sélectionner vos connaissances pour cibler celles qui sont en rapport avec le rôle de l'eau.
• Dans une première partie, il faut expliquer les **mécanismes** par lesquels l'eau intervient dans la genèse de magma dans les zones de subduction.
• Dans une seconde partie, il faut envisager les **rôles de l'eau** dans l'érosion, le transport des matériaux érodés et la sédimentation (dépôt de sédiments à l'origine de nouvelles roches sédimentaires).

■ Mobiliser ses connaissances

• Dans les zones de subduction, la déshydratation des matériaux de la croûte océanique subduite libère de l'eau qu'elle a emmagasinée au cours de son histoire, ce qui provoque la fusion partielle des péridotites du manteau de la plaque chevauchante.

• Altération et érosion, essentiellement dues à l'action de l'eau, contribuent à l'effacement des reliefs. Les produits de démantèlement sont transportés sous forme solide ou soluble, le plus souvent par l'eau, jusqu'en des lieux plus ou moins éloignés où ils se déposent (sédimentation). L'ensemble de ces phénomènes contribue au recyclage de la croûte continentale.

CORRIGÉ 18

Introduction

L'eau est présente sur Terre sous trois états : vapeur, liquide et solide ; l'eau à l'état liquide est une caractéristique fondamentale de la planète Terre.

Cette eau est présente non seulement dans l'atmosphère, l'hydrosphère et les glaces mais également en profondeur :

– sous forme d'eau libre liquide, comme l'eau des nappes phréatiques, par exemple, ou l'eau de mer circulant dans la croûte océanique au niveau de l'axe des dorsales ;

– sous forme d'eau liée intégrée, c'est-à-dire sous forme d'ions OH$^-$ dans des minéraux de divers types de roches (magmatiques, métamorphiques et sédimentaires).

Nous allons d'abord voir comment l'eau qui circule dans la croûte océanique à l'axe des dorsales contribue à la genèse de nouveaux matériaux de la croûte continentale.

Dans un deuxième temps, nous envisagerons comment l'eau libre, en surface, contribue à la disparition des reliefs et à la formation de roches sédimentaires.

Nous conclurons en montrant les liens entre ces différentes interventions de l'eau.

I. L'eau et la genèse de nouvelles roches de la croûte continentale (figure)

- Après sa formation à l'axe d'une dorsale, la croûte océanique fracturée est le siège d'une circulation d'eau de mer, et ses constituants (basaltes, gabbros) subissent un métamorphisme hydrothermal. L'eau, qui était à l'état liquide, se trouve incorporée sous forme d'ions OH⁻ dans de nouveaux minéraux des roches constitutives de la croûte océanique (métabasaltes et métagabbros). Ainsi, les roches de la croûte océanique de la plaque lithosphérique qui entre en subduction sont riches en minéraux hydroxylés.

- La subduction se caractérise par la plongée d'une plaque de lithosphère océanique sous une autre plaque lithosphérique. Durant sa plongée, la croûte lithosphérique se réchauffe lentement en étant soumise à des pressions de plus en plus fortes. Dans ces conditions, les métabasaltes et les métagabbros subissent un nouveau métamorphisme (basses températures et hautes pressions) qui se traduit par des réactions à l'état solide entraînant l'apparition de nouveaux minéraux, non hydroxylés, à partir des anciens minéraux hydroxylés.

- Les métabasaltes et métagabbros issus de ce métamorphisme ne contiennent plus de minéraux hydroxylés : au cours du métamorphisme subi, ces roches ont donc libéré de l'eau qui imprègne alors les péridotites du manteau de la plaque chevauchante.

- L'eau libérée abaisse la température de fusion de la péridotite. Vers 100 km de profondeur, le solidus de la péridotite est franchi, ce qui entraîne une fusion partielle et la formation d'un magma basaltique.

- Ce magma s'élève vers la surface de la plaque chevauchante subissant une évolution qui conduit à la formation de magmas andésitiques.

En se refroidissant en profondeur, ce magma engendre la formation de roches grenues appelées granitoïdes et, en surface, de roches volcaniques, les andésites.

Granitoïdes et andésites ont une composition caractéristique de celle de la croûte continentale à laquelle ils s'ajoutent.

> **Info**
> Ce sont des phénomènes de différenciation magmatique et parfois de contamination par les roches traversées qui sont à l'origine du passage du magma basaltique à un magma andésitique.

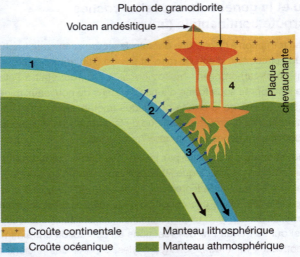

- Croûte continentale
- Croûte océanique
- Manteau lithosphérique
- Manteau athmosphérique

1. Croûte océanique riche en minéraux hydroxylés
2. Métamorphisme de basse température et haute pression, libérant de l'eau
3. Fusion partielle des péridotites du manteau, donnant un magma basaltique
4. Évolution du magma basaltique en magma andésitique

Figure. Subduction et genèse de la croûte continentale

II. L'eau et la disparition des reliefs

1. Réalité de la disparition des reliefs

• La genèse des matériaux de la croûte terrestre s'accompagne de la création de reliefs comme dans les Andes ou les arcs des Antilles. En outre, la collision de deux lithosphères continentales est à l'origine de reliefs importants (Alpes, Himalaya).

• Les chaînes anciennes (Massif armoricain, Massif central) ont des altitudes faibles qui indiquent qu'après la formation, il y a eu des mécanismes ayant conduit à la disparition des reliefs. Dans ce processus d'effacement des reliefs, l'eau est l'un des acteurs fondamentaux.

2. L'action de l'eau sur les roches

• Les roches attaquées par l'eau sont de toutes natures : sédimentaires, magmatiques et métamorphiques. Des mécanismes impliquant l'eau contribuent à la diminution des reliefs.

Le domaine continental et sa dynamique CORRIGÉ 18

- Une désagrégation mécanique : la plupart du temps, toutes les roches présentent des fissures, des fractures dans lesquelles l'eau pénètre. En altitude en particulier, lors de l'alternance gel-dégel, le passage de l'état liquide à l'état solide s'accompagne d'une augmentation de volume qui provoque l'éclatement de la roche ; il y a alors formation d'éboulis constitués de fragments de roches.
- Une altération chimique dans laquelle deux processus sont en jeu :
– La dissolution, particulièrement active lorsque l'eau est chargée en CO_2. Elle concerne donc surtout les roches calcaires. Les composants de la roche sont dissous suivant la réaction :

$$CO_2 + H_2O + CO_3Ca \longrightarrow 2\,HCO_3^- + Ca^{++}$$
$$\text{Roche calcaire} \qquad\qquad \text{Ions solubles}$$

Les ions solubles sont entraînés par l'eau et la roche disparaît.
– L'hydrolyse affecte surtout les roches magmatiques (granites) et métamorphiques (gneiss), et plus précisément leurs minéraux constitutifs (feldspaths, micas). Certains ions participant à la composition de ces minéraux entrent en solution (K^+, Na^+, Ca^{++}…). Le résidu donne naissance à de nouveaux minéraux (minéraux argileux) et du sable (quartz peu ou pas altéré par l'eau). La roche dont certains minéraux sont altérés devient moins cohérente, friable.

Désagrégation mécanique et altération chimique sont deux phénomènes liés qui aboutissent à la formation d'ions en solution et de particules solides plus ou moins fines.

3. Le transport des produits de l'altération

- Ces matériaux vont être entraînés par les eaux de ruissellement qui, par gravité, gagnent les torrents puis les fleuves en emportant ions dissous et particules solides.

- Une partie du matériel solide se dépose dans des bassins sédimentaires situés au pied de la chaîne. Ces bassins se comblent progressivement, constituant d'énormes quantités de dépôts sédimentaires. Mais la majeure partie des produits solides et les ions dissous sont finalement transportés jusqu'aux bassins océaniques.

Ce transport par les eaux des produits de l'altération des roches contribue ainsi à la diminution, à l'effacement des reliefs.

III. Le recyclage des produits de l'altération

• Les ions en solution peuvent précipiter ou être utilisés par des êtres vivants pour fabriquer leur coquille ou carapace, qui s'accumuleront après leur mort. Ceci peut donner naissance à des sédiments calcaires ou siliceux.

> **Info**
> Ici, le terme « recyclage » ne signifie pas que le produit obtenu en fin de recyclage est obligatoirement identique à celui de départ.

Les particules en suspension peuvent donner des sédiments détritiques comme les sables.

• Ces divers sédiments, en perdant de l'eau, sont à l'origine de roches sédimentaires : grès, calcaires, argiles, gypse… Ce sont donc de nouvelles roches sédimentaires, nées de roches continentales préexistantes constitutives des reliefs (roches sédimentaires, magmatiques, métamorphiques), qui forment un nouveau matériel continental.

• Si ces roches sédimentaires sont impliquées dans la formation d'une chaîne de montagnes de collision, elles peuvent être entraînées en profondeur et transformées en roches métamorphiques. En présence d'eau, ces dernières peuvent subir une fusion partielle à l'origine d'un magma granitique.

Bilan

Au cours de l'histoire de la Terre, c'est dans les zones de subduction que se sont formées les roches dont la composition est globalement voisine de celle de la croûte continentale.

> **Notez bien**
> On pourrait penser que les quantités de roches continentales augmentent sans cesse. Il n'en est rien car une partie d'entre elles est entraînée avec la croûte océanique au cours de la subduction, sous forme de sédiments, et retourne ainsi au manteau.

Elles résultent initialement de la fusion partielle de la péridotite du manteau, fusion dans laquelle l'eau joue un rôle majeur.

Ces roches, initialement d'origine magmatique, forment des reliefs. Sous l'action de l'eau, agent d'altération, de désagrégation et de transport, elles donnent naissance à des sédiments qui, transformés en roches sédimentaires, constituent de nouveaux matériaux continentaux : il y a eu recyclage.

SUJET 19

France métropolitaine • Septembre 2017
PRATIQUE DU RAISONNEMENT SCIENTIFIQUE
Exercice 1 • 2 points

La formation des monts Zagros

Les monts Zagros sont une chaîne de montagnes de l'ouest de l'Iran.

▶ **En utilisant les informations des documents, construisez le scénario de la formation des monts Zagros.**

DOCUMENT 1 — Roches observées dans les monts Zagros

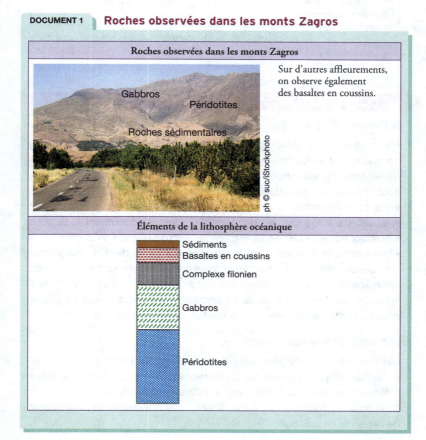

Le domaine continental et sa dynamique — SUJET 19

DOCUMENT 2 — **Géomorphologie visible dans les monts Zagros**

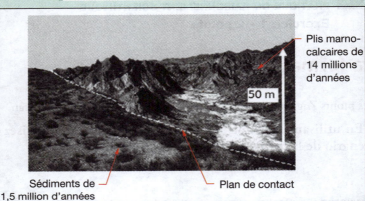

Plis marno-calcaires de 14 millions d'années
50 m
Sédiments de 1,5 million d'années
Plan de contact

D'après Jean-Jacques Dufaure, geomorphologie.revues.org

LES CLÉS DU SUJET

■ Comprendre le sujet

• Vous devez connaître les grandes étapes de l'histoire d'une chaîne de collision, illustrée ici par les monts Zagros, mais il ne s'agit pas de réciter vos connaissances. Celles-ci doivent seulement servir de guide pour exploiter les deux documents fournis.

• Vos connaissances sur la structure de la lithosphère océanique doivent vous aider à interpréter les données de terrain du **document 1**, et donc à préciser les deux premières étapes de l'histoire des monts Zagros.

• Les datations fournies dans le **document 2** permettent de déterminer si la superposition des couches sédimentaires est normale (les couches sédimentaires les plus récentes recouvrant des couches plus anciennes) ou anormale. L'exploitation de ce document 2 est également utile pour préciser le dernier épisode de la formation des monts Zagros.

■ Mobiliser ses connaissances

Les chaînes de montagnes présentent souvent les traces d'un domaine océanique disparu (ophiolites). Cette disparition par subduction entraîne l'affrontement de deux lithosphères continentales (collision).
Des indices tectoniques (plis, failles, chevauchements) témoignent de l'épisode de collision.

CORRIGÉ 19

Un épisode océanique

Les basaltes et les gabbros sont des roches caractéristiques de la croûte océanique ; les péridotites sont caractéristiques du manteau lithosphérique. L'association de ces trois roches constitue une ophiolite.

Aux monts Zagros, affleure donc un lambeau de lithosphère océanique charrié sur des couches sédimentaires. Cela témoigne de l'épisode océanique dans la formation des monts Zagros.

Un épisode de subduction

Cet océan a aujourd'hui disparu. Cela implique le fonctionnement d'une zone de subduction, où la lithosphère océanique a disparu dans le manteau. Les ophiolites des monts Zagros sont des lambeaux de lithosphère qui ont échappé à la subduction.

Un épisode de collision

Le **document 2** montre des formations marno-calcaires déformées, plissées, datées de 14 millions d'années, reposant sur des sédiments plus jeunes datés de 1,5 million d'années. Cette disposition constitue un chevauchement des formations marno-calcaires sur les sédiments plus récents le long d'un plan de contact anormal.

Le chevauchement et les plis affectant les marno-calcaires ont pour conséquence un raccourcissement et un épaississement de la couverture sédimentaire : cela est caractéristique d'une tectonique en compression ayant comme origine la collision de deux lithosphères continentales.

Conclusion

On reconnaît trois épisodes dans l'histoire des monts Zagros :

– un premier épisode océanique séparant deux lithosphères continentales ;

– lequel a été suivi d'un épisode de subduction ayant entraîné la disparition progressive de la lithosphère océanique ;

– enfin, un épisode de collision.

Les Pénitents des Mées

À proximité du village des Mées, dans les Alpes-de-Haute-Provence, existe un site géologique très particulier constitué de colonnes rocheuses nommées « les Pénitents » en raison de leurs silhouettes faisant penser, selon la légende, à une procession de moines pétrifiés.

▶ À partir de l'exploitation des documents proposés et de vos connaissances, montrez comment les roches de ce site témoignent des processus géologiques responsables de la formation puis de la disparition d'une chaîne de montagnes.

Le domaine continental et sa dynamique — SUJET 20

DOCUMENT 1 — Situation géographique des Mées et carte géologique simplifiée des Alpes

Les Alpes sont une chaîne de montagnes issue de la collision de deux lithosphères continentales.

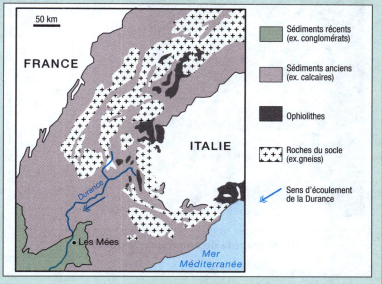

DOCUMENT 2 — L'affleurement des Mées

Les Pénitents des Mées forment un alignement de colonnes rocheuses d'environ 2,5 km et de plusieurs dizaines de mètres de haut.
Un sondage a montré que cette formation appartient à un très vaste ensemble sédimentaire de plus de 800 m d'épaisseur.

a. Le conglomérat des Mées

Les Pénitents sont constitués d'un conglomérat, une roche détritique (issue de la dégradation d'autres roches) composée de galets liés entre eux par un ciment naturel.
La forme arrondie de ces galets suggère une usure lente liée à un transport par l'eau d'un fleuve ou d'une rivière.
L'âge de cette formation géologique est estimé au Miocène (Messinien) à la fin de l'ère Tertiaire.

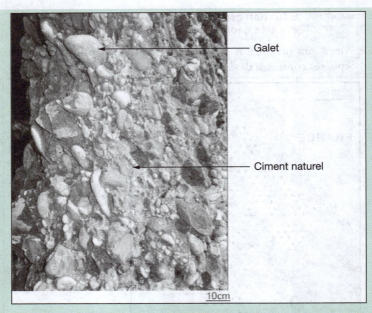

Photographie du conglomérat des Mées

b. Détail des galets

L'inventaire des galets montre des roches très variées : une grande majorité de ces galets est d'origine sédimentaire (calcaires, grès...) mais on retrouve aussi en plus faible quantité des galets de nature magmatique et métamorphique.

Photographie d'un galet de gabbro

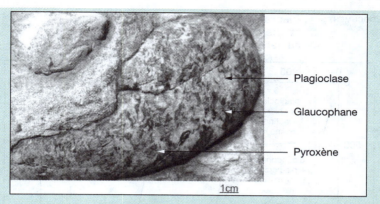

Photographie d'un galet de métagabbro

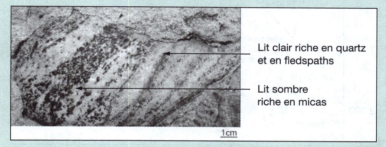

Photographie d'un galet de gneiss

Ce gneiss est un granite métamorphisé sous l'effet de l'augmentation des conditions de pression-température.

DOCUMENT 3 — Diagramme pression-température et champ de stabilité de certains minéraux du gabbro et des métagabbros

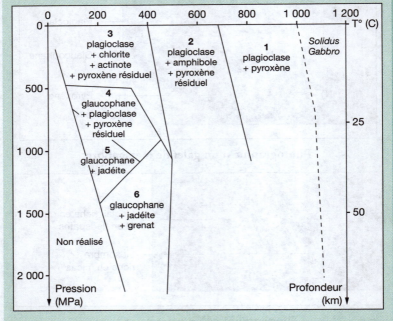

D'après svt.ac-dijon.fr/schemassvt

Le domaine continental et sa dynamique **SUJET 20**

DOCUMENT 4 — **Échelle des temps géologiques au cours de l'ère Tertiaire**

Tertiaire	Pliocène	Plaisancien	– 1,65 Ma	
		Zancléen		
	Miocène	Messinien	– 7 Ma	Formation de la chaîne des Alpes
		Tortonien		
		Serravalien		
		Langhien		
		Burdigalien		
		Aquitanien		
	Oligocène	Chatien		
		Rupelien		
	Éocène	Priabonien		
		Bartonien		
		Lutetien		
		Ypressien		
	Paléocène	Thanetien		
		Danien	– 65 Ma	

LES CLÉS DU SUJET

■ **Comprendre le sujet**

• Le sujet consiste à exploiter des données sur le conglomérat des Mées pour retrouver des **épisodes de la formation** de la chaîne alpine (chaîne de collision). Vous devez utiliser les documents fournis en ayant en tête vos connaissances sur les étapes de la formation d'une chaîne de collision.

• Le sujet implique d'envisager non seulement des processus géologiques responsables de la **formation** de la chaîne, mais aussi ceux en jeu dans la **disparition** des reliefs d'une chaîne de montagnes, sans pour cela les développer exagérément en récitant votre cours.

Le domaine continental et sa dynamique **CORRIGÉ 20**

■ Mobiliser ses connaissances

Les chaînes de montagnes présentent souvent les traces d'un **domaine océanique disparu** (ophiolites). La « suture » de matériaux océaniques résulte de l'affrontement de deux lithosphères continentales (collision). **Altération et érosion** contribuent à l'effacement des reliefs. Les produits du démantèlement sont **transportés** sous forme solide ou soluble, le plus souvent par **l'eau**, jusqu'en des lieux plus ou moins éloignés où ils se déposent (**sédimentation**).

CORRIGÉ 20

Introduction

Les Pénitents des Mées sont des colonnes rocheuses constituées d'un conglomérat formé de galets liés par un ciment (**document 2**). De formation récente (< − 7 000 000 d'années, **documents 2a et 4**) leurs galets proviennent du démantèlement de la chaîne alpine.

Ils permettent d'envisager les mécanismes qui sont la cause de cette érosion. D'autre part, l'analyse de ces galets apporte des données sur les processus géologiques responsables de la formation de cette chaîne.

I. Des galets indices d'une histoire océanique des Alpes

A. Les galets de gabbro (document 2b)

• Nature : le gabbro est une roche entièrement cristallisée formée par l'association de minéraux (pyroxènes et plagioclases). C'est une roche magmatique.

• Provenance : sur la carte géologique (**document 1**), on constate l'absence d'affleurement de gabbros mais la présence d'affleurements d'ophiolites. Les gabbros peuvent provenir de ces ophiolites qui sont des lambeaux de lithosphère océanique charriés sur la lithosphère continentale. En effet, cette lithosphère océanique est constituée de basaltes et de gabbros de la croûte océanique reposant sur des péridotites du manteau.

Ces ophiolites révèlent qu'il existait un océan à l'emplacement des Alpes.

B. Les galets de métagabbro

• Comme le galet de gabbro, celui de métagabbro est formé d'une association des mêmes minéraux (pyroxènes et plagioclases) auxquels s'ajoutent des cristaux de glaucophane.

Le domaine continental et sa dynamique CORRIGÉ 20

- Le **document 3** indique que l'association feldspath, glaucophane et pyroxène résiduel est stable à des profondeurs comprises entre 20 et 35 km et à des températures comprises entre 50 et 400 °C. Le métagabbro, comme son nom l'indique, provient du métamorphisme d'un gabbro.

- La croûte océanique n'ayant que quelques kilomètres d'épaisseur, cela signifie que les gabbros de la lithosphère océanique ont été entraînés en profondeur (20 à 30 km) et sont devenus des métagabbros. C'est l'indice d'une subduction de la lithosphère océanique qui a conduit à la fermeture de l'océan alpin.

Ces métagabbros se retrouvent en surface alors qu'ils se sont formés à grande profondeur. Ils ont été ramenés en surface au cours de la collision des deux lithosphères continentales que séparait l'océan alpin.

II. Les galets de gneiss témoins d'une collision

- Le gneiss est une roche caractéristique du socle d'une croûte continentale. Les galets des Mées doivent donc provenir d'un tel socle. La croûte continentale affleure (**document 1**) sous la forme de massifs constitués de roches du socle.

- Le **document 2b** indique que le gneiss est un granite métamorphisé. Alors que gneiss et granite sont constitués des mêmes minéraux (quartz, feldspaths et micas), leurs structures diffèrent. Les minéraux du granite sont disposés sans orientation préférentielle alors que ceux du gneiss forment des lits clairs de quartz-feldspaths alternant avec des lits micacés sombres.

- Le passage de la structure du granite à celle du gneiss résulte d'un métamorphisme lié à l'augmentation des conditions de température et de pression. Ces conditions impliquent un épaississement de la croûte continentale à la suite de la superposition d'écailles de socle au cours de la collision.

III. La disparition des reliefs

- Les galets proviennent de formations rocheuses appartenant à la chaîne alpine. Ils témoignent d'une fragmentation des ophiolites et des massifs cristallins et résultent donc d'une érosion mécanique.

Ces fragments ont ensuite été transportés. Leur forme arrondie suggère une usure liée à un transport par l'eau d'une rivière, sans doute la Durance ancienne.

> **Info**
> Contrairement aux gabbros et métagabbros des galets, ce gneiss ne s'est pas formé au cours de la collision ayant donné naissance à la chaîne alpine, mais au cours de la collision hercynienne qui a conduit à la chaîne hercynienne, socle des massifs cristallins alpins.

- Ces galets se sont déposés dans un bassin sédimentaire au niveau des Mées, jusqu'à donner une formation sédimentaire de 800 m d'épaisseur. Le dépôt de ces galets s'est accompagné de celui de matériaux plus fins (précipitation de calcaires transportés sous forme soluble, particules argileuses…) ayant soudé les galets entre eux pour constituer le conglomérat.

Bilan

Les galets de gabbro et de métagabbro sont les témoins de l'histoire océanique de la chaîne des Alpes, histoire qui se termine par la collision de deux lithosphères continentales.

- Le document 4 indique que les conglomérats des Mées, d'âge messinien, se sont formés durant la dernière période de la formation des Alpes, liée à la collision. Érosion, transport et sédimentation contribuent à la disparition des reliefs au cours de la formation de la chaîne.

- Les reliefs des Pénitents des Mées résultent eux-mêmes de l'érosion du conglomérat après sa formation. La destruction de la chaîne est toujours en cours.

Métamorphisme et magmatisme des roches de la région de Gavarnie

DOCUMENT 1 — Carte simplifiée du métamorphisme de la région de Gavarnie

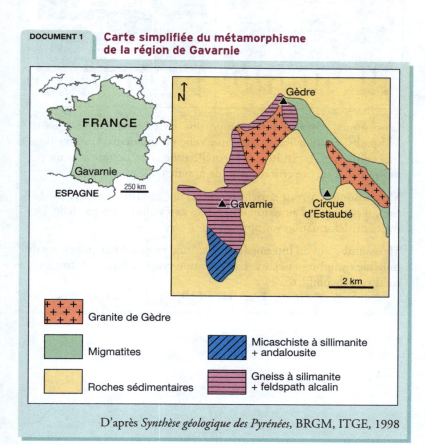

- Granite de Gèdre
- Migmatites
- Roches sédimentaires
- Micaschiste à sillimanite + andalousite
- Gneiss à silimanite + feldspath alcalin

D'après *Synthèse géologique des Pyrénées*, BRGM, ITGE, 1998

Le domaine continental et sa dynamique — **SUJET 21**

DOCUMENT 2 — **Migmatide d'Estaubé**

Photographie d'une migmatide d'Estaubé	Interprétation minéralogique
	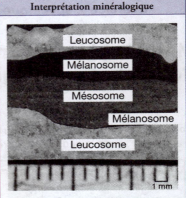

Leucosome : niveau dont la proportion en minéraux clairs (quartz, feldspaths) est plus importante que celle en minéraux sombres (biotite, cordiérite). Il résulte de la cristallisation d'un liquide produit par fusion partielle. Les cristaux sont de grande taille et non déformés.

Mélanosome : niveau enrichi en minéraux sombres (biotite, cordiérite). Il correspond au résidu non fondu après une fusion partielle. Des traces de déformation sont présentes.

Mésosome : niveau intermédiaire avec une proportion équivalente de minéraux sombres et clairs. La séparation entre le liquide formé et le résidu est incomplète.

D'après le site http://pedagogie.ac-toulouse.fr/svt

Le domaine continental et sa dynamique **SUJET 21**

DOCUMENT 3 — **Domaines de stabilité de quelques minéraux repères**

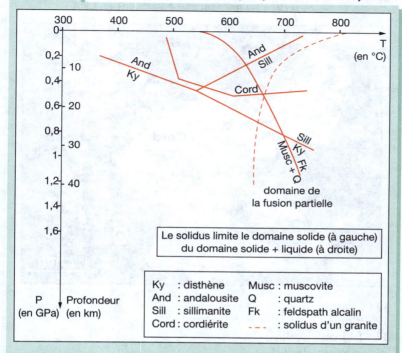

Le solidus limite le domaine solide (à gauche) du domaine solide + liquide (à droite)

Ky : disthène
And : andalousite
Sill : sillimanite
Cord : cordiérite
Musc : muscovite
Q : quartz
Fk : feldspath alcalin
- - - : solidus d'un granite

D'après le site http://disciplines.ac-montpellier.fr/svt

Le domaine continental et sa dynamique — SUJET 21

DOCUMENT 4 — Photographie d'une lame mince du granite de Gèdre observée au microscope polarisant en LPA

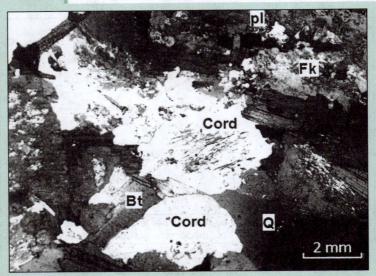

Q : Quartz
Bt : Biotite
Fk : feldspath alcalin
pl : feldspath plagioclase
Cord : cordiérite

D'après le site http://pedagogie.ac-toulouse.fr/svt

DOCUMENT 5 — Composition minéralogique des granites en fonction de l'origine du magma

Composition minéralogique	Muscovite ± Biotite	Biotite ± Cordiérite	Feldspath alcalin ± Biotite	Amphibole calcique ± Pyroxène calcique	Amphibole ± Pyroxène	Amphibole sodique ± Pyroxène sodique
Origine du magma	ORIGINE CRUSTALE				ORIGINE MANTELLIQUE	

D'après Barbarin B., *Lithos*, 1999

Le domaine continental et sa dynamique **SUJET 21**

▶ En utilisant les informations des documents et vos connaissances, montrez que les roches de la région de Gavarnie témoignent de transformations en profondeur et expliquez l'origine du granite de Gèdre.

LES CLÉS DU SUJET

■ Comprendre le sujet

• Les roches de la région de Gavarnie résultent de la transformation de roches préexistantes, qui leur ont fait acquérir des caractéristiques structurales et minéralogiques. Il s'agit, à partir de ces caractéristiques, de montrer que les transformations qu'elles ont subies ont eu lieu en profondeur.

• Pour interpréter les caractéristiques de ces roches, le document 3 sur les domaines de stabilité de quelques minéraux repères est indispensable. Il ne faut pas l'analyser pour lui-même, mais l'utiliser comme un outil permettant d'établir les conditions de température et de pression qui ont permis à ces roches d'acquérir leurs caractéristiques.

• Il faut bien entendu relier cela au fait que la température et la pression dans la croûte continentale augmentent avec la profondeur.

• Vous devez savoir que les roches qui se forment en profondeur sont les roches métamorphiques et les roches magmatiques plutoniques comme le granite. Il vous faut identifier, parmi les roches de Gavarnie, celles qui sont métamorphiques et celles qui sont plutoniques. Une roche magmatique se forme toujours à partir de la fusion partielle ou totale d'une roche préexistante.

• Expliquer l'origine du granite de Gèdre revient donc à indiquer quelle roche a subi la fusion conduisant à la formation d'une quantité importante de magma qui, en se refroidissant, a donné le granite. Les informations sur la migmatite d'Estaubé sont à exploiter pour conduire à cette explication.

• Enfin, il faut bien saisir que les différences entre ces roches de Gavarnie sont dues au fait qu'elles ont été placées dans des conditions différentes, essentiellement de température, et donc que, des micaschistes au granite, on observe une gradation dans l'intensité des transformations subies.

ENS. SPÉCIFIQUE

Le domaine continental et sa dynamique — CORRIGÉ 21

■ Mobiliser ses connaissances

- L'épaisseur de la croûte d'une chaîne de montagnes résulte d'un épaississement lié à un raccourcissement et à un empilement. On en trouve des indices pétrographiques (métamorphiques, traces de fusion partielle).
- Par « métamorphisme », on entend les transformations à l'état solide subies par les roches lorsqu'elles sont placées dans des conditions de température et (ou) de pression différentes de celles existant au cours de leur formation initiale.
- Le magma à l'origine d'une roche magmatique provient de la fusion partielle ou totale d'une roche préexistante.

CORRIGÉ 21

Au cours de l'histoire géologique d'une région, des roches peuvent subir des conditions variables de température et de pression, d'où résultent des transformations. C'est le cas des roches affleurant actuellement dans la région de Gavarnie, pour lesquelles on va déterminer que les indices de transformations qu'elles présentent indiquent des conditions de température et de pression qui n'existent qu'en profondeur.

I. Les roches métamorphiques de la région de Gavarnie

- Le titre du document 1 indique que les roches de Gavarnie illustrent le métamorphisme. Par métamorphisme, on entend les transformations à l'état solide subies par les roches lorsque des phénomènes géologiques, comme la subduction ou la collision, les conduisent à être soumises à des conditions de température et/ou de pression différentes de celles de leur formation initiale.

- Les roches strictement métamorphiques de Gavarnie sont les micaschistes et les gneiss. Les transformations subies ont fait apparaître dans ces roches des minéraux repères : sillimanite et andalousite pour les micaschistes, sillimanite et feldspath alcalin pour le gneiss.

- Le document 3 renseigne sur les domaines de stabilité de ces minéraux repères, donc sur les conditions de température et de pression que ces roches ont subies pour être le siège des transformations conduisant à ces minéraux.

- La présence de sillimanite dans les micaschistes témoigne que les transformations de cette roche ont eu lieu à une température au moins égale à 540 °C, température minimale pour que ce minéral soit stable. Normalement, dans le domaine de stabilité de la sillimanite, l'andalousite n'est pas stable puisque la sillimanite est un minéral qui provient de la transformation de l'andalousite. Bien qu'étant dans le domaine de la sillimanite, la roche a préservé des cristaux d'andalousite. La transformation d'andalousite en sillimanite n'a pas été complète, ce qui peut s'interpréter comme une roche qui a été soumise à des conditions proches de la frontière entre les domaines de stabilité de l'andalousite et de la sillimanite.

- Le gneiss, contrairement au micaschiste, possède des feldspaths alcalins. Sur le diagramme du document 3, le domaine de formation de cette roche est situé à droite de l'intersection de la droite « And-Sill » et de la courbe « Fk – Musc + Q ». Ce domaine de formation est limité à droite par le solidus du granite. Cela signifie que la roche a été conduite à une température minimale de 630 °C environ. En ce qui concerne la pression maximale à laquelle a été soumis ce gneiss, elle correspond à celle existant à une profondeur de 15 km environ.

- Les températures de transformation du micaschiste et du gneiss ne peuvent exister qu'en profondeur, ce qui confirme l'affirmation énoncée dans le libellé du sujet.

> **Info**
> Le sujet ne précise pas quelles roches sont à l'origine de ces roches métamorphiques. Il s'agit probablement, dans les deux cas, d'une roche sédimentaire plus ou moins argileuse.

- La roche à l'origine du gneiss a été portée à une température supérieure à celle à l'origine du micaschiste, ce qui traduit un métamorphisme plus fort.

II. La migmatite d'Estaubé

- Le leucosome de la migmatite résulte de la cristallisation d'un liquide, donc d'un magma. Il est entièrement cristallisé, et sa richesse en quartz et en feldspath indique qu'il est de nature granitique. Cela signifie que la roche qui est devenue une migmatite a fondu à certains endroits et que le liquide de fusion a cristallisé sur place, donnant le leucosome. Le mésosome donne une idée de la roche ayant subi cette fusion partielle, probablement proche d'un gneiss.

- On peut estimer que le solidus de ce gneiss est quasi identique à celui du granite. En conséquence, pour subir une fusion partielle, la roche a été entraînée dans un domaine où les conditions le permettent. Cela implique une température plus élevée et correspondant à des valeurs situées un peu à droite du solidus.

- Le mélanosome correspond à des minéraux non fondus du gneiss, dont la cordiérite. Ce minéral permet de limiter en profondeur la pression à laquelle a été soumis le gneiss. Elle correspond à une profondeur qui ne dépasse guère une quinzaine de kilomètres.

Par rapport au gneiss à sillimanite et feldspath alcalin, la roche devenue migmatite a subi un métamorphisme plus fort aboutissant à un début de fusion partielle, donc à la genèse d'îlots de roche magmatique granitique.

> **Notez bien**
> Le leucosome a une structure grenue, ce qui indique qu'il s'est cristallisé en profondeur.

> **Info**
> Dès qu'il y a fusion partielle, on quitte le domaine du métamorphisme pour celui du magmatisme.

III. Origine du granite de Gèdre

- Le document 1 montre que, dans la région de Gavarnie, le granite de Gèdre est associé à la migmatite. Cela suggère une relation entre les mécanismes à l'origine de ces deux roches. Le granite de Gèdre évoque le leucosome de la migmatite. Il résulterait d'une roche passée par le stade migmatite, mais ayant subi une fusion beaucoup plus généralisée et ayant produit une grande quantité de magma qui, en se refroidissant, a donné le granite. Cela implique que la roche a été soumise à des températures plus élevées pouvant aller jusqu'à plus de 700 °C.

Suivant cette interprétation, le granite de Gèdre provient de la fusion en profondeur de roches de la croûte continentale (origine crustale). On dit que c'est un granite d'anatexie.

- Le document 5 confirme cette interprétation. Le granite de Gèdre ne possède pas de minéraux comme les amphiboles et les pyroxènes, qui sont marqueurs d'une origine mantellique. En revanche, il possède biotite et cordiérite, minéraux de granites provenant de la solidification d'un magma d'origine crustale.

Bilan

- Les roches de la région de Gavarnie illustrent les diverses étapes que les roches crustales en profondeur subissent, sous l'action d'une augmentation de température surtout, transformations métamorphiques aboutissant finalement à une fusion généralisée et productrice d'un magma à l'origine d'un granite.

- La collision marquée par un épaississement de la croûte continentale crée les conditions favorables à cette évolution.

SUJET 22

Afrique • Juin 2017
PRATIQUE DU RAISONNEMENT SCIENTIFIQUE
Exercice 2 • 5 points

La Sierra Nevada, ancienne zone de subduction

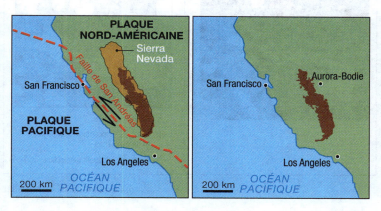

La Sierra Nevada s'étire sur environ 700 km et longe la « Vallée de la Mort » en Californie.

Cette chaîne de montagnes renferme des volcans aujourd'hui inactifs, comme ceux d'Aurora-Bodie, mais aussi un vaste batholithe (en marron foncé sur la carte de droite) constitué de roches grenues formées en profondeur.

▶ À partir de l'exploitation des documents proposés et de vos connaissances, exposez les arguments permettant de montrer que la région de la Sierra Nevada est une ancienne zone de subduction.

SUJET 22 — Le domaine continental et sa dynamique

DOCUMENT 1 — Les roches magmatiques trouvées à l'affleurement dans la Sierra Nevada

a. Les roches volcaniques d'Aurora-Bodie

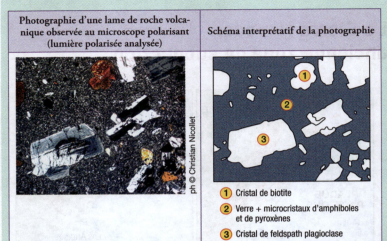

Photographie d'une lame de roche volcanique observée au microscope polarisant (lumière polarisée analysée) — ph © Christian Nicollet

Schéma interprétatif de la photographie :
1. Cristal de biotite
2. Verre + microcristaux d'amphiboles et de pyroxènes
3. Cristal de feldspath plagioclase

D'après Christian Nicollet

b. Composition minéralogique des principales roches magmatiques

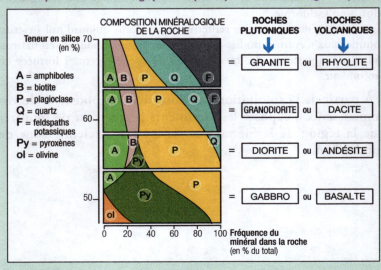

A = amphiboles
B = biotite
P = plagioclase
Q = quartz
F = feldspaths potassiques
Py = pyroxènes
ol = olivine

Le domaine continental et sa dynamique **SUJET 22**

DOCUMENT 2 — **Le batholithe de la Sierra Nevada**

a. Cartographie de l'affleurement du batholithe de la Sierra Nevada

Le batholithe de la Sierra Nevada est notamment constitué de granodiorite, une roche de la famille des granitoïdes.

b. Coupe géologique C-D

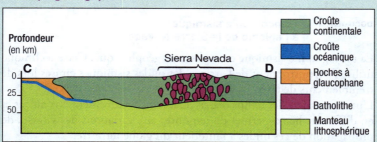

D'après G. Zandt *et al.*, *Nature*, 2004 ; J. W. Shervais, *Geosphere*, 2005 ; J. Saleeby *et al.*, *Geosphere*, 2012.

c. Diagramme pression-température et champs de stabilité des minéraux susceptibles de se former dans une croûte océanique

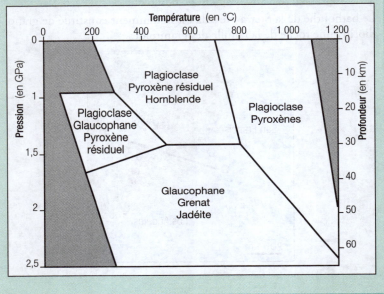

DOCUMENT 3 — Tomographie sismique à l'aplomb de la Sierra Nevada

La tomographie sismique est utilisée en géophysique. Cette technique utilise l'enregistrement de l'arrivée des ondes sismiques émises lors de tremblements de terre.

L'interprétation des temps d'arrivée, les uns relativement aux autres et en différents lieux, permet de remonter aux variations des vitesses de propagation de ces ondes à l'intérieur du globe terrestre.

Les ondes qui accusent un retard par rapport aux autres ont traversé une zone plus chaude et moins dense.

Celles qui ont accéléré ont traversé une zone moins chaude et plus dense.

Le domaine continental et sa dynamique — SUJET 22

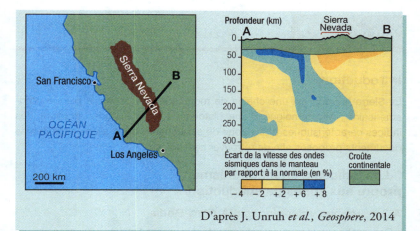

D'après J. Unruh *et al.*, *Geosphere*, 2014

LES CLÉS DU SUJET

■ Comprendre le sujet

• Le libellé du sujet est sans ambiguïté. Les documents fournis portent sur les caractéristiques pétrographiques des roches de la Sierra Nevada, sur la structure de la région à l'ouest en Californie et sur les données de tomographie sismique : il s'agit d'en extraire des informations qui sont des **marqueurs** des zones de subduction.

• Les informations révèlent une subduction ancienne où une plaque a subducté sous la plaque américaine chevauchante (sans précisions sur la plaque subduite). Il faut donc, dans l'exploitation des documents, être guidé par vos connaissances sur les marqueurs de la subduction.

• Bien entendu, puisqu'il s'agit d'une subduction passée, il n'y a pas de données sur la profondeur des foyers sismiques.

■ Mobiliser ses connaissances

• La déshydratation des matériaux de la croûte océanique subduite libère de l'eau qui provoque la **fusion partielle** de la péridotite mantellique de la plaque chevauchante.

• Une fraction des magmas arrive en surface et est à l'origine d'un volcanisme souvent explosif, où les roches résultant de la solidification de la lave sont des **andésites**. Mais la plus grande partie cristallise en profondeur et donne des roches à structure grenue de type **granitoïde**.

CORRIGÉ 22

Introduction

La Sierra Nevada est une chaîne de montagnes située sur la plaque nord-américaine ; elle témoigne d'une histoire où les géologues trouvent des indices caractéristiques d'une zone de subduction. Nous allons exploiter les documents proposés afin de retrouver ces indices.

I. Les indices d'un magmatisme propre aux zones de subduction

A. Les roches volcaniques d'Aurora-Bodie

- Ces roches volcaniques présentent (**document 1a**) une structure microlithique caractéristique des roches volcaniques. Les minéraux visibles sont des cristaux de feldspaths plagioclases, de biotite, de microcristaux, d'amphibole et de pyroxènes.

- Le **document 1b** permet d'identifier ces roches volcaniques : l'association amphibole, biotite, pyroxènes et plagioclases ne se trouve que dans une andésite. La roche caractéristique d'Aurora-Bodie est donc une andésite. Cela est confirmé par l'absence de feldspaths potassiques, dont on peut déduire que cette roche ne peut être considérée comme une rhyolite ou une dacite. Cette roche ne peut pas non plus être un basalte car elle ne possède pas d'olivine ni de pyroxènes en quantité importante.

B. Les batholites de la Sierra Nevada

La Sierra Nevada est constituée, comme le montre le **document 2b**, d'un grand nombre de plutons de granitoïdes dont certains affleurent à la surface et d'autres restent enfouis. La présence de roches volcaniques de type andésitique et celle de roches plutoniques grenues de type granitoïde sont les indices d'un magmatisme de zone de subduction, magmatisme localisé sur la plaque chevauchante lors d'une subduction. La plaque nord-américaine peut donc avoir été la plaque chevauchante d'une zone de subduction.

II. Les indices de l'ancienne subduction d'une croûte océanique

- La partie gauche du **document 2b** montre l'existence d'une croûte océanique sous une croûte continentale jusqu'à une profondeur d'environ 25 km. Cette situation en profondeur de la croûte océanique ne peut s'expliquer que par un phénomène de subduction.

• En outre, cette croûte océanique est surmontée de roches à glaucophane, minéral qui n'est stable qu'à partir d'environ 15 km de profondeur. Ces roches qui surmontent la croûte océanique peuvent être au moins en partie celles formant un prisme d'accrétion, entraînées lors de la subduction.

L'existence possible d'un prisme d'accrétion est un indice d'une subduction.

III. L'existence d'une plaque fossile en profondeur

• La tomographie sismique (**document 3**) indique l'existence dans le manteau d'une région où la vitesse des ondes sismiques est supérieure à la normale. Sous la Sierra Nevada, cette zone atteint une profondeur de 250 km.

Cela s'explique en évoquant l'existence d'une zone plus froide et plus dense que le manteau environnant.

• Au cours d'une subduction, la plaque plongeante est froide et ne se réchauffe que lentement, gardant ainsi son individualité par rapport au manteau de la plaque chevauchante. La zone ainsi caractérisée est le reste d'une ancienne plaque lithosphérique qui a subducté.

• On peut noter la présence d'une zone où la vitesse des ondes sismiques est anormalement lente sous la Sierra Nevada, donc au-dessus de la plaque en subduction fossile. Cela peut être interprété comme la marque d'une activité magmatique passée, liée à la subduction.

Conclusion

La région de la Sierra Nevada présente donc un certain nombre de caractéristiques qui sont autant d'indices de l'existence, dans le passé, d'une zone de subduction :

– l'existence d'une plaque plongeante fossile (**document 3**) ;

– des traces d'un magmatisme caractéristique d'une zone de subduction : volcanisme andésitique et nombreux plutons de granitoïdes (**document 1**) ;

– les traces d'une subduction d'une croûte océanique sous la plaque nord-américaine (**document 2**).

L'ensemble de ces indices témoigne que la Sierra Nevada est une ancienne zone de subduction.

Subduction et géothermie

France métropolitaine • Septembre 2015
PRATIQUE DU RAISONNEMENT SCIENTIFIQUE
Exercice 2 • 5 points

Depuis l'accident nucléaire de Fukushima, le Japon accélère sa politique de transition énergétique et cherche de nouvelles sources d'énergie.

▶ En utilisant les informations des documents et vos connaissances :
– définissez le contexte géodynamique du Japon ;
– montrez que ce contexte est favorable à l'exploitation de la géothermie.

DOCUMENT 1 — Carte bathymétrique du Japon indiquant la profondeur des foyers sismiques

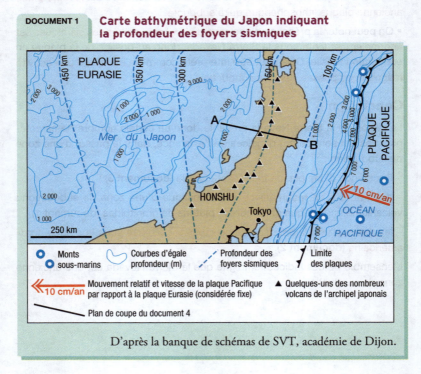

D'après la banque de schémas de SVT, académie de Dijon.

Géothermie et propriétés thermiques de la Terre **SUJET 23**

DOCUMENT 2 — Schéma interprétatif de lame mince de roche volcanique prélevée au Japon

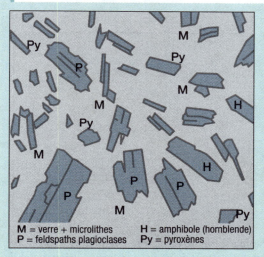

M = verre + microlithes
P = feldspaths plagioclases
H = amphibole (hornblende)
Py = pyroxènes

D'après planet-terre.ens-lyon.fr.

DOCUMENT 3 — Comparaison minéralogique des différentes roches magmatiques

	Structure	Composition			
		Pyroxène	Quartz	Amphibole	Feldspath plagioclase
Gabbro	grenue	+			+
Basalte	microlithique	+			+
Andésite	microlithique	+		+	+
Granodiorite	grenue	+	+	+	+

Géothermie et propriétés thermiques de la Terre SUJET 23

DOCUMENT 4 — **Tomographie sismique et position des foyers sismiques selon la coupe A-B du document 1**

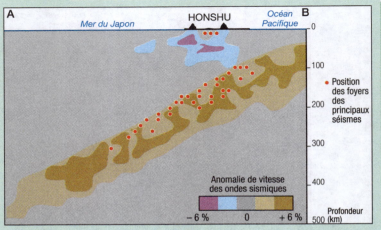

La tomographie sismique est une technique permettant de visualiser en profondeur les variations de la vitesse de propagation des ondes sismiques. Plus le matériau traversé est froid, plus l'anomalie de vitesse des ondes sismiques est positive. Plus le matériau traversé est chaud, plus l'anomalie de vitesse des ondes sismiques est négative.

D'après Zhao *et al.*, *Journal of Geophysical Research*, 1994.

DOCUMENT 5 — **Flux géothermique relevé à la surface du Japon**

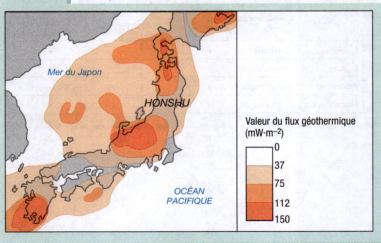

Géothermie et propriétés thermiques de la Terre **CORRIGÉ 23**

LES CLÉS DU SUJET

■ Comprendre le sujet

Le plan à suivre est fourni par le libellé du sujet. Il faut d'abord exploiter les documents 1 à 4 pour conclure que le contexte géodynamique du Japon est celui d'une zone de subduction. Ensuite, vous devez exploiter les documents 4 et 5 pour montrer que ce contexte amène à un gradient géothermique et à un flux géothermique élevés, ce qui est propice à l'exploitation géothermique.

■ Mobiliser ses connaissances

• Ce sujet fait appel à des connaissances de Première sur les marqueurs de la subduction. Les indices des zones de subduction doivent pouvoir être reconnus sur divers types de documents.

• Dans les zones de subduction, des volcans émettent des laves de type andésitique souvent visqueuses associées à des gaz, et dont les éruptions sont fréquemment explosives.

CORRIGÉ 23

I. Le contexte géodynamique du Japon

1. Les marqueurs d'une zone de subduction

• Le **document 1** permet de localiser deux plaques : la plaque eurasienne et la plaque Pacifique. La frontière entre ces deux plaques est marquée, dans l'océan Pacifique, par des profondeurs importantes de l'ordre de 7 000 m témoins de l'existence le long de cette frontière d'une fosse, l'un des marqueurs de la subduction.

• Les lignes de profondeurs des foyers sismiques indiquent qu'ils sont de plus en plus profonds lorsqu'on s'éloigne vers l'ouest de la frontière des plaques.

• Le **document 1** montre également l'existence d'un volcanisme important sur la plaque eurasienne. Les documents 2 et 3 permettent de définir la nature de ce volcanisme. Le **document 2** schématise une lame mince de roche de structure microlithique (présence d'un verre et de microlithes), donc d'une roche volcanique possédant des feldspaths plagioclases, de l'amphibole (hornblende) et des pyroxènes. Le **document 3** indique que seule l'andésite, roche microlithique, présente cette association de minéraux. Un tel volcanisme andésitique est caractéristique d'une zone de subduction.

En conclusion, les différents marqueurs existant dans cette région permettent d'affirmer qu'il s'agit d'une zone de subduction : la plaque Pacifique plongeant, tel que l'indiquent les lignes de séismes, sous la plaque eurasienne, plaque chevauchante qui présente un volcanisme andésitique caractéristique.

2. Visualisation de la subduction

• Le **document 4** montre l'existence d'une région sismique de l'ordre de 100 km d'épaisseur, de plus en plus profonde d'est en ouest. C'est une zone où la vitesse de propagation des ondes sismiques est supérieure à la normale, ce qui indique que sa température est inférieure à celle attendue aux différentes profondeurs.

Notez bien
Les températures sont relatives : la zone marron-marron est, pour une profondeur donnée, plus froide que son environnement.

• C'est une zone plus froide que son environnement et où sont localisés de nombreux foyers sismiques, indiquant qu'il s'agit d'une région lithosphérique. C'est donc une plaque lithosphérique plongeant d'est en ouest.

• Cela confirme la subduction de la plaque Pacifique sous la plaque Eurasie.

II. Une structure géodynamique favorable à l'exploitation de la géothermie

• Le **document 4** montre également que, sous les volcans, il existe des régions (entre 0 et 100 km) dans lesquelles la vitesse de propagation des ondes sismiques présente une anomalie négative traduisant la présence d'un matériel plus chaud qu'attendu.

Le gradient géothermique élevé dans cette région est en rapport avec l'activité magmatique dans la zone de subduction.

Info
Le flux géothermique est celui libéré à la surface de la Terre à la suite de sa conduction dans la lithosphère.
Il est égal au produit du gradient géothermique par un coefficient de conductibilité thermique, qui dépend de l'aptitude des roches à transmettre la chaleur par conduction. Il s'exprime en watts ou en milliwatts par m^2.
Sa valeur moyenne est de 0,06 W/m^2, ou 60 mW/m^2.

• Le **document 5** montre que, dans l'île de Honshu, des régions associées à l'activité volcanique (document 1) présentent un flux géothermique élevé (entre 112 et 150 mW/m^2). Cela confirme que des températures élevées existent près de la surface et laisse à penser qu'il existe des nappes d'eau chaude, à faible profondeur, pouvant être exploitées par la géothermie de moyenne et surtout de haute énergie.

Ainsi, le Japon comme d'autres zones de subduction (les Antilles, par exemple) s'avère être une région du globe favorable à l'exploitation de la géothermie comme source d'énergie.

Obtention d'une variété de blé tendre

L'histoire évolutive complexe du blé, basée sur des phénomènes naturels et des pratiques empiriques de croisements ou de génie génétique, a permis la production d'une variété de blé tendre facilement récoltable et résistant à un champignon parasite, l'oïdium.

▶ À partir de l'étude des documents et de vos connaissances, expliquez les étapes de l'obtention de cette variété de blé tendre facilement récoltable et résistant à l'oïdium.

DOCUMENT 1 — Histoire évolutive du blé

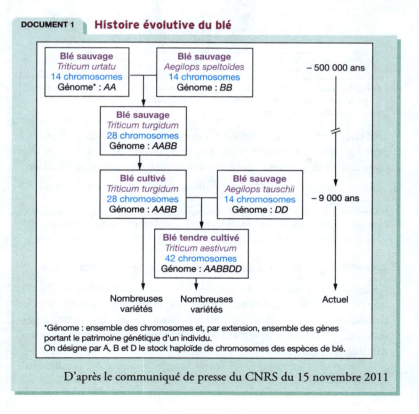

*Génome : ensemble des chromosomes et, par extension, ensemble des gènes portant le patrimoine génétique d'un individu.
On désigne par A, B et D le stock haploïde de chromosomes des espèces de blé.

D'après le communiqué de presse du CNRS du 15 novembre 2011

DOCUMENT 2 — **Le gène Q, élément clé de la domestication du blé**

La domestication du blé a permis l'apparition de populations de blé ayant un phénotype différent de celui du blé sauvage.

À gauche	À droite
Épi de blé indéhiscent* domestiqué dont la tige centrale ou rachis ne se désarticule pas, favorisant ainsi sa récolte.	Épi sauvage dont les épillets sont en train de se disséminer à maturité.

Des chercheurs ont montré que le blé tendre possède trois copies du gène Q, portées respectivement par les génomes A, B, D, et qu'elles contribuent de manière coordonnée aux caractères de domestication.

D'après George Willcox et Ken-Ichi Tanno, *Science*, 2006

*Indéhiscent : qui ne s'ouvre pas spontanément au moment de la maturité. Ce nouveau caractère issu de la domestication est contrôlé par le gène Q porté par les chromosomes n° 5.

DOCUMENT 3 — **CRISPR-Cas9, une technique de génie génétique**

CRISPR-Cas9, découverte récente de deux scientifiques (2012), française pour l'une, Emmanuelle Charpentier, et américaine pour l'autre, Jennifer Doudna, est une technique de génie génétique permettant d'agir spécifiquement sur un gène (mutation, activation, inhibition…).

D'après *Pour la Science*, n° 56, octobre 2015

DOCUMENT 4 — Comparaison de deux variétés de blés tendres

Récemment, des biologistes ont réussi à obtenir une variété de blé tendre résistant à un champignon parasite, l'oïdium, en appliquant la technique CRISPR-Cas9.

Pour ce faire, ils sont intervenus sur un gène qui inhibe les défenses naturelles de la plante vis-à-vis de ce champignon.

	Particularité du génome de chaque variété de blé tendre pour le gène inhibant les défenses de la plante vis-à-vis de l'oïdium
Variété de blé tendre sensible à l'oïdium	6 exemplaires actifs du gène
Variété de blé tendre résistant à l'oïdium	6 exemplaires mutés du gène par CRISPR-Cas9

LES CLÉS DU SUJET

■ Comprendre le sujet

• Le document sur l'histoire évolutive du blé permet d'aboutir à la conclusion que le blé tendre est une plante polyploïde, précisément hexaploïde, à la suite de deux épisodes d'hybridation dans lesquels l'Homme n'est pas en cause.

Ce document laisse à penser qu'il suffit de réunir par hybridation les génomes des deux espèces parentales pour obtenir un hybride dont le génome est double de celui de chacune d'entre elles. En cours, vous avez peut-être appris que l'hybridation conduit à un hybride diploïde stérile (hybride AB à la suite de la première hybridation), et qu'il faut chez cet hybride un phénomène de duplication du génome pour obtenir un hybride fertile (AABB). N'hésitez pas à l'évoquer dans votre réponse, comme cela est suggéré dans un post-it du corrigé.

• Avec le deuxième document, il faut montrer comment l'hexaploïdie du blé tendre a contribué à l'acquisition d'un caractère de la domestication, à savoir l'obtention d'un blé à épi indéhiscent. Là, l'Homme est intervenu en sélectionnant les plantes possédant ce caractère.

• Enfin, le dernier document permet d'introduire la notion d'OGM tout en indiquant en quoi la technique utilisée prend en compte la polyploïdie du blé tendre.

La plante domestiquée CORRIGÉ 24

■ **Mobiliser ses connaissances**

• Des mécanismes de diversification des génomes autres que ceux résultant des mutations et des brassages génétiques existent : hybridations suivies de polyploïdisation, transfert par voie virale, etc.
• La sélection exercée par l'Homme sur les plantes cultivées a souvent retenu des caractéristiques génétiques différentes de celles qui sont favorables pour les plantes sauvages.
• Les techniques du génie génétique permettent d'agir directement sur le génome des plantes cultivées.

CORRIGÉ 24

Le blé cultivé est une plante domestiquée, il a donc pour origine des plantes sauvages. Nous allons observer les étapes qui ont conduit à obtenir un blé tendre, facilement récoltable et résistant à l'oïdium.

I. Une première phase sans intervention humaine

• Le **document 1** montre qu'il y a 500 000 ans, une **hybridation** entre deux espèces sauvages de blé (*Triticum urtatu x Aegilops speltoïdes*) a eu lieu. Chacune de ces deux espèces était diploïde ($n = 7$; $2n = 14$).

Cette **hybridation naturelle** a conduit à l'apparition d'une nouvelle espèce de blé sauvage (*Triticum turgidum*), dont le génome comprend les $2n$ (AA) chromosomes de *Triticum urtatu* et les $2n$ chromosomes BB d'*Aegilops speltoïdes* : la nouvelle variété étant donc **tétraploïde ($4n = 28$)**.

> **INFO**
> Cette tétraploïdie implique qu'à chaque type de chromosome de *T. urtatu* correspond un chromosome d'*A. speltoïdes*.

Ce document laisse à penser que les gamètes des deux blés sauvages impliqués dans l'hybridation étaient diploïdes, et donc qu'il n'y a pas eu de méiose à l'origine de ces gamètes.

L'espèce tétraploïde *T. turgidum* devait posséder des caractéristiques intéressantes pour l'Homme, ce qui a conduit ce dernier à la cultiver (il y a environ 100 000 ans).

> **ATTENTION !**
> En réalité, on a montré que l'hybridation impliquait des gamètes normalement haploïdes et donc que l'hybride obtenu était diploïde, mais stérile à cause d'un mauvais appariement des chromosomes A et B au cours de la méiose. Un doublement du nombre de chromosomes a donc été nécessaire pour que cet hybride devienne tétraploïde et fertile.

- Le blé cultivé *T. turgidum* s'est hybridé naturellement avec une autre espèce de blé sauvage de génome DD, ce qui a conduit à l'espèce *T. aestivum*, dont le génome AABBDD résulte de l'association de celui de *T. turgidum* (AABB) à celui d'*A. tauschii* (DD). Ce blé tendre est donc hexaploïde.

- En résumé, deux hybridations sont intervenues dans la genèse du blé tendre. La première il y a 500 000 ans, la deuxième il y 9 000 ans.

II. L'exploitation des caractères génétiques du blé tendre

A. La sélection

- L'Homme a sélectionné et cultivé le blé tendre car il présentait des épis indéhiscents facilitant sa récolte (**document 2**). Ce phénotype indéhiscent est dû au génome hexaploïde issu des deux hybridations successives mentionnées précédemment.

- En effet, le **document 2** indique que le blé tendre possède trois copies du gène Q (donc six allèles). Ces trois copies participent de manière coordonnée au caractère « facilement récoltable » du blé tendre.

L'Homme a sélectionné ce caractère indéhiscent.

B. La résistance à l'oïdium créée par génie génétique

- La sensibilité à l'oïdium est due à un gène qui inhibe les défenses naturelles de la plante vis-à-vis de ce champignon. Le blé tendre, puisque hexaploïde, possède six allèles actifs de ce gène inhibiteur.

- Pour rendre le blé tendre cultivé résistant à l'oïdium, la technique CRISPR-Cas9, mise au point récemment (2012, **document 3**), permet d'agir spécifiquement sur chacun de ces allèles en les modifiant de façon à les rendre inactifs : c'est une mutation artificielle provoquée par l'Homme, grâce au génie génétique. Le gène ne s'exprime plus et le blé a donc des défenses naturelles vis-à-vis de ce champignon.

Conclusion

Le blé tendre cultivé résistant à l'oïdium est l'aboutissement d'une longue histoire faisant intervenir :

– des phénomènes naturels d'hybridation suivis de sélection par l'Homme ;

– des manipulations génétiques faisant du blé tendre cultivé un organisme génétiquement modifié (OGM), mais en dehors de tout apport de gènes provenant d'une autre espèce : ce blé OGM est doté d'un phénotype nouveau, celui de résistance à l'oïdium.

SUJET 25

Asie • Juin 2016
RESTITUTION DES CONNAISSANCES • 8 points

La varicelle, une maladie virale

Pauline, fillette de 5 ans, découvre sur sa peau de nombreuses vésicules, remplies de liquide, qui provoquent d'intenses démangeaisons. Le médecin diagnostique une varicelle, maladie extrêmement contagieuse due à un virus, qui oblige la fillette à rester chez elle.
Des camarades de classe de Pauline sont également atteints de la varicelle. Seule Lili, vaccinée contre la varicelle, peut lui rendre visite sans crainte.

▶ **Expliquez comment les cellules de la réaction immunitaire adaptative reconnaissent puis éliminent une cellule infectée par le virus de la varicelle chez Pauline. Décrivez ensuite comment la vaccination garantit l'immunité de Lili contre ce virus.**

La réaction immunitaire innée n'est pas attendue.

Votre exposé comprendra une introduction, un développement structuré et une conclusion. Il sera accompagné d'un schéma illustrant une étape de la réaction immunitaire adaptative dans le cas du virus de la varicelle.

LES CLÉS DU SUJET

■ **Comprendre le sujet**

• Le libellé du sujet implique d'expliquer comment les cellules de la réponse immunitaire adaptative reconnaissent puis éliminent une cellule infectée par le virus de la varicelle. Au sens strict, les seules cellules détruisant les cellules infectées après les avoir reconnues sont les **lymphocytes cytotoxiques**.

• On pourrait se limiter à décrire leurs modalités d'action sur les cellules infectées. Cependant, ces **cellules effectrices** résultent d'une étape précédente de la réponse immunitaire adaptative à partir de lymphocytes T CD8 naïfs. L'expression « les cellules de la réponse immunitaire adaptative » et la mention d'un schéma « sur **une étape** de la réaction immunitaire adaptative » peuvent laisser penser qu'il faut décrire cette étape.

Quelques aspects de la réaction immunitaire **CORRIGÉ 25**

- Le corrigé présenté propose une solution évitant de développer trop longuement la réaction immunitaire, sachant qu'il faut répondre à la deuxième partie sur la vaccination. Le corrigé présente ainsi succinctement les mécanismes aboutissant à la production de lymphocytes cytotoxiques et développe l'action de ces derniers.
- Si les lymphocytes cytotoxiques jouent un rôle essentiel dans la maladie déclarée, il ne faut pas oublier que, dans l'immunité assurée par la vaccination, l'immunité humorale productrice d'anticorps est très importante.

■ Mobiliser ses connaissances

- Les cellules de l'immunité adaptative ne deviennent effectrices qu'après une première rencontre avec un antigène grâce aux phénomènes de sélection, d'amplification et de différenciation clonales.
- Les défenses adaptatives permettent normalement d'éliminer la cause du déclenchement de la réaction immunitaire.
- La vaccination permet d'agir sur l'évolution du phénotype immunitaire d'un individu. Elle provoque la formation d'un pool de cellules mémoires dirigées contre l'agent d'une maladie.

CORRIGÉ 25

Introduction

La varicelle est une maladie virale dont l'organisme guérit généralement grâce aux réactions immunitaires qu'il développe contre ce virus, particulièrement celle qui aboutit à la formation de lymphocytes T cytotoxiques.

Après avoir rappelé sous la forme d'un schéma l'origine des lymphocytes T cytotoxiques, nous étudierons comment, en éliminant les cellules infectées, ils contribuent ainsi à la guérison de Pauline. Dans une dernière partie, nous verrons comment la vaccination de Lili la protège de la maladie.

I. Origine des lymphocytes T cytotoxiques

Le schéma suivant présente les caractéristiques de la réaction immunitaire conduisant à une forte production de lymphocytes T cytotoxiques à partir d'un petit nombre de lymphocytes T CD8 naïfs.

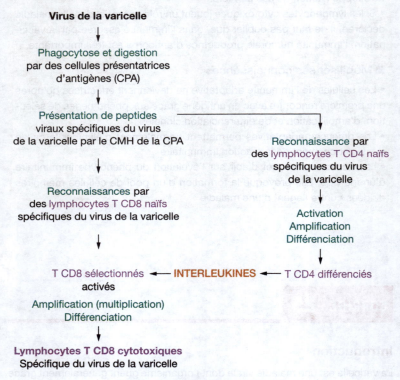

Figure 1. La réaction immunitaire

II. Reconnaissance et destruction des cellules infectées

• Les cellules infectées par un virus expriment à leur surface des peptides antigéniques viraux présentés par l'intermédiaire de leur CMH.

• Grâce à ses récepteurs T spécifiques d'un antigène du virus de la varicelle, le LT cytotoxique se fixe sur le complexe CMH-peptide viral présenté par la cellule infectée (figure 2).

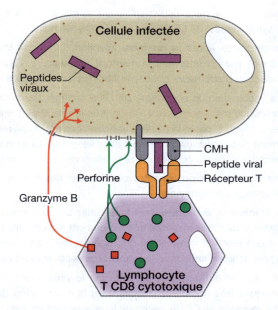

Figure 2. La fixation sur le complexe CMH-peptide

• Cette fixation provoque la stimulation du lymphocyte T, qui sécrète alors une protéine, la perforine, qui s'insère dans la membrane de la cellule cible et forme un canal en se polymérisant. Cela affaiblit la cellule et favorise la pénétration d'une enzyme également sécrétée par le LT cytotoxique, la granzyme B.

• Perforine et granzyme B associées déclenchent un signal de mort qui entraîne la destruction de la cellule infectée.

• Un lymphocyte T CD8 cytotoxique peut tuer plusieurs cellules, limitant la production de nouveaux virions et maîtrisant ainsi l'infection.

III. La vaccination de Lili et ses conséquences

• Lors de sa vaccination, Lili a reçu une première injection de virus de la varicelle atténué, incapable de provoquer la maladie (virus non pathogène) mais ayant conservé la capacité de déclencher une réaction immunitaire dans l'organisme de Lili.

• Cette réaction immunitaire adaptative se présente sous deux aspects :

– une réaction immunitaire humorale, qui aboutit à la production d'anticorps antivaricelle, mais également de lymphocytes B mémoire ;

– une réaction immunitaire à médiation cellulaire, qui aboutit à la production de LT CD8 cytotoxiques, de LT CD4 et de LT CD8 mémoire.

• Quelques semaines après la première injection, Lili reçoit une seconde injection (rappel) qui fait intervenir la mémoire immunitaire. Cela débouche sur une production d'effecteurs et de lymphocytes mémoire plus nombreux.

• Suite à sa vaccination, le phénotype de Lili a changé. Parmi ces changements, la présence d'anticorps antivaricelle joue le rôle le plus important. En effet, en cas d'infection par le virus de la varicelle, ces anticorps reconnaîtront spécifiquement des antigènes de ce virus et se lieront à lui. Les virus ne pourront plus pénétrer dans les cellules et l'organisme de Lili sera préservé.

• Les anticorps et les virus qu'ils neutralisent forment des complexes immuns qui sont éliminés par phagocytose.

• Si le taux d'anticorps antivaricelle est faible chez Lili au moment de l'infection, les cellules B mémoire réagiront très rapidement à la présence du virus en déclenchant une réaction immunitaire qui, pratiquement sans délai, aboutira à une forte production d'anticorps. Ces anticorps neutraliseront ainsi le virus.

• Si les anticorps ne suffisent pas à neutraliser le virus, des lymphocytes T CD8 cytotoxiques très nombreux, résultant de la mobilisation des lymphocytes T CD4 mémoire et T CD8 mémoire, interviendront en éliminant rapidement les cellules infectées.

Conclusion

• Les réactions immunitaires adaptatives contre le virus de la varicelle font intervenir à la fois l'immunité humorale productrice d'anticorps spécifiques des antigènes du virus, et l'immunité cellulaire productrice de lymphocytes cytotoxiques spécifiques des antigènes du virus présentés par le CMH des cellules infectées.

• Lorsque la maladie est déclarée, comme c'est le cas chez Pauline, c'est l'immunité cellulaire qui joue un rôle essentiel. En reconnaissant et détruisant les cellules infectées, elle bloque la production des virus et supprime ainsi l'infection.

• Le vaccin contre le virus de la varicelle, tout en étant non pathogène, entraîne des réactions immunitaires du même type que le virus pathogène. En particulier, il entraîne la production de lymphocytes mémoire spécifiques du virus qui assureront une réponse immunitaire rapide et importante en cas d'infection par un virus de la varicelle pathogène. Dans le cas d'immunité assurée par le vaccin comme chez Lili, c'est l'immunité humorale qui joue un rôle majeur, car les anticorps, en neutralisant les particules virales, les empêchent d'infecter les cellules cibles du virus.

SUJET 26 — Afrique • Juin 2017
RESTITUTION DES CONNAISSANCES • 8 points

La myasthénie

La myasthénie est une maladie dont l'un des symptômes est une faiblesse musculaire des membres, caractérisée par une difficulté à la contraction musculaire et une fatigabilité excessive.

Cette maladie résulte d'une réaction immunitaire adaptative à médiation humorale, dépendant d'une coopération avec des lymphocytes T et aboutissant à la production d'anticorps spécifiques dirigés contre les récepteurs post-synaptiques de la synapse neuromusculaire.

▶ Après avoir décrit la réponse immunitaire aboutissant à la libération d'anticorps, expliquez comment la production d'anticorps spécifiques des récepteurs post-synaptiques rend difficile la contraction musculaire chez un patient atteint de myasthénie.

Votre exposé comportera une introduction, un développement structuré, une conclusion et sera illustré d'un schéma comparant le fonctionnement d'une synapse neuromusculaire d'un individu sain au fonctionnement d'une synapse neuromusculaire d'un patient myasthénique. La sélection des lymphocytes impliqués n'est pas attendue.

ENS. SPÉCIFIQUE

LES CLÉS DU SUJET

■ Comprendre le sujet

• Le sujet porte sur deux parties du programme : la réaction immunitaire adaptative et le fonctionnement de la synapse neuromusculaire.

• Généralement, il n'y a pas de réaction immunitaire adaptative contre des molécules du soi. Dans le cas de la myasthénie, qui est une maladie auto-immune, les manifestations de la maladie résultent d'une réaction immunitaire humorale contre des molécules du soi, les récepteurs à l'acétylcholine. Néanmoins, les mécanismes aboutissant à la production d'anticorps anti-récepteurs à l'acétylcholine sont les mêmes que ceux aboutissant à la production et la libération d'anticorps contre des antigènes externes. L'introduction du sujet vous indique d'ailleurs les points à développer.

Quelques aspects de la réaction immunitaire   **CORRIGÉ 26**

> • En ce qui concerne l'action des anticorps, il ne faut pas décrire les modalités de leur action en général. Les consignes du sujet vous demandent de n'exposer que la façon dont les anticorps anti-récepteurs à l'acétylcholine perturbent le fonctionnement des synapses neuromusculaires et, par là, la réponse des muscles aux messages moteurs qu'ils reçoivent.
>
> ■ **Mobiliser ses connaissances**
> • L'immunité adaptative assure une action contre des molécules ou des parties de molécules.
> • Les cellules de l'immunité adaptative, lymphocytes B et T, ne deviennent effectrices qu'après une rencontre avec un antigène grâce aux phénomènes de sélection, d'amplification et de différenciation clonales.
> • La commande de la contraction musculaire met en jeu le fonctionnement des synapses neuromusculaires.

CORRIGÉ 26

Introduction

L'entrée d'un antigène dans un organisme entraîne une réponse immunitaire à médiation humorale se traduisant par la production d'anticorps spécifiques.

Généralement, il n'existe pas de réaction immunitaire contre les molécules propres à l'organisme. Mais, dans le cas de certaines maladies, cela peut arriver et conduire à la libération d'anticorps dirigés contre des molécules du soi : les récepteurs à l'acétylcholine (RACh) dans le cas de la myasthénie.

Nous allons exposer dans une première partie les étapes de la réaction immunitaire aboutissant à la formation d'anticorps. Puis, dans un deuxième temps, nous expliquerons comment les anticorps anti-RACh contribuent à l'apparition des symptômes de la myasthénie.

I. La réaction immunitaire à médiation humorale

A. La reconnaissance de l'antigène par des lymphocytes B

• Les lymphocytes B reconnaissent les antigènes grâce à des récepteurs, molécules protéiques ancrées dans leur membrane. Ces récepteurs sont des anticorps membranaires. Il existe, avant toute introduction d'antigène, des milliards de clones de lymphocytes B différant par les caractéristiques de leurs anticorps membranaires.

- Chaque lymphocyte B possède des milliers de molécules d'anticorps identiques et les lymphocytes B d'un clone possèdent le même type d'anticorps. En revanche, ces anticorps membranaires diffèrent d'un clone à un autre.
- Dans les ganglions lymphatiques, l'antigène va être reconnu par des lymphocytes B, mais uniquement par ceux possédant des anticorps membranaires susceptibles de se lier à lui. Cette reconnaissance est donc spécifique : chaque lymphocyte ne reconnaît qu'un antigène bien déterminé.

B. La coopération entre lymphocytes B et lymphocytes T4 et la libération d'anticorps

- Les lymphocytes B ayant reconnu l'antigène sont activés par cette reconnaissance, mais cela ne suffit pas pour les amener à se multiplier et se différencier. Ils doivent pour cela recevoir un second signal émis par les lymphocytes T4.
- Comme pour les lymphocytes B, il existe des milliards de clones de lymphocytes T4 différant par leurs récepteurs membranaires, chacun reconnaissant un antigène spécifique présenté par une cellule dendritique (CPA).
- Ces récepteurs membranaires appelés récepteurs T ne sont pas des anticorps membranaires, mais leur spécificité repose sur le même principe que celui des anticorps. Les lymphocytes T4 ayant reconnu l'antigène se multiplient et se différencient en lymphocytes sécréteurs de messagers chimiques : les interleukines.

ATTENTION ! Les interleukines sont des protéines non spécifiques, mais seuls réagissent les lymphocytes B ayant reconnu l'antigène car, à la suite de cette reconnaissance, ils ont acquis des récepteurs aux interleukines.

- Dans les ganglions lymphatiques où ont lieu les réactions immunitaires, les interleukines stimulent les lymphocytes B activés (lymphocytes B ayant reconnu l'antigène), qui se multiplient et se différencient en cellules sécrétrices d'anticorps, les plasmocytes. Les anticorps sécrétés par voie sanguine peuvent ainsi atteindre les différents organes du corps.

C. Les anticorps sécrétés et la neutralisation de l'antigène

Les anticorps sécrétés possèdent les mêmes sites de reconnaissance de l'antigène que les anticorps membranaires. Ils sont capables de se lier spécifiquement aux molécules d'antigène qui ont déclenché leur formation.

II. Les anticorps anti-RACh et les symptômes de la myasthénie

A. Le déclenchement normal de la contraction musculaire

• La contraction d'un muscle est déclenchée par l'arrivée d'un message nerveux sous forme d'un train de potentiels d'action arrivant à l'extrémité des axones moteurs au niveau des synapses (jonctions) neuromusculaires (**figure 1a**).

• L'extrémité de l'axone constitue l'élément pré-synaptique de la synapse, alors que la membrane plasmique de la fibre musculaire (appelée plaque motrice) située juste en dessous est l'élément post-synaptique. Un espace synaptique sépare les deux éléments de la synapse.

• L'extrémité pré-synaptique de l'axone possède des vésicules qui contiennent des molécules d'un neuromédiateur, l'acétylcholine (ACh). L'arrivée d'un potentiel d'action provoque l'exocytose des vésicules pré-synaptiques et la libération des molécules d'acétylcholine dans l'espace synaptique.

• Les molécules d'acétylcholine ainsi libérées se fixent alors sur des récepteurs à l'acétylcholine (RACh) situés sur la membrane de la fibre musculaire au niveau de la plaque motrice. Cette liaison acétylcholine-récepteur entraîne la genèse d'un potentiel d'action musculaire qui se propage le long de la fibre musculaire et déclenche sa contraction.

B. Les effets des anticorps anti-RACh sur le fonctionnement de la synapse neuromusculaire

• Dans la réaction immunitaire humorale, les anticorps sécrétés possèdent les mêmes sites de reconnaissance de l'antigène que les anticorps membranaires. Ils sont capables de se lier spécifiquement aux molécules d'antigène qui ont déclenché leur formation.

• C'est le cas pour les anticorps produits au cours de la réaction immunitaire anti-RACh : les anticorps anti-RACh présents dans l'espace synaptique se fixent par leurs sites de reconnaissance sur les récepteurs à l'acétylcholine. Les récepteurs liés à un anticorps anti-RACh ne peuvent alors plus fixer les molécules d'acétylcholine (**figure 1b**).

• À la suite de l'arrivée d'un message nerveux pré-synaptique à la synapse, le nombre de récepteurs fixant l'acétylcholine est donc réduit, et la fibre musculaire s'en trouve moins stimulée. La fibre musculaire n'émet pas de potentiel d'action musculaire, et ne se contracte donc pas.

Ce processus se produisant au niveau de nombreux muscles est à l'origine des symptômes observés : faiblesse musculaire des membres, fatigabilité excessive, etc.

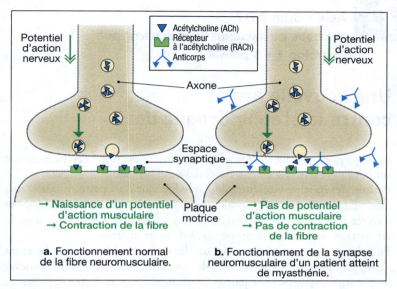

Figure 1. Comparaison du fonctionnement de la synapse neuromusculaire : normal (a) ou dans le cas de la myasthénie (b)

Bilan

• La réaction immunitaire humorale est basée sur la reconnaissance d'un antigène par un clone de lymphocytes B spécifiques de cet antigène. Cette reconnaissance active les lymphocytes B qui, en collaboration avec les lymphocytes T4, produisent et libèrent des anticorps spécifiques de l'antigène.

• Les mécanismes à l'origine de la genèse des lymphocytes B dans les organes lymphoïdes produisent non seulement des lymphocytes capables de reconnaître les antigènes étrangers, mais également des lymphocytes B capables de reconnaître des molécules du soi. Ces derniers sont normalement inactivés ou détruits.

• Il arrive que certains clones de ces lymphocytes B auto-réactifs échappent à l'inactivation. Ils peuvent alors déclencher une réaction immunitaire à l'origine d'une maladie auto-immune (production d'anticorps contre une molécule du soi) comme la myasthénie.

• Dans le cas de la myasthénie, les anticorps se fixent sur les récepteurs de l'acétylcholine des plaques motrices et perturbent le fonctionnement des synapses neuromusculaires. Cela empêche les muscles squelettiques des membres de fonctionner normalement en réponse à leur stimulation.

SUJET 27

Asie • Juin 2017

PRATIQUE DU RAISONNEMENT SCIENTIFIQUE
Exercice 1 • 3 points

Une nouvelle arme contre le staphylocoque doré

Le staphylocoque doré (*Staphylococcus aureus*) est une bactérie présente sur la peau et dans les voies nasales des êtres humains.
Parfois, des souches virulentes de staphylocoque doré peuvent causer une infection, le plus souvent locale, mais qui peut aussi être généralisée et s'avérer potentiellement mortelle quand les bactéries pénètrent dans la circulation sanguine et se propagent à d'autres organes.
Pour lutter contre cette bactérie, on dispose d'antibiotiques, substances chimiques permettant de détruire des bactéries ou d'empêcher leur développement ; mais ils sont parfois inefficaces et les rechutes (reprises de l'infection) sont fréquentes.
Des chercheurs ont tenté d'améliorer le traitement par antibiotiques en les combinant à des anticorps.
On cherche à expliquer comment la combinaison antibiotique-anticorps pourrait rendre plus efficaces les traitements contre le staphylocoque doré et ainsi éviter les rechutes.

> **DOCUMENT 1**   **L'infection par le staphylocoque doré**
>
> Suite à une blessure, par exemple, le staphylocoque doré peut pénétrer dans l'organisme.
> Face à sa multiplication dans le milieu extracellulaire, des défenses immunitaires innées se mettent en place. Ceci se traduit par la phagocytose des bactéries par les macrophages.
> Cependant, les macrophages ne parviennent pas à détruire la totalité des staphylocoques phagocytés. En effet, certains staphylocoques peuvent échapper à la destruction et se multiplier à l'intérieur même des macrophages.

Quelques aspects de la réaction immunitaire — SUJET 27

Photographies prises au microscope électronique d'un macrophage ayant phagocyté un staphylocoque doré

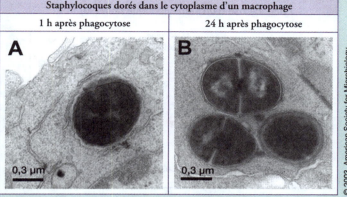

D'après S. Lemaire, *Étude de l'activité de l'ertapénème vis-à-vis des infections bactériennes*, 2003

DOCUMENT 2 — Action des antibiotiques sur le staphylocoque doré

Le graphique ci-dessous montre l'action d'un antibiotique, injecté à $t = 0$, sur le staphylocoque doré présent à l'extérieur des cellules (forme extracellulaire) ou à l'intérieur (forme intracellulaire) dans des cultures cellulaires de macrophages.

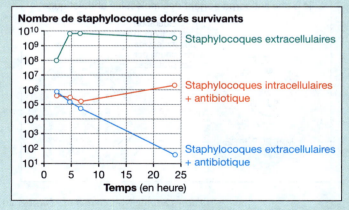

D'après Sophie M. Lehar *et al.*, *Nature*, 2015

DOCUMENT 3 — **Rôle des anticorps dans le traitement antibiotique contre le staphylocoque doré**

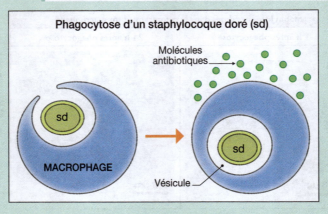

Phagocytose d'un staphylocoque doré (sd)

Pour améliorer le traitement antibiotique contre les formes intracellulaires du staphylocoque doré, on associe un antibiotique inactif à un anticorps spécifique de la bactérie.

Ces conjugués anticorps-antibiotiques inactifs reconnaissent les staphylocoques dorés et s'y accrochent.

Ils pénètrent ainsi avec les bactéries à l'intérieur des macrophages où ils subissent l'action de substances chimiques nommées protéases qui libèrent et activent les antibiotiques.

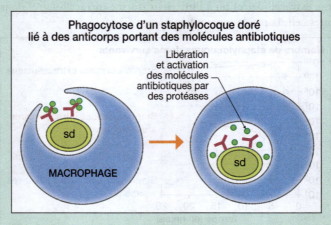

Phagocytose d'un staphylocoque doré lié à des anticorps portant des molécules antibiotiques

D'après Sophie M. Lehar et al., *Nature*, 2015

| DOCUMENT 4 | **Efficacité de l'action des antibiotiques contre le staphylocoque doré intracellulaire** |

On mesure la persistance de staphylocoques dorés intracellulaires dans les reins de souris quatre jours après le début de l'infection lors de différents traitements.

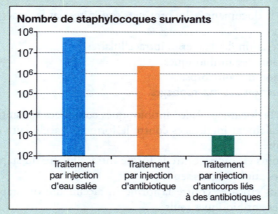

D'après Aline Aurias, *La Recherche*, 2016

▶ À l'aide de l'exploitation des documents proposés, indiquez la bonne réponse dans chaque série de propositions.

1. D'après le document 1, les macrophages :
a) sont totalement inefficaces contre les staphylocoques dorés.
b) se multiplient à l'intérieur des staphylocoques dorés.
c) sont des refuges intracellulaires pour les staphylocoques dorés.
d) détruisent tous les staphylocoques dorés.

2. D'après le document 2, les rechutes après un traitement antibiotique sont dues au fait que les antibiotiques contre le staphylocoque doré :
a) ont la même efficacité contre les formes intracellulaires et extracellulaires de la bactérie.
b) sont plus efficaces contre la forme extracellulaire que contre la forme intracellulaire de la bactérie.
c) sont plus efficaces contre la forme intracellulaire que contre la forme extracellulaire de la bactérie.
d) sont totalement inefficaces contre les formes intracellulaires et extracellulaires de la bactérie.

3. D'après le document 3, les anticorps conjugués aux antibiotiques :
a) empêchent les staphylocoques dorés de pénétrer dans les macrophages.
b) détruisent les macrophages.
c) détruisent les staphylocoques dorés à l'extérieur des macrophages.
d) favorisent la pénétration des antibiotiques dans les macrophages.

4. D'après le document 3, les protéases produites par les macrophages permettent :
a) la prolifération des bactéries intracellulaires.
b) l'activation des antibiotiques.
c) l'activation des anticorps.
d) la destruction des macrophages.

5. D'après le document 4, les antibiotiques conjugués aux anticorps :
a) sont totalement inefficaces contre la forme intracellulaire du staphylocoque doré.
b) sont moins efficaces contre la forme intracellulaire du staphylocoque doré que les antibiotiques seuls.
c) sont plus efficaces contre la forme intracellulaire du staphylocoque doré que les antibiotiques seuls.
d) sont aussi efficaces contre la forme intracellulaire du staphylocoque doré que les antibiotiques seuls.

6. D'après la mise en relation des documents proposés, pour qu'un traitement contre le staphylocoque doré puisse éliminer les formes extracellulaires et intracellulaires, il doit être composé :
a) d'un antibiotique et d'un antibiotique conjugué à un anticorps.
b) d'un antibiotique conjugué à un anticorps.
c) d'un antibiotique seul.
d) d'anticorps seuls.

LES CLÉS DU SUJET

■ **Comprendre le sujet**

• En dehors de connaissances générales sur les macrophages, les anticorps, les antibiotiques et le phénomène de phagocytose, toutes les informations utiles pour apprécier la validité des propositions sont à retirer des documents proposés.

• C'est un sujet qui, pour une question de type II.1, comporte beaucoup de documents dont la lecture et l'analyse prennent nécessairement du temps. Le sujet précise pour chaque série de propositions le document

Quelques aspects de la réaction immunitaire **CORRIGÉ 27**

à consulter, ce qui est un guide précieux pour repérer rapidement la proposition correcte dans chaque série.
• Pour extraire l'information pertinente, il est bon d'utiliser la méthode comparative, c'est-à-dire comparer le résultat de deux expériences différant par un seul paramètre.

■ Mobiliser ses connaissances

Les macrophages sont des cellules de l'immunité innée qui, grâce à leurs récepteurs, reconnaissent des motifs moléculaires portés par les microbes. Ils phagocytent ces derniers et sécrètent des cytokines, point de départ d'une réaction inflammatoire.

ENS. SPÉCIFIQUE

CORRIGÉ 27

1. c) Exact. Le texte indique que certains staphylocoques phagocytés résistent à la destruction : le macrophage devient un refuge intracellulaire pour le staphylocoque.

a) Faux. Les macrophages peuvent phagocyter les staphylocoques et, s'ils ne parviennent pas à détruire la totalité des staphylocoques, ils en éliminent beaucoup, ce qui prouve qu'ils ne sont pas *totalement* inefficaces.

b) Faux. C'est l'inverse ; ce sont les staphylocoques qui peuvent se multiplier à l'intérieur des macrophages.

d) Faux. Certains staphylocoques peuvent échapper à la destruction.

2. b) Exact. La comparaison des courbes « Staphylocoques intracellulaires + antibiotiques » et « Staphylocoques extracellulaires + antibiotiques » indique que le nombre de staphylocoques extracellulaires survivants est inférieur à 100 au bout de 25 heures, alors qu'il est de 10^6 pour les formes intracellulaires. L'antibiotique est donc beaucoup plus efficace contre les formes extracellulaires. C'est la persistance des formes intracellulaires qui est à l'origine des rechutes.

a), **c)** et **d)** Faux. Compte tenu de la réponse précédente, ces propositions sont fausses.

3. d) Exact. Les molécules d'antibiotiques sont fixées à des anticorps spécifiques du staphylocoque. Grâce à leurs sites de reconnaissance, les anticorps se lient alors aux antigènes du staphylocoque. Les macrophages phagocytent l'ensemble staphylocoque-anticorps-antibiotiques. Les antibiotiques se retrouvent ainsi dans le milieu intracellulaire du macrophage.

a) Faux. Le document montre le contraire.

b) Faux. Le document ne montre pas de destruction de macrophage.

c) Faux. Le document ne montre aucune destruction des staphylocoques à l'extérieur des macrophages sous l'action des anticorps.

4. b) Exact. Les protéases libèrent et activent les antibiotiques.

a) Faux. Les antibiotiques actifs à l'intérieur du milieu intracellulaire vont empêcher la prolifération des staphylocoques intracellulaires.

c) Faux. L'anticorps n'a été qu'un véhicule transporteur des antibiotiques activés par les protéases.

d) Faux. Les protéases ne détruisent pas les macrophages, elles agissent indirectement sur les staphylocoques intracellulaires par la libération des antibiotiques.

5. c) Exact. Le nombre de staphylocoques intracellulaires survivants après traitement par injection d'anticorps liés à des antibiotiques est nettement inférieur à ceux qui survivent après traitement aux antibiotiques seuls. Les antibiotiques associés aux anticorps sont donc plus efficaces que les antibiotiques seuls.

b) et d) Faux. Compte tenu de la réponse précédente, ces propositions sont fausses.

a) Faux. Les antibiotiques liés aux anticorps réduisent considérablement le nombre de staphylocoques survivants par rapport à l'injection d'eau salée (qui joue ici le rôle d'expérience témoin).

6. a) Exact. Les antibiotiques libres de ce traitement agissent efficacement sur les formes extracellulaires de staphylocoques et les antibiotiques liés aux anticorps sont efficaces sur les formes intracellulaires. Ce traitement sera donc très efficace car il permet d'agir sur toutes les formes de staphylocoques.

b) Faux. Seules les formes intracellulaires sont éliminées.

c) Faux. Ceci est efficace uniquement contre les bactéries extracellulaires.

d) Faux. D'après les informations dont nous disposons, les anticorps n'interviennent qu'en favorisant la phagocytose des staphylocoques par les macrophages.

Une molécule anti-inflammatoire de nouvelle génération

Pondichéry • Mai 2018
PRATIQUE DU RAISONNEMENT SCIENTIFIQUE
Exercice 2 • 5 points

Le traitement d'affections chroniques comme l'arthrose ou la polyarthrite rhumatoïde conduit souvent à la prescription de médicaments anti-inflammatoires.

Cependant, la prise régulière d'anti-inflammatoires n'est pas sans conséquence : elle peut conduire à des douleurs gastriques, voire à des lésions sévères telles que des ulcérations ou des perforations de la muqueuse de l'estomac.

Des molécules anti-inflammatoires de deuxième génération comme le célécoxib sont utilisées depuis plusieurs années. L'usage de ces molécules n'exclut pas le risque de complication, mais elles semblent être globalement mieux tolérées par les patients.

▶ À partir de la mise en relation des informations dégagées des documents et de vos connaissances, expliquez comment le célécoxib présente une action anti-inflammatoire tout en préservant les patients traités de douleurs gastriques.

DOCUMENT DE RÉFÉRENCE — Le modèle de la réaction enzymatique

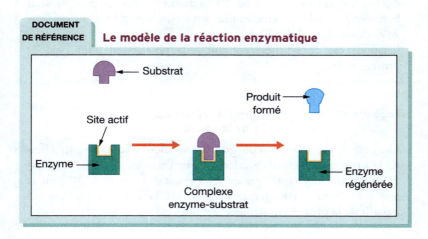

Pour réaliser cette réaction, l'enzyme s'associe avec son substrat au niveau de son site actif. Il se forme alors un complexe « enzyme-substrat ». Cette association permet la transformation du substrat en produit. Ce dernier est libéré, tout comme l'enzyme qui est régénérée.

DOCUMENT 1 — **Les enzymes Cox-1 et Cox-2 et la production de prostaglandines**

Les prostaglandines sont des molécules produites lors d'une réaction inflammatoire.
On distingue deux types de prostaglandines qui ont deux types d'effets.

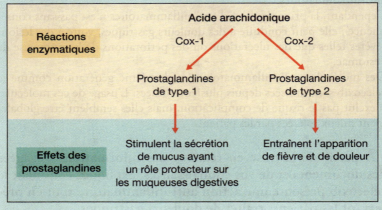

La production de ces molécules implique l'activité de deux enzymes différentes : la Cox-1 et la Cox-2. Ces deux enzymes ont pour substrat la molécule d'acide arachidonique, mais elles sont à l'origine de deux voies de synthèse différentes.
Chaque voie de synthèse conduit à la production d'un type de prostaglandine.

DOCUMENT 2 — **Effets de la prise de célécoxib sur l'activité de la Cox-2**

On évalue, par le suivi d'un groupe de sujets volontaires, les effets de la **prise quotidienne** de célécoxib sur l'activité de l'enzyme Cox-2. Le document ci-après présente les résultats obtenus le 1er jour et le 8e jour de traitement. L'activité de la Cox-2 est estimée pendant 6 h à partir de la prise du traitement ($t = 0$ h).

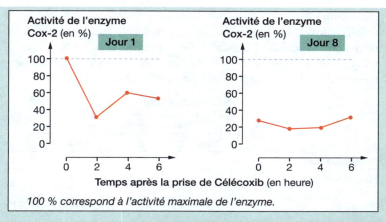

D'après Burkhard Heinz, Harald Dormant, Kay Brune,
Arthritis and rheumatology, 2005

DOCUMENT 3 — **Les interactions moléculaires entre le site actif des enzymes Cox-1 et Cox-2, leur substrat et la molécule de célécoxib**

L'acide arachidonique est capable de se fixer sur les sites actifs des enzymes Cox-1 et Cox-2. Cette interaction rend possible sa transformation.

Les études montrent que le célécoxib est également susceptible de se fixer durablement sur le site actif de l'enzyme Cox-2.

En revanche, cette molécule s'associe très difficilement avec le site actif de l'enzyme Cox-1.

DOCUMENT 4 — **Comparaison des effets de l'ibuprofène et du célécoxib sur l'activité des enzymes Cox-1 et Cox-2**

Tout comme le célécoxib, l'ibuprofène est une molécule à effet anti-inflammatoire. Mais l'ibuprofène est un anti-inflammatoire de première génération : son utilisation prolongée peut être à l'origine de troubles gastriques.

On détermine en laboratoire la concentration de molécules anti-inflammatoires nécessaire pour diminuer l'activité des enzymes Cox-1 et Cox-2 de 50 %.

On définit :
- **CI$_{50}$ Cox-1**, la concentration de molécule anti-inflammatoire permettant de réduire l'activité de l'enzyme Cox-1 de 50 %.
- **CI$_{50}$ Cox-2**, la concentration de molécule anti-inflammatoire permettant de réduire l'activité de l'enzyme Cox-2 de 50 %.

Résultats obtenus

	Molécule anti-inflammatoire	
	Ibuprofène	Célécoxib
CI$_{50}$ Cox-1 (µM)	9	9
CI$_{50}$ Cox-2 (µM)	10	0,9

D'après Patrignani, 2015

LES CLÉS DU SUJET

■ Comprendre le sujet

- Le libellé du sujet est sans ambiguïté grâce aux informations qui le précèdent. L'ensemble des documents indique que l'effet anti-inflammatoire du célécoxib est lié à son **action réductrice sur la production de prostaglandines de type 2**, et son peu d'effets indésirables sur la muqueuse gastrique est lié à son faible effet sur la production de prostaglandines de type 1.
- Mais l'action du célécoxib sur les prostaglandines n'est pas directe. Elle s'exerce à travers son impact sur l'**activité des enzymes** Cox-2 et Cox-1 intervenant dans les voies de synthèse des prostaglandines.
- Le document de référence n'est pas à analyser pour lui-même. Mais les informations qu'il fournit sur les mécanismes d'action des enzymes sont à utiliser pour exploiter les informations du document 3.
- Le document 4 permet de dégager l'**originalité de l'action** du célécoxib par rapport à celle d'un anti-inflammatoire de première génération comme l'ibuprofène et, par là, d'expliquer en conclusion son **action thérapeutique**.

■ Mobiliser ses connaissances

- La réaction inflammatoire est un mécanisme de l'immunité innée. Elle fait suite à l'infection (ou la lésion) d'un tissu et active des molécules à l'origine des symptômes stéréotypés (rougeur, chaleur, gonflement, douleur).
- Contre une réaction inflammatoire chronique, on utilise des médicaments anti-inflammatoires.

CORRIGÉ 28

Les anti-inflammatoires classiques comme l'ibuprofène soulagent des douleurs provoquées par une inflammation chronique mais ont aussi des effets indésirables notamment sur l'estomac. À partir des informations extraites des documents édités, nous allons voir comment un médicament anti-inflammatoire de deuxième génération comme le célécoxib, tout en conservant l'effet anti-inflammatoire, préserve les patients de complications digestives.

I. Prostaglandines et inflammation (document 1)

• Le **document 1** indique que les prostaglandines sont produites lors d'une inflammation à partir d'une même molécule précurseur, l'acide arachidonique, mais qu'elles sont synthétisées à la suite de deux voies de synthèse indépendantes, dues à la nature des enzymes qui interviennent.

• L'enzyme Cox-2 intervient dans la synthèse de la prostaglandine de type 2 et l'enzyme Cox-1 dans celle de la prostaglandine de type 1. Suivant ce document, les deux types de prostaglandines sont synthétisés au cours de la réaction inflammatoire, mais elles ont des effets différents.

• La prostaglandine de type 2 entraîne l'apparition de fièvre et de douleur qui sont les symptômes d'une inflammation. C'est une prostaglandine que l'on peut qualifier d'inflammatoire.

• Contrairement à la prostaglandine de type 2, la prostaglandine de type 1 n'est pas inflammatoire. Elle exerce même un effet bénéfique sur l'estomac en stimulant la production de mucus.

> **ATTENTION !**
> Il y a d'abord une cause à l'inflammation, comme une lésion tissulaire pour l'arthrose. Cette cause déclenche la synthèse de prostaglandine de type 2, et c'est cela qui entraîne les signes de l'inflammation que sont douleur et fièvre.

II. Action du célécoxib sur l'activité des enzymes Cox-2 et Cox-1 (documents 2 et 3)

• Le graphique du **document 2** révèle que, le premier jour du traitement, l'activité de la Cox-2 est réduite de 70 % au bout de deux heures. Le célécoxib exerce donc une forte inhibition sur l'activité de Cox-2, inhibition toujours présente 6 heures après la prise du médicament mais un peu atténuée (activité de l'enzyme réduite de moitié environ).

• Le huitième jour du traitement, avant la prise du médicament, l'activité de l'enzyme est déjà réduite de 70 %. Cela signifie que les comprimés de célécoxib pris quotidiennement pendant les 7 jours précédents ont inhibé de façon permanente l'activité de la Cox-2. Comme la Cox-2 est indispensable à la synthèse de prostaglandine de type 2, on peut en déduire que le célécoxib diminue fortement la synthèse de prostaglandine de type 2, molécule inflammatoire.

• Le **document 3** permet de préciser comment le célécoxib exerce une action inhibitrice sur l'activité de la Cox-2. Le **document de référence** indique que, pour exercer une action catalytique, une enzyme doit s'associer à son substrat (réactif) au niveau de son site actif. Dans le cas de la Cox-2, le substrat naturel qui se lie à son site actif est l'acide arachidonique. Or le célécoxib est aussi capable de se lier au site actif de la Cox-2, et cela durablement. Puisque la liaison du célécoxib au site actif de la Cox-2 est durable, les molécules enzymatiques Cox-2 qui ont fixé le célécoxib ne peuvent pas fixer leur substrat naturel, l'acide arachidonique, et donc catalyser la réaction qui aboutit à la synthèse de prostaglandines de type 2.

• Le célécoxib s'associe difficilement au site actif de la Cox-1. En conséquence, il n'inhibe que peu l'activité enzymatique de la Cox-1 et donc la production de la prostaglandine de type 1.

III. Comparaison des effets de l'ibuprofène et du célécoxib sur l'activité des enzymes Cox-2 et Cox-1

• La concentration de célécoxib nécessaire pour inhiber de moitié l'activité de la Cox-2 est 10 fois plus faible que celle permettant de réduire de moitié l'activité de la Cox-1. Cela confirme que ce médicament a une activité inhibitrice beaucoup plus forte sur la Cox-2 que sur la Cox-1.

• En revanche, les concentrations d'ibuprofène nécessaires pour réduire de 50 % l'activité des deux enzymes Cox-2 et Cox-1 sont très proches. L'ibuprofène inhibe donc de manière égale l'activité de la Cox-2 et de la Cox-1.

• La concentration d'ibuprofène nécessaire pour inhiber de moitié l'activité de la Cox-2 est plus de 10 fois plus forte que celle de célécoxib (10 µM contre 0,9 µM). Cela semble indiquer que le célécoxib est un inhibiteur plus puissant de la Cox-2 que l'ibuprofène. À la concentration de célécoxib de 0,9 µM, l'action de ce médicament sur la Cox-1 doit être très réduite. Le célécoxib peut être qualifié d'inhibiteur spécifique de la Cox-2.

Bilan

• L'ibuprofène, médicament anti-inflammatoire de première génération, inhibe de façon sensiblement égale les activités des deux enzymes Cox-2 et Cox-1. Il en découle qu'il réduit quasiment de la même façon la production de prostaglandines de type 2 et de type 1. La baisse de production de prostaglandines de type 2 a pour conséquence une diminution des signes de l'inflammation comme la douleur et la fièvre. La réduction de la production des prostaglandines de type 1 a pour effet une diminution de la production de mucus protecteur de la paroi de l'estomac. Il peut alors en résulter des effets indésirables.

• En revanche, à une concentration de 0,9 µM, le célécoxib est un inhibiteur quasi-spécifique de la Cox-2. Le célécoxib comme l'ibuprofène réduisent la production de prostaglandines de type 2 et donc amoindrissent les symptômes douloureux de l'inflammation. Mais comme le célécoxib a peu d'action sur l'activité de l'enzyme Cox-1, il ne diminue pas la production des prostaglandines de type 1 et donc celle de mucus protecteur de l'estomac.

France métropolitaine • Septembre 2017
PRATIQUE DU RAISONNEMENT SCIENTIFIQUE
Exercice 2 • 5 points

Immunité et sclérose en plaques

La sclérose en plaques est une maladie neurodégénérative qui se traduit par la disparition de cellules cérébrales.

▶ **En utilisant les informations issues des documents et vos connaissances, montrez que la sclérose en plaques étudiée ici implique le système immunitaire.**

DOCUMENT DE RÉFÉRENCE — **Les cellules gliales et leur rôle**

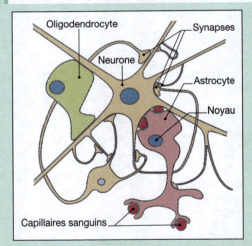

Les cellules gliales du cerveau, ou astrocytes, possèdent des fonctions diversifiées et fondamentales. Un même neurone est en contact avec plusieurs cellules gliales qui lui apportent des nutriments et du dioxygène sur l'ensemble de sa surface : dendrites, corps cellulaire, axone.
Sans l'intervention des cellules gliales, les neurones se trouvent en état de dégénérescence.
Les cellules gliales cérébrales expriment à leur surface certaines protéines spécifiques, telles que la protéine KIR4.1 qui participe au contrôle de l'équilibre ionique de l'environnement neuronal.

Quelques aspects de la réaction immunitaire — SUJET 29

DOCUMENT 1 — Interaction immunoglobuline-tissu cérébral

Des anticorps sont purifiés à partir de sérum de différentes personnes. Ces immunoglobulines sont placées en contact avec des coupes de cerveau et un marquage spécifique permet de voir si elles se sont fixées sur la coupe ou pas.

Origine du sérum	Personnes atteintes de sclérose en plaques	Personnes atteintes d'autres maladies neurologiques*	Personnes ne présentant pas de maladie neuronale
Nombre d'échantillons interagissant avec des cellules gliales (en %)	58	0	0

D'après Rajneesh Srivastava *et al.*, *The New England Journal of Medicine*, 2012

* Les échantillons issus de personnes atteintes d'autres maladies neurologiques servent ici de témoin.

ENS. SPÉCIFIQUE

DOCUMENT 2 — Électrophorèse de sérums des différentes populations

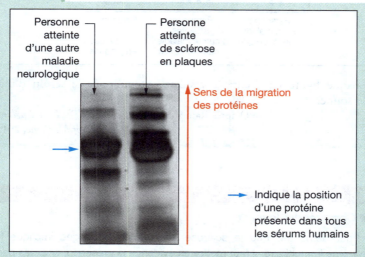

D'après Rajneesh Srivastava *et al.*, *The New England Journal of Medicine*, 2012

Quelques aspects de la réaction immunitaire — SUJET 29

DOCUMENT 3 — Test ELISA réalisé sur les sérums étudiés

Un test ELISA permet de faire une évaluation quantitative de la présence d'un anticorps par évaluation de la densité optique de la coloration obtenue. Un test ELISA pour la protéine KIR4.1 est réalisé sur les sérums de personnes sans maladie neurologique, de personnes atteintes d'autres maladies neurologiques et de personnes atteintes de sclérose en plaques ; les résultats sont évalués par établissement de la densité optique.

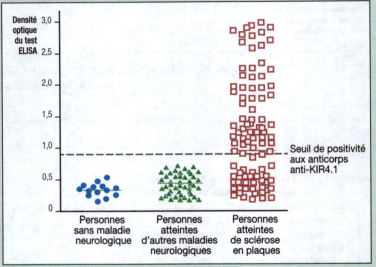

Chaque figuré représente le résultat obtenu pour le sérum d'une personne.

D'après Rajneesh Srivastava et al., *The New England Journal of Medicine*, 2012

LES CLÉS DU SUJET

■ **Comprendre le sujet**

• Pour démontrer que la sclérose en plaques envisagée implique le système immunitaire, il faut mettre en évidence la présence, chez les personnes malades, d'effecteurs de la réponse immunitaire adaptative, c'est-à-dire des lymphocytes cytotoxiques ou des anticorps. Dans le cas étudié, il s'agit d'anticorps et donc d'une réaction immunitaire humorale.

Quelques aspects de la réaction immunitaire **CORRIGÉ 29**

- Il s'agit ensuite, grâce au document 3, de préciser quel antigène a déclenché la réaction immunitaire et de conclure que c'est une réaction auto-immune contre un constituant membranaire des cellules gliales.
- Il faut, en conclusion, utiliser les informations du document de référence sur les rôles des cellules gliales pour expliquer pourquoi la réaction auto-immune provoque une maladie neurodégénérative.

■ **Mobiliser ses connaissances**

- Les anticorps, molécules effectrices de l'immunité adaptative humorale, se lient par leurs sites de reconnaissance aux motifs antigéniques qui ont déclenché leur formation.
- Le système immunitaire ne se déclenche normalement pas contre des molécules de l'organisme. Il y a en principe répression ou élimination des cellules auto-réactives.

CORRIGÉ 29

Introduction

La sclérose en plaques, qui se caractérise par une dégénérescence de neurones cérébraux, est considérée comme une maladie auto-immune. Nous allons voir dans quelle mesure les documents proposés confirment l'implication du système immunitaire.

I. Des anticorps spécifiques aux personnes atteintes de sclérose en plaques

- Le tableau du **document 1** montre que seules 58 % des personnes atteintes de sclérose en plaques ont des anticorps qui se fixent sur les cellules gliales du cerveau. Les personnes atteintes d'une autre maladie neurologique et les personnes saines ne possèdent pas ces anticorps.

- Un anticorps se fixe sur l'antigène qui a déclenché sa formation. Chez les personnes atteintes de sclérose en plaques, il y a donc des anticorps qui se lient à des antigènes présentés par les cellules gliales. Chez 58 % des personnes atteintes de sclérose en plaques, il y a eu une réaction immunitaire contre des molécules du soi des cellules gliales.

Quelques aspects de la réaction immunitaire **CORRIGÉ 29**

- Le **document 2** permet de comparer les protéines du sérum de personnes atteintes de sclérose en plaques à celles d'un individu atteint d'une autre maladie neurologique. On remarque une bande sombre située à la partie tout à fait supérieure du résultat obtenu avec le sérum d'une personne atteinte de sclérose en plaques, et qui n'apparaît pas chez les autres individus.
- On peut supposer qu'il s'agit des anticorps présents dans le sérum des personnes atteintes de sclérose en plaques.

II. Identification de l'antigène présent dans les cellules gliales

- Le résultat du test ELISA (**document 3**) chez les personnes atteintes de maladies neurologiques autres que la sclérose en plaques et chez les personnes saines se trouve sous le seuil de positivité aux anticorps anti-KIR4.1.

Ces individus, ainsi d'ailleurs qu'un certain nombre de personnes atteintes de sclérose en plaques, ne possèdent donc pas d'anticorps anti-KIR4.1.

- En revanche, le seuil de positivité aux anticorps chez un certain nombre de personnes atteintes de sclérose en plaques est plus ou moins largement dépassé. Ces individus possèdent donc des anticorps anti-KIR4.1 en quantité plus ou moins importante.

Bilan

- Seules les personnes atteintes de sclérose en plaques possèdent des anticorps anti-KIR4.1. Or, les molécules KIR4.1 sont des protéines membranaires des cellules gliales présentes chez tous les individus (**document de référence**).
- La présence d'anticorps anti-KIR4.1 chez les personnes atteintes de sclérose en plaques indique le développement d'une réaction immunitaire dirigée contre un constituant normal de leurs cellules gliales.

Chez ces personnes, il existe des lymphocytes B qui ont reconnu les molécules KIR4.1 et, en réponse, ont déclenché une réaction immunitaire.

- Ces lymphocytes B sont normalement absents ou inactifs chez une personne non atteinte de sclérose en plaques. Il s'agit donc d'une réaction immunitaire auto-immune.
- Les cellules gliales sont indispensables à la vie des neurones. En particulier, les protéines KIR4.1 ont un rôle majeur dans l'équilibre ionique de l'environnement neuronal, et donc dans le bon fonctionnement des neurones.
- La réaction immunitaire contre les cellules gliales provoque par conséquent un dysfonctionnement de ces cellules et, ainsi, entraîne la dégénérescence des neurones, laquelle est responsable de la sclérose en plaques.

SUJET 30

France métropolitaine • Juin 2017
RESTITUTION DES CONNAISSANCES • 8 points

Mécanismes nerveux impliqués dans un mouvement volontaire

▶ Expliquez les mécanismes nerveux aboutissant à un mouvement volontaire, incluant le fonctionnement de la synapse neuromusculaire.

La réponse prendra la forme d'un texte illustré de schémas.

LES CLÉS DU SUJET

■ Comprendre le sujet

- Il s'agit d'un sujet global sur le mouvement involontaire. En effet, en dehors de la demande explicite sur le fonctionnement de la synapse neuromusculaire, le libellé n'en fixe pas précisément les limites. Il est donc judicieux de mettre l'accent sur les notions essentielles.
- Avant d'aborder les mécanismes nerveux de ce type de mouvement, il est nécessaire de préciser les éléments nerveux et musculaires mis en jeu ainsi que leurs connexions ; l'illustration par un schéma est indispensable. On peut se limiter à représenter un seul neurone de chaque type en précisant que des milliers de neurones et de fibres musculaires sont en réalité impliqués dans un mouvement volontaire.
- Veillez à vous limiter aux caractéristiques essentielles des messages nerveux émis par les neurones : l'invariabilité du potentiel d'action et le codage en fréquence du message.
- S'il vous est demandé de développer le fonctionnement de la synapse neuromusculaire, cela ne signifie pas pour autant passer entièrement sous silence le fonctionnement de la synapse interneuronique entre l'axone du neurone pyramidal et le motoneurone. En effet, cela permet d'introduire la conversion du message nerveux électrique en message nerveux chimique. Mais il faut le faire succinctement, puisque les caractéristiques majeures du fonctionnement synaptique se retrouvent dans le fonctionnement de la synapse neuromusculaire. Là encore, un schéma est nécessaire.

La communication nerveuse — CORRIGÉ 30

■ **Mobiliser ses connaissances**

• L'exploration du cortex cérébral permet de découvrir les aires motrices spécialisées à l'origine des mouvements volontaires.
• Les messages nerveux moteurs qui partent du cerveau cheminent par des faisceaux de neurones qui descendent dans la moelle épinière jusqu'aux motoneurones.

CORRIGÉ 30

Introduction

Un accident vasculaire cérébral peut entraîner une paralysie (incapacité à effectuer des mouvements volontaires) plus ou moins étendue. En cas de paralysie d'origine cérébrale, c'est une région bien définie du cortex, spécialisée dans la motricité volontaire (aire motrice), qui est touchée.

Nous allons étudier les mécanismes par lesquels le cortex moteur déclenche la contraction des muscles effecteurs du mouvement.

I. Les éléments impliqués dans un mouvement volontaire

La figure 1 de la page suivante indique les types de cellules impliquées dans la réalisation de mouvements volontaires :
– les neurones du cortex moteur (neurones pyramidaux) ;
– les motoneurones de la moelle épinière ;
– les fibres musculaires.

Sont également indiqués les lieux de connexion entre ces différents éléments, les synapses interneuroniques et les synapses neuromusculaires.

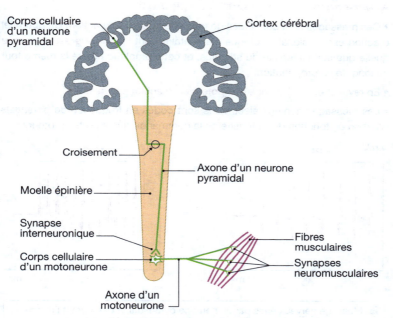

Figure 1. Éléments nerveux et musculaires impliqués dans le mouvement volontaire

Ce schéma ne représente qu'un seul neurone de chaque catégorie alors qu'il s'agit en réalité de populations de neurones.

En outre, suivant le mouvement volontaire réalisé, ce sont les neurones d'une zone précise du cortex moteur qui seront en relation avec les motoneurones et les muscles déterminés.

II. Les messages nerveux impliqués

Les neurones pyramidaux et les motoneurones de la moelle épinière émettent des messages nerveux présentant les mêmes caractéristiques. Ces messages sont véhiculés par les axones de ces neurones jusqu'à la connexion avec un autre élément de la voie motrice volontaire (synapse interneuronique et synapse neuromusculaire).

A. Messages nerveux électriques (figure 2)

• Ces messages sont constitués de trains de potentiels d'action. Un potentiel d'action est un signal électrique élémentaire dont l'amplitude est constante quelle que soit l'intensité du stimulus, et cette amplitude reste la même tout au long de sa propagation.

• En revanche, la fréquence des potentiels d'action est variable.

• Les messages nerveux électriques sont codés en fréquence de potentiels d'action en fonction de l'intensité de la commande par le cortex moteur.

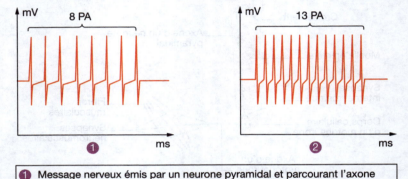

❶ Message nerveux émis par un neurone pyramidal et parcourant l'axone de ce neurone au cours d'une commande volontaire de faible intensité.
❷ Message nerveux émis par un neurone pyramidal et parcourant l'axone de ce neurone au cours d'une commande volontaire de plus forte intensité.

Figure 2. **Messages nerveux électriques émis au cours d'un mouvement volontaire**

B. L'activation du motoneurone médullaire par les messages nerveux du neurone pyramidal

• Il n'y a pas continuité, mais contiguïté entre l'extrémité de l'axone du neurone pyramidal et le corps cellulaire du motoneurone.

• L'arrivée du message nerveux à l'extrémité de l'axone du neurone pyramidal entraîne la libération d'une substance chimique (neuromédiateur). Ce neuromédiateur est le stimulus du motoneurone. Ce dernier répond en émettant alors à son tour un message nerveux de nature électrique. La fréquence des potentiels d'action est d'autant plus élevée que la concentration de neuromédiateur est importante.

• Le message nerveux électrique présynaptique codé en fréquence de potentiels d'action est transmis dans la synapse sous la forme d'un message chimique codé en concentration de neuromédiateur. Il entraîne l'émission par le motoneurone d'un message codé en fréquence de potentiels d'action.

III. Le fonctionnement de la synapse neuromusculaire

• Au niveau de la synapse neuromusculaire (figure 3), il y a également contiguïté et non-continuité entre l'extrémité de l'axone du motoneurone (région présynaptique) et la fibre musculaire (région postsynaptique).

• La région présynaptique est caractérisée par la présence de vésicules synaptiques contenant un neuromédiateur, l'acétylcholine. La région postsynaptique musculaire ne possède pas de vésicules synaptiques, mais la membrane de la fibre musculaire possède des récepteurs capables de fixer spécifiquement les molécules d'acétylcholine.

• La succession des événements intervenant dans le fonctionnement de la synapse neuromusculaire est :

❶ Arrivée d'un message nerveux de nature électrique
❷ Arrimage de vésicules synaptiques sur la membrane présynaptique
❸ Exocytose des vésicules synaptiques et libération de l'acétylcholine dans la fente synaptique
❹ Fixation des molécules d'acétylcholine sur les récepteurs postsynaptiques
❺ Naissance d'un potentiel d'action musculaire à l'origine de la contraction de la fibre musculaire

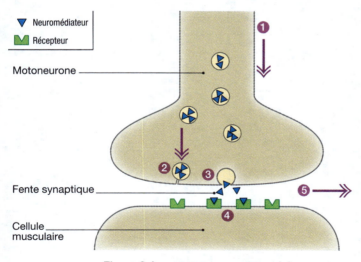

Figure 3. La synapse neuromusculaire

Conclusion

L'étude a été ciblée sur les mécanismes nerveux fondamentaux aboutissant à un mouvement volontaire. D'autres mécanismes interviennent, en particulier des mécanismes d'intégration au niveau des neurones postsynaptiques (motoneurones).

Cette étude permet aussi de comprendre les diverses causes possibles de perturbation des mouvements volontaires :

– une atteinte de certaines régions du cortex moteur, dont le dysfonctionnement peut être atténué grâce à la plasticité cérébrale ;

– une section de la moelle épinière, interrompant la transmission des messages nerveux des neurones pyramidaux aux motoneurones ;

– des maladies, comme la myasthénie, qui se traduit par une réponse plus ou moins défaillante des fibres musculaires à leur commande motrice à la suite d'un dysfonctionnement des synapses neuromusculaires. Cette défaillance est due à une diminution du nombre des récepteurs membranaires à l'acétylcholine des fibres musculaires (diminution due à une maladie auto-immune).

Atropine et dilatation de la pupille

Les ophtalmologues utilisent des collyres comme l'atropine pour permettre l'examen du fond de l'œil grâce à une ouverture complète de la pupille malgré la présence d'une lumière forte.

▶ À partir de l'étude des documents, justifiez l'emploi de l'atropine par les ophtalmologues pour provoquer l'ouverture complète de la pupille malgré l'éclairage fort.

DOCUMENT 1   **Caractéristiques de la pupille**

a. Les réflexes de la pupille

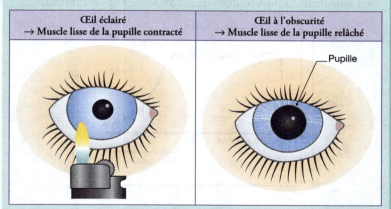

D'après le logiciel « L'œil » de Pierre Perez, académie de Toulouse

b. Fonctionnement de la synapse neuromusculaire au niveau du muscle lisse de la pupille

Lorsque l'œil est éclairé, l'activité mise en place se traduit par la libération d'acétylcholine par les neurones situés au niveau du muscle lisse de la pupille (voir schéma ci-après).

La communication nerveuse SUJET 31

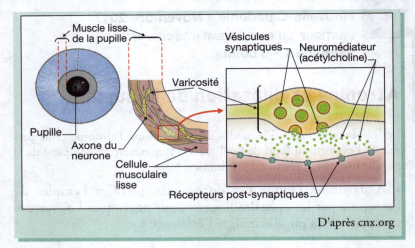

D'après cnx.org

| DOCUMENT 2 | Action de l'acétylcholine et de l'atropine sur un muscle lisse de rat |

Les phénomènes observés dans cette expérience sont identiques à ceux rencontrés au niveau du muscle lisse de la pupille humaine.

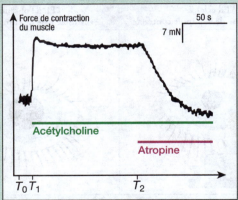

In vitro, des chercheurs ont mesuré en continu la force de contraction de muscles lisses de rat (en milliNewton, mN) :
– à T_0, le muscle est relâché ;
– à T_1, le muscle est placé dans un bain d'acétylcholine ;
– à T_2, la molécule d'atropine est ajoutée dans le bain.

D'après Timo Kirschstein *et al.*, *Acta Pharmacologica Sinica*, 2009, 30(8):1123-1131

La communication nerveuse **CORRIGÉ 31**

LES CLÉS DU SUJET

■ **Comprendre le sujet**

• C'est un sujet de type II.1, présenté sous la forme d'une question ouverte impliquant de raisonner à partir des informations extraites des documents, lesquelles nécessitent de mobiliser des connaissances de base sur le fonctionnement des synapses neuromusculaires.

• En présence d'un fort éclairement, le réflexe pupillaire a pour effet de provoquer la constriction de la pupille. Il faut expliquer comment **l'atropine abolit ce réflexe** en agissant au niveau des effecteurs de ce réflexe, les fibres musculaires de l'iris (muscle de l'iris appelé muscle de la pupille ici), et plus précisément au niveau des synapses neuromusculaires.

■ **Mobiliser ses connaissances**

La commande de la contraction des fibres musculaires met en jeu le fonctionnement des synapses neuromusculaires. Le médiateur chimique, l'acétylcholine, libéré par l'arrivée du message nerveux à l'extrémité de l'axone pré-synaptique se fixe sur des récepteurs de la fibre musculaire, ce qui entraîne la stimulation de la fibre musculaire et sa contraction.

CORRIGÉ 31

Introduction

L'atropine est un collyre utilisé en ophtalmologie pour dilater la pupille quelle que soit l'intensité de l'éclairement (et notamment en fort éclairement). Nous étudions ici le mécanisme d'action de l'atropine en nous basant sur les documents fournis.

Analyse des documents

• Lorsque le muscle lisse de la pupille est relâché, le diamètre de celle-ci est grand, alors qu'il est faible lorsque le muscle lisse est contracté. Le diamètre de la pupille dépend donc de la contraction du muscle de la pupille.

> **INFO**
> Le muscle désigné sous le nom de « muscle de la pupille » est en réalité le muscle lisse de l'iris.

- L'ouverture de la pupille varie en fonction de l'éclairement (**document 1a**) : importante en faible éclairement, elle est réduite en fort éclairement.
- L'éclairement agit sur le diamètre de la pupille par l'intermédiaire de la contraction des muscles lisses de l'iris (**document 1b**). Ils sont relâchés en faible éclairement et contractés en fort éclairement.
- Le **document 1b** indique également qu'en fort éclairement, la contraction des muscles de l'iris est déclenchée par des messages nerveux véhiculés par les axones de neurones qui innervent ces muscles. Le neuromédiateur impliqué au niveau des synapses neuromusculaires est l'acétylcholine, qui agit en se fixant sur les récepteurs post-synaptiques de la fibre musculaire.
- Le **document 2** montre que l'acétylcholine provoque la contraction des muscles lisses, et donc celle des muscles de l'iris puisqu'un muscle lisse placé dans un bain d'acétylcholine se contracte.
- Ce même document montre qu'au moment T_2, où l'on ajoute de l'atropine au bain d'acétylcholine, le muscle se relâche.

L'action de l'atropine s'oppose donc à celle de l'acétylcholine. L'atropine est un antagoniste de ce neuromédiateur : elle empêche la fibre musculaire d'être stimulée par l'acétylcholine et ainsi de se contracter.

Bilan

Lorsqu'on éclaire l'œil, les muscles de la pupille sont soumis à l'action de l'acétylcholine. Si, au préalable, l'œil a été traité à l'atropine, l'acétylcholine n'a plus d'effet car l'atropine est un antagoniste qui vient s'opposer à son action. Ceci empêche la contraction des muscles et entraîne la dilatation de la pupille, même lorsque l'œil est exposé à un fort éclairage.

SUJET 32

Amérique du Nord • Juin 2016
PRATIQUE DU RAISONNEMENT SCIENTIFIQUE
Exercice 2 • 5 points

Étude d'un dysfonctionnement synaptique

Caenorhabditis elegans est un petit ver nématode dont le système nerveux, formé de 302 neurones et 7 000 synapses, est bien connu. Il constitue un animal modèle pour étudier le fonctionnement de la synapse neuromusculaire.

Des études de la synapse sont réalisées sur des vers portant une mutation au niveau du gène *unc-13* et présentant une paralysie complète des muscles.

▶ À partir des informations extraites des documents et de vos connaissances, expliquez la paralysie des mutants *unc-13* et le rôle possible de la protéine codée par le gène *unc-13* chez le ver sauvage.

DOCUMENT DE RÉFÉRENCE — Les grandes étapes du fonctionnement synaptique

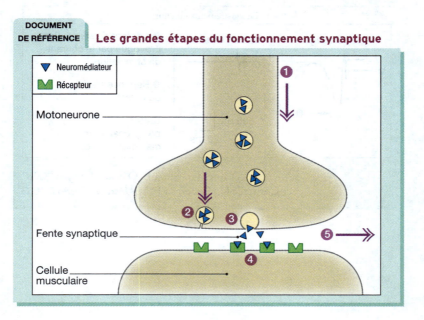

Étape ❶ : arrivée d'un message nerveux de nature électrique.
Étape ❷ : arrimage des vésicules synaptiques sur la membrane présynaptique. Cet arrimage nécessite la participation de nombreuses protéines.
Étape ❸ : exocytose des vésicules nécessitant la participation de nombreuses protéines.
Étape ❹ : Fixation du neuromédiateur sur les récepteurs postsynaptiques.
Étape ❺ : naissance d'un potentiel d'action musculaire qui provoquera la contraction.

DOCUMENT 1 **Résultats de la stimulation de motoneurones chez un ver sauvage et un ver mutant *unc-13***

Dispositif expérimental

Il permet :
– de stimuler électriquement les motoneurones qui innervent le muscle ;
– d'enregistrer des phénomènes électriques au niveau du muscle.

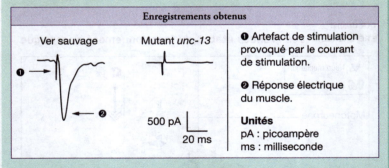

D'après Gracheva E. O *et al.*, *J. Physiol*, 2007
et Christelle C., Bessereau J.C., *Médecine Sciences*, 2003

DOCUMENT 2 — **Nombre de vésicules dans les terminaisons synaptiques après stimulation des motoneurones**

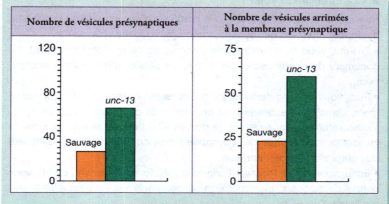

D'après Richmond J.E. *et al.*, *Nature America Inc.*, 1999

DOCUMENT 3 — **Contenu des vésicules présynaptiques et réponse électrique du muscle lors de l'injection de nicotine dans la fente synaptique chez le ver sauvage et le ver mutant *unc-13***

	Ver sauvage	Ver mutant unc-13
Contenu des vésicules présynaptiques	Acétylcholine	Acétylcholine
Injection de nicotine* dans la fente synaptique	Contraction de la cellule musculaire	Contraction de la cellule musculaire

D'après Boulin T. *et al.*, 2008

* La nicotine est une molécule ayant une structure tridimensionnelle proche de celle de l'acétylcholine.

La communication nerveuse CORRIGÉ 32

LES CLÉS DU SUJET

■ Comprendre le sujet

- Il s'agit d'abord de montrer que la **paralysie** d'un ver mutant est due à un **dysfonctionnement** des synapses neuromusculaires chez ce ver.
- Ensuite, vous devez rechercher l'origine de ce dysfonctionnement. Le document de référence permet d'imaginer plusieurs hypothèses explicatives.
- Puis, vous devez déterminer les hypothèses testées dans chaque document. Dans votre exposé, il est préférable de commencer par les hypothèses **réfutées**. Par exemple, le document 3 permet de conclure que le versant postsynaptique de la synapse fonctionne bien et que la synthèse du neuromédiateur est normale.
- Enfin, vous devez localiser l'origine du dysfonctionnement, ce qui vous permet de proposer une hypothèse concernant le rôle de la protéine codée par le gène *unc-13*.

■ Mobiliser ses connaissances

La commande de la contraction de la fibre musculaire met en jeu le fonctionnement de la synapse neuromusculaire. Les connaissances sur ce fonctionnement sont fournies dans le document de référence.

CORRIGÉ 32

Le mutant *unc-13* est paralysé. L'introduction du sujet indique que cette paralysie serait due à un dysfonctionnement de la synapse neuromusculaire.

À l'aide des documents proposés, nous allons tester cette hypothèse et préciser le rôle possible de la protéine codée par le gène *unc-13*.

I. Le dysfonctionnement de la synapse neuromusculaire (document 1)

- La stimulation des motoneurones d'un ver sauvage entraîne une réponse électrique des fibres musculaires qu'ils innervent. Cette réponse électrique témoigne de la naissance d'un potentiel d'action musculaire et donc du fonctionnement normal de la synapse neuromusculaire.

Remarque
Dans le document 1, ce ne sont pas des potentiels d'action musculaires qui sont enregistrés, mais l'existence de courants dont l'intensité est exprimée en picoampère et qui sont à l'origine du potentiel d'action, dont l'intensité s'exprime en millivolt.

- La stimulation des motoneurones du mutant n'entraîne aucune réponse des fibres musculaires correspondantes.

> **Remarque**
> Le terme « muscle » est employé dans le libellé du sujet. C'est une simplification de langage ; il s'agit d'un enregistrement au niveau d'une fibre musculaire.

- Si l'on admet que les motoneurones du mutant fonctionnent normalement, cela signifie que, chez lui, les synapses neuromusculaires ne fonctionnent pas. L'origine de ce dysfonctionnement doit être en lien avec le gène *unc-13*.

II. Le fonctionnement de la région postsynaptique chez le mutant *unc-13* (document 3)

- Chez le ver sauvage, l'injection de nicotine dans la fente synaptique provoque la contraction de la fibre musculaire, comme le neuromédiateur naturel, l'acétylcholine. En raison de sa structure tridimensionnelle voisine de l'acétylcholine, la nicotine se fixe sur les récepteurs à l'acétylcholine de la fibre musculaire (document de référence) et la contraction de la fibre musculaire est le témoin du bon fonctionnement de la synapse neuromusculaire.

- Chez le ver mutant, la nicotine a les mêmes effets que chez le ver sauvage. Cela permet de conclure que le fonctionnement de la synapse au niveau postsynaptique chez le mutant est normal. Le dysfonctionnement de la synapse neuromusculaire chez le mutant se situe donc au niveau présynaptique.

III. Le dysfonctionnement de l'élément présynaptique (document 2)

- Chez le ver mutant comme chez le ver sauvage, il existe des vésicules localisées dans la région présynaptique de l'axone du motoneurone et contenant de l'acétylcholine. Le dysfonctionnement ne réside donc pas dans un défaut de synthèse de l'acétylcholine.

- À la suite de la stimulation du neurone, le nombre de vésicules présynaptiques est plus de deux fois plus important chez le mutant que chez le sauvage. Comme le fonctionnement de la synapse implique l'exocytose des vésicules, et donc la diminution de leur nombre (document de référence), on peut supposer que cette exocytose a été beaucoup plus faible chez le mutant que chez le sauvage. Cette exocytose libérant l'acétylcholine dans la fente synaptique, cela entraîne une libération insuffisante de ce neuromédiateur dans la fente synaptique, et ainsi un non-fonctionnement de la synapse.

IV. Bilan : le rôle de la protéine codée par le gène *unc-3*

- L'exocytose se déroule en deux grandes étapes :
– arrimage des vésicules synaptiques sur la membrane présynaptique ;
– exocytose (au sens strict) impliquant la fusion de la membrane des vésicules avec la membrane plasmique.

- Le document 2 indique qu'après stimulation du motoneurone, le nombre de vésicules arrimées à la membrane présynaptique est nettement supérieur chez le mutant par rapport au ver sauvage (60 contre 25 environ) et représente 75 % du nombre total de vésicules. L'arrimage fonctionne et, en conséquence, la protéine unc-3 n'intervient pas dans l'arrimage.

- C'est donc l'exocytose au sens strict qui est déficiente chez le mutant : le gène *unc-3* doit coder pour l'une des protéines membranaires intervenant dans ce processus (document de référence). L'allèle muté du gène semble coder pour une protéine non fonctionnelle ne permettant pas la fusion des membranes des vésicules avec la membrane plasmique, ce qui empêche l'exocytose.

Mécanismes énergétiques liés au fonctionnement de la pompe Na⁺ – K⁺

Le cytoplasme des cellules est plus riche en ions K^+ et plus pauvre en ions Na^+ que le milieu extracellulaire. Ces différences de concentrations participent au potentiel de repos membranaire de -70 mV de la cellule nerveuse.

▶ À partir de l'exploitation des documents et de l'utilisation des connaissances, expliquez les mécanismes énergétiques qui assurent le maintien des différences de concentrations ioniques pour une cellule nerveuse.

DOCUMENT 1 — Fonctionnement de la pompe sodium-potassium (représentation schématique) et concentrations intracellulaires en ions

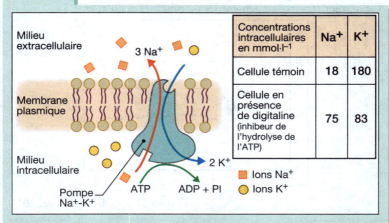

La pompe permet d'échanger les ions sodium (Na^+) issus du milieu intracellulaire avec les ions potassium (K^+) issus du milieu extracellulaire dans un rapport précis (3 Na^+/2 K^+).

D'après *Biologie TD*, collection Tavernier, 1989

Énergie et cellule vivante **SUJET 33**

DOCUMENT 2 — Mesures de concentrations intracellulaires en ions Na⁺ et K⁺ pour un neurone dans différents milieux de culture

Composition du milieu	Na⁺ en mmol·l⁻¹	K⁺ en mmol·l⁻¹
Sans glucose	77	85
Avec glucose	15	150
Avec glucose + inhibiteur de la glycolyse	64	93
Avec pyruvate	18	148
Avec pyruvate + inhibiteur de la glycolyse	23	117

Rappel : le pyruvate est le produit final de la glycolyse.

D'après ddata.over-blog.com

DOCUMENT 3 — Effets du cyanure sur la consommation en dioxygène du neurone

On suit l'évolution de la teneur en dioxygène du milieu de culture dans lequel sont placés des neurones, avant et après ajout de cyanure. Ce dernier traverse facilement les membranes cellulaires.

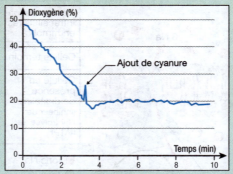

D'après *SVT*, collection Duco, 2012

Énergie et cellule vivante **SUJET 33**

DOCUMENT 4 — Effets du cyanure et de l'ATP sur des neurones de calmar

Caldwell et Keynes ont placé des neurones de calmar contenant des ions $^{24}Na^+$ radioactifs dans de l'eau de mer. Ils ont mesuré la vitesse de sortie de ces ions dans trois conditions différentes :
– eau de mer,
– eau de mer additionnée de cyanure,
– injection d'ATP dans le neurone en présence de cyanure.

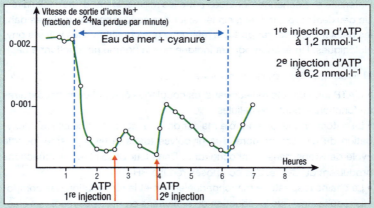

De l'ATP ajouté à l'eau de mer mais non injecté dans le neurone n'a aucun effet.

D'après www.didier-pol.net/6SET696.html

LES CLÉS DU SUJET

■ Comprendre le sujet

• Même si le support documentaire est relatif à la cellule nerveuse, il s'agit bien d'une question portant sur l'énergétique cellulaire, à savoir les mécanismes producteurs et consommateurs **d'ATP** dans la cellule.
• Dans un premier temps, il faut montrer que le fonctionnement de la pompe entretient les différences de concentrations ioniques entre les milieux extra- et intracellulaires en consommant de l'ATP. L'ATP est la **seule source d'énergie** qu'utilise la pompe pour fonctionner. Il faut alors signaler que la cellule ne possède pas de réserves d'ATP ; le fonctionnement de la pompe est donc tributaire d'une production permanente d'ATP par la cellule. Dans un deuxième temps, l'exploitation des documents doit

avoir pour objectif de dégager les mécanismes producteurs d'ATP dans la cellule.
• Le document 2 fournit des résultats d'expériences différant par divers paramètres. Dans ce cas, il est judicieux d'utiliser **la méthode comparative,** c'est-à-dire comparer les résultats d'expériences différant par un seul paramètre plutôt que d'analyser les résultats d'expériences un par un.
• Les informations sur le fonctionnement de la pompe sont fournies par deux types de données. Un premier type, direct, est une information sur l'intensité des échanges ioniques entre les milieux extra- et intracellulaires. Un deuxième type, indirect, est la valeur des concentrations ioniques dans les deux milieux par rapport à la référence que constituent les valeurs physiologiques. Un écart important indique que la pompe ne fonctionne pas.

■ **Mobiliser ses connaissances**
• L'ATP joue un rôle majeur dans les couplages énergétiques nécessaires au fonctionnement des cellules.
• La mitochondrie joue un rôle majeur dans la respiration cellulaire. L'oxydation du glucose comprend la glycolyse (dans le hyaloplasme) puis le cycle de Krebs dans la mitochondrie. Dans leur ensemble, ces réactions produisent du CO_2 et des composés réduits RH_2.
• La chaîne respiratoire mitochondriale permet la réoxydation des composés réduits ainsi que la réduction du dioxygène en eau. Ces réactions s'accompagnent d'une **production d'ATP** qui permet les activités cellulaires.

CORRIGÉ 33

Introduction

Les cellules, et notamment les neurones, maintiennent des différences importantes de concentrations des ions Na^+ et K^+ entre leur milieu intracellulaire et le milieu extracellulaire avec lequel elles sont en contact. En exploitant les informations extraites des documents, nous allons envisager la façon dont sont entretenues ces différences de concentrations ioniques et en quoi cet entretien est dépendant du métabolisme énergétique de la cellule.

I. L'ATP et le fonctionnement de la pompe Na^+ – K^+

• La figure du **document 1** montre que la pompe est une macromolécule traversant la membrane plasmique. Lorsqu'elle fonctionne, elle assure un

Énergie et cellule vivante **CORRIGÉ 33**

transfert simultané d'ions Na$^+$ du milieu intracellulaire vers le milieu extracellulaire et d'ions K$^+$ en sens inverse. Les sens de ces transferts ioniques indiquent que l'activité de la pompe est capable d'entretenir les différences de concentrations ioniques.

- Cette figure indique en outre que l'activité de la pompe est couplée à l'hydrolyse de l'ATP en ADP. Autrement dit, la pompe a une activité enzymatique qui catalyse l'hydrolyse de l'ATP, ce qui indique que la pompe est une protéine membranaire.

> **Attention !**
> Il y a bien sûr un très grand nombre de protéines pompes dans la membrane cellulaire. Dans la suite du corrigé, on utilisera l'expression « la pompe » pour désigner l'ensemble des pompes Na$^+$- K$^+$.

- Le tableau du document 1 indique que l'inhibition de l'hydrolyse de l'ATP par la digitaline a pour conséquence une augmentation considérable de la concentration en ions Na$^+$ du milieu intracellulaire ainsi qu'une diminution nette de celle en ions K$^+$. Cela signifie que la pompe ne fonctionne pas normalement, et donc que l'hydrolyse de l'ATP par la pompe est absolument indispensable à son activité.

- Le **document 4** indique que le cyanure a pour effet de diminuer considérablement la vitesse de sortie des ions Na$^+$ de la cellule, ce qui signifie une réduction presque totale de l'activité de la pompe. Cependant, même en présence de cyanure, l'ajout d'ATP suffit pour augmenter la vitesse de sortie des ions Na$^+$, et ce d'autant plus que l'ajout d'ATP dans la cellule nerveuse est fort. Cela indique que le cyanure n'agit pas directement sur la pompe, et surtout que l'ATP suffit à son fonctionnement. Mais pour cela, il faut que l'ATP soit dans le milieu intracellulaire, là où se trouve le site catalytique de la protéine-pompe.

- En conclusion, on voit que le couplage entre l'hydrolyse de l'ATP et les transferts ioniques réalisés par la protéine-pompe est nécessaire et suffisant pour entretenir les différences de concentrations ioniques entre la cellule et son milieu de vie.

> **Notez bien**
> L'ATP ajouté à l'eau de mer ne pénètre pas dans la cellule.

L'hydrolyse de l'ATP fournit l'énergie nécessaire à la pompe pour assurer les transferts ioniques. S'agissant d'une activité enzymatique, on peut supposer que l'énergie fournie par l'ATP participe à un changement de conformation de la pompe, permettant ainsi le passage des ions.

II. La régénération de l'ATP nécessaire au fonctionnement de la pompe

- Il faut expliquer comment le cyanure diminue indirectement l'activité de la pompe. Comme seul l'ATP est nécessaire à l'activité de cette dernière, le cyanure doit agir sur l'apport d'ATP. Le fonctionnement de la pompe « consomme de l'ATP », dont la concentration tend donc à diminuer. Les réserves d'ATP de la cellule sont extrêmement faibles, et l'ATP doit être constamment régénéré à partir de l'ADP et du phosphate pour que la pompe continue à fonctionner. C'est ce mécanisme de régénération de l'ATP qui est affecté par le cyanure. En présence de cyanure, la pompe cesse de fonctionner faute de régénération de l'ATP.

• Le **document 3** montre que l'ajout de cyanure au milieu où sont placés des neurones a pour effet de maintenir stable la concentration en dioxygène du milieu, alors qu'elle diminuait auparavant. Autrement dit, l'ajout de cyanure a pour effet de faire cesser le prélèvement de dioxygène par les neurones ; leur respiration est interrompue par le cyanure. En réunissant les deux conclusions précédentes, on peut conclure que le cyanure bloque le fonctionnement de la pompe en stoppant la respiration cellulaire qui assure la régénération de l'ATP.

> **Info**
> Notez que la chute rapide et très importante de la vitesse de sortie des ions Na^+ suite à l'ajout de cyanure à l'eau de mer traduit les très faibles réserves d'ATP intracellulaire.

• Le **document 2** permet de préciser dans une certaine mesure les mécanismes énergétiques qui assurent la régénération de l'ATP.

• La comparaison des résultats des expériences 1 (sans glucose) et 2 (apport de glucose) indique que le glucose suffit pour maintenir les concentrations intracellulaires de Na^+ et de K^+ à leur valeur normale, donc assurer le fonctionnement de la pompe.

> **Notez bien**
> Il faut comparer les valeurs numériques du document 2 avec celles du tableau du document 1 pour apprécier si les concentrations ioniques sont proches ou éloignées des valeurs normales physiologiques. Il ne faut pas essayer d'interpréter de faibles différences.

En d'autres termes, l'utilisation de glucose par le neurone suffit pour régénérer l'ATP nécessaire à l'activité de la pompe.

• La comparaison des expériences 2 (glucose) et 3 (glucose + inhibiteur de la glycolyse) indique que la dégradation du glucose en pyruvate par la glycolyse est nécessaire pour régénérer suffisamment d'ATP pour le fonctionnement de la pompe.

• La comparaison des expériences 3 (glucose, inhibiteur de la glycolyse) et 5 (pyruvate, inhibiteur de la glycolyse) indique que ce ne sont pas les réactions de la glycolyse qui assurent en elles-mêmes assez la régénération d'ATP. La glycolyse est indispensable, car elle produit du pyruvate qui suffit à régénérer suffisamment d'ATP pour le fonctionnement de la pompe, comme le montre l'expérience 4 (apport de pyruvate au neurone).

Énergie et cellule vivante   CORRIGÉ 33

Bilan

Le maintien des différences de concentrations ioniques entre les milieux extra- et intracellulaires du neurone est assuré par des pompes Na^+-K^+ membranaires qui assurent un transfert simultané du Na^+ du milieu intracellulaire vers le milieu extracellulaire et du K^+ en sens inverse. Ce transfert nécessite de l'énergie qui est fournie par l'hydrolyse de l'ATP réalisée par l'activité enzymatique de la pompe. Il y a un couplage entre l'hydrolyse de l'ATP et les transferts ioniques vraisemblablement autorisés par un changement de configuration de la pompe. L'activité de la pompe est permanente et cela est rendu possible par la régénération de l'ATP résultant de la dégradation d'un métabolite comme le glucose. Le glucose puisé par la cellule nerveuse dans le milieu extracellulaire est dégradé en pyruvate dans le cytoplasme suite aux réactions de la glycolyse. Le pyruvate est dégradé dans les mitochondries au cours de réactions qui nécessitent du dioxygène. C'est cette dégradation qui est couplée à la synthèse d'ATP à partir d'ADP et de phosphate, laquelle permet la poursuite de l'activité de la pompe et donc le maintien des différences de concentrations ioniques à l'origine du potentiel de repos du neurone.

Remarque : dans le bilan, on s'est limité à prendre en compte les éléments mentionnés dans les documents. On n'a pas apporté de données supplémentaires sur les mécanismes de dégradation du pyruvate dans les mitochondries (cycle de Krebs, production de transporteurs réduits, oxydation de ces transporteurs associée à la réduction du dioxygène au cours du fonctionnement des chaînes d'oxydo-réduction des crêtes mitochondriales avec couplage à la synthèse d'ATP). Ce n'est pas une question de restitution de connaissances ; seules importent les connaissances indispensables à l'interprétation des documents.

SPÉCIALITÉ

SUJET 34

Liban • Juin 2017
PRATIQUE DU RAISONNEMENT SCIENTIFIQUE
Exercice 2 • 5 points

La fabrication du vinaigre de cidre

Le vinaigre de cidre est obtenu à partir de jus de pomme, transformé grâce à l'activité métabolique de micro-organismes.

▶ En utilisant les informations des documents et vos connaissances, expliquez les mécanismes métaboliques permettant la fabrication du vinaigre de cidre.

DOCUMENT 1 — Composition du jus de pomme, du cidre et du vinaigre pour 100 g de produit

	Jus de pomme	Cidre	Vinaigre de cidre
Eau	87 g	87 g	87 g
Glucides (dont glucose et fructose)	11 g	2,3 g	0,7 g
Protéines	0,1 g	0,1 g	0,1 g
Lipides	0,1 g	0,1 g	0,1 g
Éthanol	0	3,2 g	0,06 g
Acide acétique (ou éthanoïque)	0	0	5 g
Sodium	0,002 g	0,002 g	0,002 g

D'après informationsnutritionnelles.fr

DOCUMENT 2 — Étude expérimentale de la transformation du jus de pomme

À l'aide d'un montage ExAO, on mesure les variations de différents paramètres dans un mélange de jus de pomme en présence de levures du genre *Saccharomyces cerevisiae*.

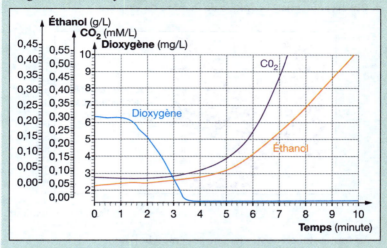

D'après *SVT – T^{le} S*, coll. C. Lizeaux & D. Baude, Bordas, 2012

DOCUMENT 3 — Le métabolisme des levures

Levures *Saccharomyces cerevisiae* observées au microscope électronique, en anaérobiose (A) et en aérobiose (B).

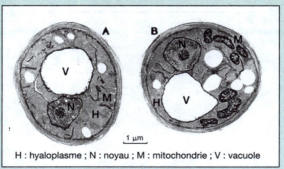

H : hyaloplasme ; N : noyau ; M : mitochondrie ; V : vacuole

D'après mtkfr.accesmad.org

DOCUMENT 4 — **La fabrication du vinaigre de cidre**

Ce vinaigre est obtenu à partir de cidre laissé au contact de l'air et sur lequel se développe un voile à consistance gélatineuse appelé « mère de vinaigre ».

a. Observation microscopique de la mère de vinaigre

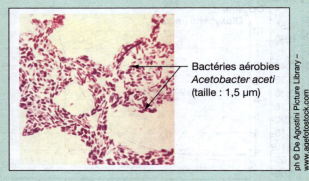

Bactéries aérobies *Acetobacter aceti* (taille : 1,5 µm)

D'après www.jeulin.fr

b. La fermentation acétique, une voie métabolique de la bactérie *Acetobacter aceti*

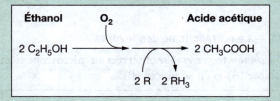

Éthanol O_2 Acide acétique

$2\ C_2H_5OH \longrightarrow 2\ CH_3COOH$

$2\ R \quad 2\ RH_3$

Énergie et cellule vivante **CORRIGÉ 34**

LES CLÉS DU SUJET

■ **Comprendre le sujet**

• Le premier document indique que la transformation du jus de pomme en vinaigre de cidre s'effectue en deux grandes étapes et permet de les caractériser globalement :
– transformation des glucides en alcool lors de la première étape ;
– transformation de l'alcool en acide acétique lors de la seconde étape.

• Les autres documents permettent de préciser comment ces transformations résultent du métabolisme fermentaire de levures pour la première étape, de bactéries pour la seconde.

• En conclusion, mettez l'accent sur la notion de fermentation et insistez sur la différence entre les deux types de fermentation.

■ **Mobiliser ses connaissances**

Certaines cellules eucaryotes réalisent une fermentation.

CORRIGÉ 34

Introduction

Le vinaigre de cidre a pour origine le jus de pomme. Sa fabrication fait intervenir deux types de micro-organismes :
– une levure, *Saccharomyces cerevisiae* ;
– une bactérie, *Acetobacter aceti*.

Nous allons envisager les caractéristiques du métabolisme de ces deux micro-organismes qui permettent la fabrication du vinaigre.

I. Du jus de pomme au vinaigre de cidre : les changements de composition

• Le **document 4** montre que le vinaigre est obtenu à partir du cidre, et le **document 1** indique que la fabrication du vinaigre à partir du jus de pomme s'effectue en deux grandes étapes : la transformation du jus de pomme en cidre, puis la transformation de celui-ci en vinaigre.

• Le **document 1** permet d'observer que le cidre est nettement plus pauvre en glucides simples (oses) que le jus de pomme (2,3 g de glucose contre 11 g), et beaucoup plus riche en éthanol (3,2 g contre 0).

Cela peut s'interpréter par une réaction métabolique dont le glucide est un réactif (substrat) et l'alcool un produit.

• Le vinaigre de cidre contient très peu d'éthanol (0,06 g) par rapport au cidre (3,2 g) mais contient en revanche de l'acide acétique (5 g contre 0).

Cela peut s'interpréter en admettant que l'acide acétique provient d'une réaction métabolique où l'éthanol est un réactif et l'acide acétique un produit de cette réaction.

• On constate une diminution de la quantité de glucides dans le vinaigre par rapport au cidre (0,7 g contre 2,3 g).

On peut penser que la fermentation alcoolique se poursuit lors de la transformation du cidre en vinaigre, au moins au début.

II. Les levures et la transformation du jus de pomme en cidre

• Les documents 2 et 3 montrent que les levures, en particulier *Saccharomyces cerevisiae*, sont impliquées dans la transformation du jus de pomme en cidre.

• Le document 2 illustre quelques-uns des changements de la composition du jus de pomme sous l'action des levures : de 0 à 3 minutes, la teneur en dioxygène du milieu (jus de pomme) diminue et finit par s'annuler.

On peut interpréter cette diminution comme la traduction de la respiration des levures.

• La vie des levures (document 2) se déroule en aérobiose durant les trois premières minutes de l'expérience, puis en anaérobiose durant le reste de l'expérience car il n'y a plus de dioxygène dans le milieu.

Au cours de cette vie anaérobie, on constate que la concentration en éthanol, nulle au début de l'expérience, augmente constamment ; ceci traduit sa production par les levures.

De plus, durant cette même période, la concentration en dioxyde de carbone augmente considérablement, ce qui traduit une production de CO_2 associée à celle d'éthanol.

> **INFO**
> Une expérience témoin aurait été nécessaire avec du jus de pomme dépourvu de levures. En outre, la respiration s'accompagne d'un rejet de dioxyde de carbone dont la teneur devrait donc augmenter durant ces 3 minutes, ce qui n'est pas très net sur le document.

Le métabolisme des levures, respiratoire durant les trois premières minutes, est devenu fermentaire par la suite.

- Le **document 3** montre que des levures en aérobiose sont riches en mitochondries, alors qu'elles en sont dépourvues en anaérobiose.

Les mitochondries étant le siège de la respiration, leur absence est caractéristique de la possibilité de survie des levures en l'absence de dioxygène.

- En aérobiose, nous savons que le glucose est totalement dégradé par la respiration. L'analyse du **document 2** nous indique que, en anaérobiose, la levure dégrade le glucose du jus de pomme en dioxyde de carbone et en alcool. C'est la fermentation alcoolique dont le bilan est :

$$C_6H_{12}O_6 \rightarrow 2\ CH_3\text{-}CH_2\text{-}OH + 2\ CO_2$$

Les levures, par fermentation, ont donc libéré dans le milieu un déchet métabolique : l'éthanol.

III. Les bactéries et la transformation du cidre en vinaigre

- Les bactéries *Acetobacter aceti* forment, au contact de l'air, le voile présent à la surface du cidre. Les bactéries utilisent alors l'éthanol du cidre comme source d'énergie et le dégradent en acide acétique.

- Cet acide étant une substance organique, déchet métabolique des *Acetobacter*, on parle de fermentation. Puisque celle-ci exige du dioxygène, on la qualifie d'aérobie.

Bilan

- La transformation du jus de pomme en vinaigre de cidre s'effectue en deux grandes étapes nécessitant les interventions successives de deux sortes de micro-organismes.

- La première étape, transformation du jus de pomme en cidre, se déroule en milieu anaérobie, c'est-à-dire en l'absence de dioxygène, sous l'action de levures. Celles-ci réalisent une fermentation alcoolique à partir du glucose contenu dans le jus de pomme et menant à la production de dioxyde de carbone et d'éthanol.

- Au cours de la seconde étape, l'alcool contenu dans le cidre est utilisé comme source d'énergie par les bactéries *Acetobacter aceti*. Il s'agit d'une fermentation permettant la transformation de l'éthanol en acide acétique et aboutissant ainsi à la production du vinaigre de cidre. Cette fermentation se déroulant en présence de dioxygène, elle est dite aérobie.

SUJET 35

France métropolitaine • Juin 2017
PRATIQUE DU RAISONNEMENT SCIENTIFIQUE
Exercice 2 spécialité • 5 points

Des climats anciens en Afrique intertropicale

Le musée Testut-Latarjet et le musée des Confluences de Lyon ont mis à la disposition des chercheurs des fragments d'os et des dents de momies égyptiennes datées entre 5 500 ans BP (*Before Present* = avant 1951) et 1 500 ans BP, afin qu'ils recherchent des indices sur le climat africain de cette période.

DOCUMENT DE RÉFÉRENCE — Localisation géographique des sites étudiés

Atmosphère, hydrosphère, climat : du passé à l'avenir — SUJET 35

DOCUMENT 1 — Variation du $\delta^{18}O$ des os et des dents des momies égyptiennes

L'apatite (phosphate de calcium), constituant de l'os, et l'hydroxyapatite (phosphate de calcium hydraté), constituant de l'émail des dents, contiennent de l'oxygène dans le groupement phosphate.

Des chercheurs ont ainsi pu mesurer le $\delta^{18}O$ des fragments d'os et des dents de momies égyptiennes ($\delta^{18}O_p$) couvrant une époque entre 5 500 ans BP et 1 500 ans BP.

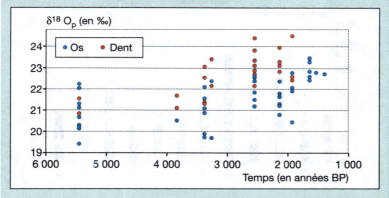

D'après Touzeau *et al.*, 2013 (modifié)

DOCUMENT 2 — Corrélation entre le $\delta^{18}O_p$ des os et des dents et le $\delta^{18}O_w$ de l'eau de boisson

Le $\delta^{18}O$ mesuré dans les os et les dents des êtres humains ($\delta^{18}O_p$) est corrélé au $\delta^{18}O$ de l'eau de boisson ($\delta^{18}O_w$) par l'équation simplifiée suivante :

$$(\delta^{18}O_w) = 1{,}54\,(\delta^{18}O_p) - 33{,}72$$

Atmosphère, hydrosphère, climat : du passé à l'avenir — SUJET 35

DOCUMENT 3 — Relation entre les précipitations mensuelles (histogramme) et le $\delta^{18}O$ moyen mensuel de l'eau de pluie (courbe reliant les carrés) à Entebbe en Ouganda et Addis-Abeba en Éthiopie

En zone intertropicale, le facteur majeur contrôlant la composition du $\delta^{18}O$ des eaux de pluie est la quantité de précipitations et non la température.

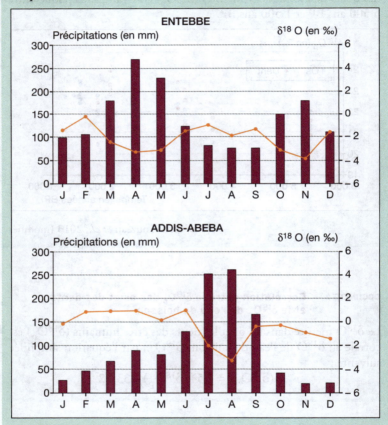

D'après les données IAEA (*International Atomic Energy Agency*) et WMO (*World Meteorological Organization*)

Dans le cas des Égyptiens, on peut considérer que l'eau de boisson est l'eau du Nil, eau tombée sous forme de pluie au-dessus des régions sources du Nil.

DOCUMENT 4 — **Variations des flux sédimentaires détritiques dans les lacs Sinnda et Kitina (République du Congo)**

Durant la période étudiée, ces lacs étaient situés en milieu forestier. Dans les milieux forestiers intertropicaux, les particules solides transportées par les cours d'eau proviennent surtout de l'érosion des berges. Ainsi, la charge solide des cours d'eau est directement corrélée aux crues, et donc aux précipitations.

Un assèchement complet du lac provoque une interruption de la sédimentation (hiatus).

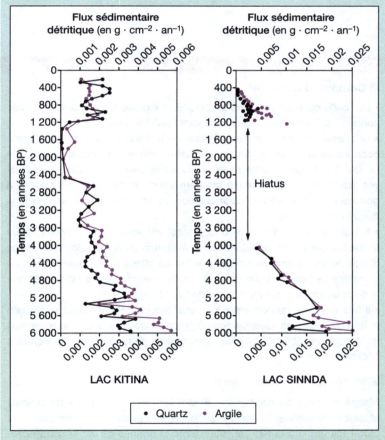

D'après J. Bertaux, cnrs.fr

Atmosphère, hydrosphère, climat : du passé à l'avenir **SUJET 35**

▶ En utilisant les informations des documents et les connaissances :
– expliquez comment les études isotopiques menées sur des momies égyptiennes ont permis de reconstituer l'évolution des précipitations en Afrique intertropicale entre 5 500 ans BP et 1 500 ans BP ;
– montrez que les résultats de cette étude sont en accord avec les données sédimentaires.

LES CLÉS DU SUJET

■ Comprendre le sujet

• Le libellé du sujet est sans ambigüité et indique le plan à suivre. Cela conduit à utiliser les documents suivant l'ordre fourni.

• Le premier point à établir est l'évolution du delta isotopique de l'oxygène dans les os et les dents durant les quatre milliers d'années considérés. Il ne faut pas faire une analyse **pointilliste** des valeurs fournies, mais relever des valeurs **significatives** qui permettent de dégager une **évolution générale**, c'est-à-dire une augmentation du delta isotopique de l'oxygène durant cette période.

• Il faut comprendre que le document 2 est fourni pour traduire, sous forme d'évolution des précipitations, l'évolution du delta isotopique des os et des dents. La formule indique que les variations du delta isotopique de l'oxygène de l'eau de boisson suivent celles des os. Cela est dû au fait que le delta isotopique des os dépend de l'eau bue.

• Il faut établir le rapport entre les variations du delta isotopique de l'eau et les précipitations. Cela est réalisé grâce au document 3. Il ne reste plus qu'à conclure et confirmer les conclusions dégagées par les données sédimentaires.

■ Mobiliser ses connaissances

Malgré le libellé du sujet (« en utilisant les informations des documents et les connaissances »), aucune connaissance précise n'est requise. Il est plutôt fait appel à la familiarisation avec la donnée qu'est le delta isotopique de l'oxygène. Ce sujet implique surtout les capacités à extraire des informations pertinentes des documents par rapport à la question posée, et à les mettre en relation.

Atmosphère, hydrosphère, climat : du passé à l'avenir **CORRIGÉ 35**

CORRIGÉ 35

Des chercheurs ont pu établir de manière indirecte la succession de climats en Afrique intertropicale. Nous allons voir comment la mise en relation de mesures du delta ^{18}O effectuées dans des restes osseux et des dents de momies égyptiennes avec les précipitations a permis d'établir une histoire des climats entre 5 500 ans BP et 1 500 ans BP dans cette région. Nous verrons comment des observations sédimentaires sont en accord avec les résultats obtenus.

I. Évolution du $\delta^{18}O_p$ de dents et d'os de momies égyptiennes de 5 500 à 1 500 ans BP (document 1)

• À 5 500 ans BP, le δ^{18}O des os et des dents est au plus égal à 22 ‰ et généralement inférieur. À 1 500 ans BP, ce delta est toujours supérieur à 22 ‰. On constate donc une augmentation du δ^{18}O en 4 000 ans.

• Cette augmentation globale sur 4 000 ans reflète une tendance générale, qui s'amorce à partir d'environ 3 300 ans BP et devient nette à partir de 2 500 ans BP. Par contre, le document 1 n'apporte pas d'informations sur la signification de l'augmentation du $\delta^{18}O_p$ au cours du temps.

II. Signification climatique de l'augmentation du $\delta^{18}O_p$

• On peut considérer que, depuis 5 500 ans BP au moins, l'eau de boisson des Égyptiens est l'eau de pluie qui alimente le Nil (document 3).

• Le document 2 indique une corrélation entre le $\delta^{18}O_p$ et le $\delta^{18}O_w$ de l'eau de boisson. La formule proposée montre que le $\delta^{18}O_w$ évolue de la même façon que le $\delta^{18}O_p$. Ainsi, la valeur « 20 » du $\delta^{18}O_p$ correspond à « –2,92 » pour le $\delta^{18}O_w$ et, lorsque le $\delta^{18}O_p$ vaut 23, le $\delta^{18}O_w$ de l'eau est 1,7. On peut donc en conclure que, comme le $\delta^{18}O_p$ des os et des dents a augmenté entre 5 500 ans BP et 1 500 ans BP, le $\delta^{18}O_w$ de l'eau de boisson a lui aussi augmenté.

• Les graphes du document 3 permettent de déterminer la signification d'une augmentation du $\delta^{18}O_w$ de l'eau de boisson. Les histogrammes montrent comment la quantité de précipitations influe sur le $\delta^{18}O_w$ de l'eau de pluie.

> **Notez bien**
> Ces calculs permettent de comprendre pourquoi l'échelle des deltas isotopiques est différente entre les documents 1 et 3.

• On reconnaît deux saisons de pluie à Entebbe (avril-mai et octobre-novembre) et une seule saison de pluie à Addis-Abeba (juillet à septembre) : dans les deux cas, le $\delta^{18}O_w$ de l'eau de pluie chute.

Atmosphère, hydrosphère, climat : du passé à l'avenir — CORRIGÉ 35

- Inversement, une augmentation du $\delta^{18}O_W$ correspond à une diminution des précipitations, donc à une période plus sèche.
- Puisque le $\delta^{18}O_W$ de l'eau de pluie a augmenté entre 5 500 ans BP et 1 500 ans BP, cela signifie une diminution de la quantité des précipitations dans les régions voisines des sources du Nil au cours de cette période.

Entre 5 500 ans BP et 1 500 ans BP, plus particulièrement à partir de 3 000 ans BP, le climat de la région des sources du Nil devient plus sec, moins pluvieux.

III. Climat et données sédimentaires

- La sédimentation a été étudiée dans des lacs situés à une latitude voisine de celle des sources du Nil blanc (région d'Entebbe), mais plus à l'ouest.
- Au lac Kitina, le flux sédimentaire détritique était important il y a 5 500 ans BP. Il a diminué régulièrement jusqu'à 2 500 ans BP, et de 2 500 ans BP jusqu'à 1 500 ans BP, ce flux sédimentaire est devenu très faible, quasiment nul.

Cela indique une diminution importante des précipitations durant cette période.

- Les données sur le lac Sinnda confirment celles du lac Kitina, mais de façon encore plus frappante. En particulier, l'assèchement complet entre 4 000 ans BP et 1 200 ans BP indique des précipitations très faibles.

Bilan

- Les données sédimentaires confirment donc l'existence d'un climat relativement pluvieux il y a environ 5 500 ans BP, une diminution de la pluviosité de 5 500 ans BP à environ 3 000 ans BP et enfin une période de sécheresse qui se termine à 1 500 ans BP.
- Les données sédimentaires renseignent directement sur la pluviosité intertropicale au cours du temps. Le fait qu'elles soient en accord avec les données isotopiques ($\delta^{18}O$) sur les os et les dents montre que ces dernières peuvent renseigner indirectement, mais de façon fiable, sur l'évolution climatique.

La transformation de l'atmosphère terrestre

L'atmosphère primitive de la Terre, issue du dégazage volcanique au cours du refroidissement du globe, était très différente de l'atmosphère actuelle. La transformation de l'atmosphère au cours du temps est marquée en particulier par un fort enrichissement en dioxygène, ce qui lui a conféré un caractère oxydant.

▶ À partir de l'exploitation des documents et de vos connaissances, reconstituez la chronologie des événements ayant abouti à une atmosphère riche en dioxygène.

DOCUMENT 1 — Les formations sédimentaires d'oxyde de fer

a. Les paléosols rouges continentaux ou « red beds »

Les paléosols, ou sols fossiles, se sont formés par altération de roches continentales au contact de l'atmosphère. La couleur rouge de certains de ces sols provient de la forte teneur en hématite, minéral d'oxyde de fer de formule Fe_2O_3. Le fer y est oxydé sous la forme ionique Fe^{3+}.

Dépôts sédimentaires continentaux de couleur rouge
Blyde River Canyon, Afrique du Sud

b. Les fers rubanés ou B. I. F. (*Banded Iron Formations*), des formations océaniques

Les fers rubanés sont formés par une alternance de couches d'oxydes de fer (rouges) et de couches siliceuses (grises). Ce sont des roches sédimentaires qui se sont formées en milieu marin par précipitation de fer et de silice en solution dans l'eau de mer.

Les couches rouges contiennent de l'hématite Fe_2O_3. Le fer y est oxydé sous la forme ionique Fe^{3+}.

Fers rubanés de Barberton, Afrique du Sud

D'après planet-terre.ens-lyon.fr

c. Extension temporelle

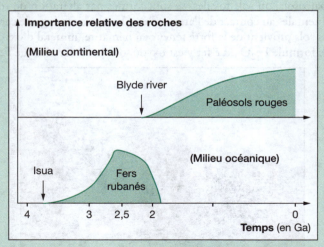

D'après C. Klein, *Nature*, 1997

Les plus anciens fers rubanés sont datés de 3,8 milliards d'années (fers rubanés d'Isua au Groenland). Les plus anciens sols rouges sont datés de 2,2 milliards d'années (Blyde River). Tous les sols fossiles plus anciens sont dépourvus d'hématite et montrent un appauvrissement en fer que l'on attribue au lessivage des formes solubles du fer par les eaux de pluie.

DOCUMENT 2 — Les différentes formes ioniques du fer

Le fer constitue 5 % de la masse de la croûte terrestre. En solution aqueuse, le fer existe à l'état naturel sous deux formes ioniques :
– Fe^{2+}, également noté Fe(II) ;
– Fe^{3+}, également noté Fe(III).
La forme Fe^{3+} est plus oxydée que la forme Fe^{2+}.
Ces deux formes ioniques ne présentent pas la même mobilité dans l'eau.

Comportement des ions fer en solution selon le degré d'oxydation

- Protégée de l'action du dioxygène de l'air, une solution de sulfate de fer(II) reste verdâtre et translucide.
Les ions Fe^{2+} demeurent en solution.

Atmosphère, hydrosphère, climat : du passé à l'avenir — SUJET 36

- Sous l'action du dioxygène de l'air, la solution de sulfate de fer(II) a formé un précipité rougeâtre. Les ions Fe^{2+} ont été oxydés en ions Fe^{3+} qui ont précipité aussitôt en oxyde de fer(III) Fe_2O_3 et hydroxyde de fer(III) $Fe(OH)_3$.

DOCUMENT 3 — Les stromatolithes

Les stromatolithes sont des formations sédimentaires carbonatées (calcaires) marines constituées d'une superposition de feuillets formant un dôme. L'origine biologique de ces formations a été démontrée pour des stromatolithes de 2,7 milliards d'années. Les plus anciens stromatolithes ont été datés à environ 3,5 milliards d'années.

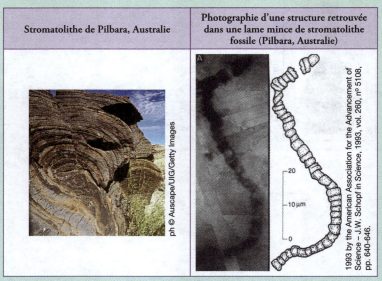

Stromatolithe de Pilbara, Australie	Photographie d'une structure retrouvée dans une lame mince de stromatolithe fossile (Pilbara, Australie)

1993 by the American Association for the Advancement of Science – J.W. Schopf in Science, 1993, vol. 260, n° 5108, pp. 640-646.

DOCUMENT 4 — Les cyanobactéries

a. Caractéristiques des cyanobactéries actuelles

Les cyanobactéries sont des organismes microscopiques procaryotes. Leur cytoplasme contient notamment des pigments chlorophylliens.

Photographie au microscope optique de cyanobactéries actuelles (genre Nostoc)

b. Métabolisme des cyanobactéries actuelles

Une culture de cyanobactéries est placée dans une enceinte hermétique. Les teneurs en dioxygène et en dioxyde de carbone sont relevées en différentes conditions d'éclairement.

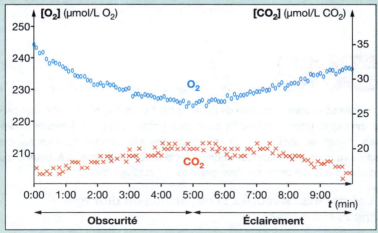

Évolution des teneurs en dioxygène et dioxyde de carbone de la culture de cyanobactéries

Atmosphère, hydrosphère, climat : du passé à l'avenir **CORRIGÉ 36**

LES CLÉS DU SUJET

■ Comprendre le sujet

• Les documents à analyser se rapportent à la succession des phénomènes qui ont conduit à la présence de dioxygène dans l'atmosphère, sachant que l'atmosphère initiale n'en contenait pas.
• Le **document 2** fournit les données de chimie nécessaires pour exploiter les informations fournies par le **document 1**. Il n'est pas judicieux d'exploiter ce document isolément, et il est donc préférable de l'associer à l'analyse du document 1.
• Il faut bien se rappeler qu'il y a un équilibre entre le dioxygène dissous dans l'eau et le dioxygène atmosphérique. Si les eaux marines sont oxygénées et que l'atmosphère est dépourvue de dioxygène, celui-ci diffuse de l'eau vers l'atmosphère.
• Enfin, pour exploiter les **documents 3 et 4**, qui renseignent sur l'origine du dioxygène, il est nécessaire de réinvestir le principe de l'actualisme.

■ Mobiliser ses connaissances

L'atmosphère initiale de la Terre était différente de l'atmosphère actuelle. Sa transformation est la conséquence, notamment, du développement de la vie. L'histoire de cette transformation se trouve inscrite dans les roches, en particulier celles qui sont sédimentaires. Elles révèlent le passage de l'atmosphère primitive à l'atmosphère oxydante.

CORRIGÉ 36

L'histoire de la transformation de l'atmosphère terrestre, et en particulier celle de son oxygénation, est inscrite dans les formations sédimentaires continentales et marines anciennes. L'exploitation des informations fournies par ces roches va nous permettre de reconstituer la chronologie des événements qui ont abouti à la présence de dioxygène dans l'atmosphère.

I. Les paléosols rouges : l'apparition du dioxygène dans l'atmosphère

• Les plus anciens sols rouges (**document 1a**) sont datés de 2,2 Ga (milliards d'années). La couleur rouge de ces sols est due à leur richesse en hématite (oxyde ferrique). Le **document 2** indique que, sous l'action du dioxygène de

Atmosphère, hydrosphère, climat : du passé à l'avenir **CORRIGÉ 36**

l'air, les ions ferreux en solution s'oxydent en ions ferriques qui précipitent en oxyde ferrique, notamment en hématite.

Les paléosols rouges témoignent de la présence du dioxygène dans l'atmosphère depuis 2,2 Ga. Leur abondance croissante au cours du temps est due, en partie, à une augmentation de la teneur en dioxygène de l'atmosphère.

• Inversement, l'absence de paléosols rouges indique qu'avant 2,2 Ga, l'atmosphère était dépourvue de dioxygène.

II. Les fers rubanés : l'apparition du dioxygène sur le globe terrestre

• Les gisements de fers rubanés sont des formations marines qui apparaissent il y a 3,5 Ga et persistent jusqu'à 2,2 Ga, en connaissant un grand développement entre 2,7 et 2 Ga. Ces formations sédimentaires contiennent des couches riches en hématite où le fer se trouve à l'état oxydé (**doc. 1c**).

• Le **document 1b** indique que les sols continentaux plus anciens que 2,2 Ga montrent un appauvrissement en fer que l'on attribue au lessivage des formes solubles du fer, c'est-à-dire les ions ferreux (**doc. 2**), par les eaux de pluie.

L'hématite des fers rubanés résultait donc d'une oxydation des ions ferreux provenant de l'altération des roches continentales et apportés aux eaux marines par les fleuves et rivières. Cette oxydation indique qu'au moment des dépôts des couches rouges des fers rubanés, les eaux marines contenaient de l'oxygène dissous.

Cela signifie aussi qu'un mécanisme producteur de dioxygène était apparu en milieu marin. Mais, pendant la majeure période du dépôt des fers rubanés, le dioxygène produit était immédiatement consommé par l'oxydation des ions ferreux… En conséquence, il ne diffusait pas dans l'atmosphère.

III. Les cyanobactéries : l'origine du dioxygène

INFO
Le caractère discontinu du dépôt des couches rouges des fers rubanés (alternance avec des couches siliceuses) semble indiquer que les eaux marines n'étaient pas constamment oxygénées.

• Les gisements de fers rubanés commencent à se former il y a 3,5 milliards d'années, ce qui coïncide avec l'apparition des stromatolithes (**doc. 3**). Cela suggère une relation de cause à effet.

• Les **documents 3 et 4a** montrent que les stromatolithes sont des formations marines qui présentent des structures filamenteuses que l'on retrouve dans les cyanobactéries actuelles. Des édifices évoquant les stromatolithes fossiles sont d'ailleurs actuellement édifiés par les cyanobactéries.

Atmosphère, hydrosphère, climat : du passé à l'avenir **CORRIGÉ 36**

• Les cyanobactéries sont des micro-organismes procaryotes dont le cytoplasme contient des pigments chlorophylliens. Le milieu de culture de bactéries actuelles s'appauvrit en dioxyde de carbone et s'enrichit en dioxygène lorsque les cyanobactéries sont éclairées (doc. 4). Cela signifie que ces micro-organismes chlorophylliens ont, à la lumière, des échanges gazeux photosynthétiques avec leur milieu de vie aquatique. Le dioxygène est un produit de la photosynthèse.

• L'application du principe de l'actualisme conduit à dire que les cyanobactéries fossiles qui ont peuplé les eaux marines depuis 3,5 Ga étaient aussi capables de photosynthèse, et sont donc à l'origine du dioxygène dissous dans les eaux marines dont la présence est révélée par les fers rubanés.

Bilan

• L'atmosphère initiale était totalement dépourvue de dioxygène. Le dioxygène produit en milieu marin entre 3,5 et 2,2 milliards d'années était d'origine biologique car provenant de l'activité photosynthétique des cyanobactéries.

> **INFO**
> Les cyanobactéries respirent (document 4b) ; s'il en était de même pour les cyanobactéries fossiles, une partie du dioxygène produit par photosynthèse était utilisée pour leur respiration, mais l'intensité de leurs échanges gazeux photosynthétiques était supérieure à celle de leurs échanges gazeux respiratoires de sorte que, globalement, elles oxygénaient leur milieu de vie.

• Pendant cette période, le dioxygène a été entièrement consommé par l'oxydation des ions ferreux dissous dans l'eau de mer. Les eaux marines n'étaient que transitoirement oxygénées et, par conséquent, le dioxygène ne diffusait pas dans l'atmosphère. Celle-ci est restée sans dioxygène jusqu'à 2,2 Ga.

• Entre 2,2 et 1,8 Ga, on constate à la fois la présence de fers rubanés en milieu marin (mais ils sont en net déclin) et de paléosols rouges en milieu continental. Cela signifie que la production biologique de dioxygène par les cyanobactéries n'a pas été entièrement consommée par l'oxydation des ions ferreux. Les eaux océaniques sont devenues oxygénées en permanence et le dioxygène a diffusé dans l'atmosphère.

• Par la suite, l'augmentation de la teneur en dioxygène suggérée par le document sur les paléosols est due au fait que les mécanismes producteurs de dioxygène l'emportent sur les mécanismes biologiques (respiration) et physico-chimiques (oxydation des ions minéraux).

La sitagliptine : un médicament antidiabétique

▶ À partir des informations extraites des documents et de vos connaissances, expliquez comment la molécule de sitagliptine peut améliorer l'état de santé de certains diabétiques.

DOCUMENT 1 — Évolution du nombre de cellules bêta fonctionnelles chez des patients développant une certaine forme de diabète

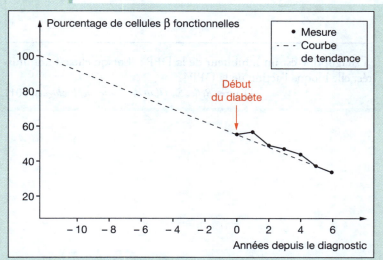

Les mesures sont effectuées à partir de l'année 0, date à laquelle ce diabète est diagnostiqué.

D'après UKPDS 16, *Diabètes*, 1995

DOCUMENT 2 — **Action de la sitagliptine**

Après un repas, le tube digestif sécrète dans le sang une hormone, la GLP1 (Glucagon-like peptide-1). Cette hormone est dégradée au bout de deux minutes par une enzyme, la DPP4 (Dipeptidyl peptidase-4).

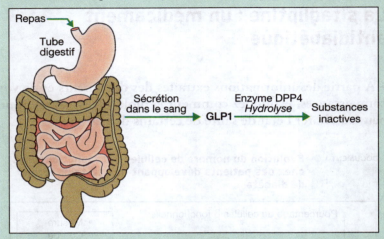

La sitagliptine est un inhibiteur de la DPP4. Lorsqu'elle est administrée, elle bloque l'action de la DPP4.

D'après *Reflet S., Club des jeunes néphrologues*, 2011

Glycémie et diabète — SUJET 37

DOCUMENT 3 — **Perfusion de GLP1 ou de placebo chez des sujets diabétiques**

On sépare des diabétiques en deux lots. L'un reçoit une perfusion de GLP1, l'autre lot reçoit une perfusion de placebo. Le placebo est un médicament contenant des substances neutres qui n'ont aucune action.

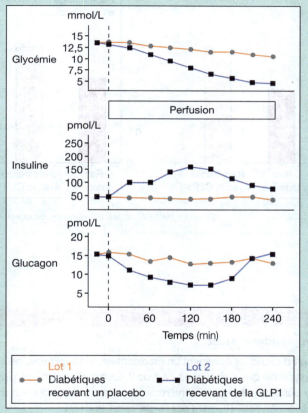

D'après *Reflet S., Club des jeunes néphrologues*, 2011

Glycémie et diabète **SUJET 37**

DOCUMENT 4 — **Effet de la GLP1 sur les cellules bêta du pancréas des rats Zucker diabétiques**

Les rats Zucker sont des rats obèses développant un diabète. Des rats Zucker sont traités avec de la GLP1 et comparés à des rats Zucker témoins ne recevant pas de GLP1.

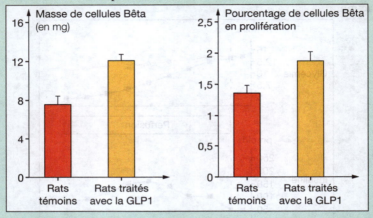

D'après *Reflet S., Club des jeunes néphrologues*, 2011

LES CLÉS DU SUJET

■ **Comprendre le sujet**

• Il s'agit d'expliquer comment un médicament, la sitagliptine, peut abaisser la glycémie des diabétiques de type II. La sitagliptine n'agit pas directement sur la glycémie, mais indirectement par l'intermédiaire d'une hormone sécrétée naturellement par l'organisme, la GLP1.

• Il faut donc, en premier lieu, exploiter les documents sur l'action de la GLP1 pour établir comment cette hormone agit sur la glycémie. Pour cela, vous devez faire appel à vos connaissances sur les hormones pancréatiques.

• Il reste ensuite à établir comment la sitagliptine augmente la durée d'action, et donc la concentration de GLP1, puis expliquer comment elle peut être utilisée pour lutter contre l'hyperglycémie des diabétiques.

Glycémie et diabète **CORRIGÉ 37**

> ■ **Mobiliser ses connaissances**
>
> • La régulation de la glycémie repose notamment sur les hormones pancréatiques : insuline et glucagon.
> • Le diabète de type II résulte d'une insuffisance de la production pancréatique d'insuline et d'une perturbation de l'action de l'insuline sur ses organes cibles : foie, muscles, tissu adipeux.

CORRIGÉ 37

Le diabète est en constante augmentation dans la population mondiale ; cela conduit à rechercher de plus en plus de nouveaux médicaments. L'un d'eux est la sitagliptine, dont nous allons préciser le mode d'action permettant de lutter contre l'hyperglycémie.

I. Diabètes et insuffisance insulinique

Le **document 1** indique que, chez certains patients, le diabète se manifeste lorsque le pourcentage de cellules bêta fonctionnelles est réduit de moitié par rapport à la norme : cela s'accompagne sans doute d'un déficit de la sécrétion d'insuline par le pancréas, facteur conduisant au diabète.

> **Remarque**
> La diminution progressive du nombre de cellules bêta conduit à penser qu'il s'agit d'un diabète de type II.

II. La GLP1 une hormone hypoglycémiante

• Le **document 2** indique que la GLP1 est une hormone sécrétée par les cellules intestinales suite à la prise d'un repas.

• Le **document 3** permet de préciser son action sur la glycémie. Chez un diabétique dont la glycémie initiale est d'environ 13 mmol/L (soit environ 2,3 g/L), on constate que la perfusion en continu de GLP1, poursuivie pendant quatre heures, entraîne une baisse constante de la glycémie jusqu'à atteindre une valeur de l'ordre de 5 mmol/L (soit 0,9 g/L).

Le placebo étant quasiment sans effet, cela prouve que la baisse de la glycémie est bien due à GLP1.

GLP1 et une hormone hypoglycémiante. Il reste à déterminer son mode d'action.

La perfusion continue de GLP1 agit sur la sécrétion des hormones pancréatiques. Elle a pour effet :

– d'augmenter la concentration d'insuline ;
– de diminuer la concentration de glucagon.

L'insuline est une hormone hypoglycémiante alors que le glucagon est une hormone hyperglycémiante.

> **Remarque**
> La perfusion a été réalisée chez des individus à jeun, où la sécrétion naturelle de GLP1 est absente.

L'action de GLP1 sur la glycémie est donc due à une stimulation de la sécrétion d'insuline par les cellules bêta et à l'inhibition de celle du glucagon par les cellules alpha du pancréas.

• Le **document 3** montre également qu'au bout de deux heures, l'action de la GLP1 sur les cellules alpha et bêta diminue, bien que la perfusion soit la même. Elle devient presque nulle lorsque la glycémie est devenue normale (0,9 g/L). L'action de cette hormone sur les cellules pancréatiques est donc importante lorsque la glycémie est élevée et diminue lorsque celle-ci baisse. Cette hormone GLP1 ne risque donc pas d'entraîner une hypoglycémie

III. Deuxième effet de GLP1

On peut penser que les rats Zucker, comme les patients diabétiques, ont un pancréas avec un nombre réduit de cellules bêta fonctionnelles. Le pourcentage de cellules bêta en prolifération – donc en cours de division – passe de 1,3 % à 1,8 % environ sous l'action de GLP1, soit une augmentation de plus de 30 %. Cela entraîne une augmentation de la masse des cellules bêta du pancréas qui passe de 7,5 mg à 12 mg environ. La GLP1 stoppe la destruction des cellules bêta mais elle rétablit au moins partiellement – en un temps non précisé dans le document –, leur nombre. La GLP1 augmente donc les capacités de production d'insuline du pancréas du rat diabétique.

Bilan

• La GLP1 est une hormone qui, très rapidement, stimule la sécrétion d'insuline et inhibe celle du glucagon lorsque la glycémie est élevée. À plus long terme, elle entraîne une augmentation du nombre de cellules bêta et, par-là, augmente les capacités de production d'insuline par le pancréas des diabétiques.

Ces propriétés hypoglycémiantes font qu'elle pourrait être utilisée, a priori, dans le traitement des diabétiques de type II présentant une sécrétion de base d'insuline.

Glycémie et diabète **CORRIGÉ 37**

- Physiologiquement, cette hormone est produite après un repas, donc à un moment où la glycémie risque d'augmenter ; mais son efficacité est limitée dans le temps car, comme l'indique le document 2, elle est rapidement inactivée (dégradation en deux minutes). On peut donc penser qu'il en serait de même pour la GLP1 injectée dans l'organisme. Cela limite son utilisation comme médicament antidiabétique.

- La sitagliptine, en inhibant l'enzyme DPP4, s'oppose à la dégradation de GLP1 sécrétée naturellement après un repas. Elle entraîne une augmentation de sa durée de vie et par là de sa concentration. Ainsi, l'action hypoglycémiante de GLP1 est prolongée et plus intense, ce qui limite les risques d'hyperglycémie des diabétiques. En outre, cette action plus durable et plus forte de l'hormone GLP1 grâce à la sitagliptine a pour effet de rétablir, au moins partiellement, le contingent de cellules bêta fonctionnelles du pancréas.

> **Remarque**
> Notez que, dans l'expérience du document 3, on réalise une perfusion **continue** de GLP1, ce qui compense sa destruction.

SUJET 38

Amérique du Sud • Novembre 2017
PRATIQUE DU RAISONNEMENT SCIENTIFIQUE
Exercice 2 • 5 points

Obésité et diabète de type 2

Les épidémies mondiales de diabète de type 2 et d'obésité semblent suivre la même progression. Si tous les obèses ne deviennent pas diabétiques, 80 % des individus qui développent cette maladie souffrent au préalable d'obésité. Ce constat suggère que l'obésité augmente le risque de contracter un diabète de type 2.
À un stade avancé de la maladie, les personnes diabétiques de type 2, obèses ou non, devront être soignées, par des injections d'insuline.

▶ À partir de l'exploitation des documents et de vos connaissances, expliquez les mécanismes conduisant un individu obèse à développer un diabète de type 2 et justifiez la thérapie par des injections d'insuline à un stade avancé de la maladie.

La conclusion pourra prendre la forme d'un schéma bilan.

DOCUMENT DE RÉFÉRENCE — Rôle de l'insuline dans le métabolisme cellulaire

Ayant des récepteurs à l'insuline, le foie, les muscles et le tissu adipeux sont des organes cibles.

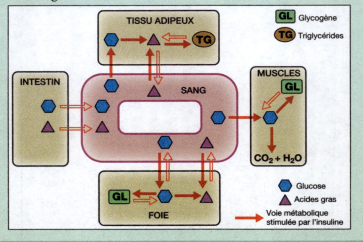

Glycémie et diabète **SUJET 38**

DOCUMENT 1 — **Obésité et diabète de type 2**

L'obésité, qui se caractérise par un excès de tissu adipeux réparti en différents endroits de l'organisme, se définit par deux marqueurs :

– l'indice de masse corporelle (IMC), dont la valeur est obtenue par le rapport de la masse de la personne (en kg) sur le carré de sa taille (en m²) ;

– le périmètre abdominal, qui correspond à la mesure de la circonférence de l'abdomen (en cm).

Une personne est identifiée comme obèse si son IMC est supérieur à 30 kg/m², et l'on parle plus spécifiquement d'obésité abdominale quand son périmètre abdominal est supérieur à 94 cm (pour un homme).

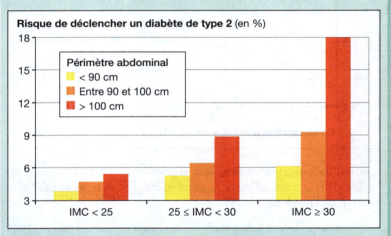

Graphique présentant le risque de déclenchement d'un diabète de type 2 selon le périmètre abdominal et l'IMC (étude menée pendant treize ans sur 27 700 hommes)

D'après Y. Wang *et al.*, *The American Journal of Clinical Nutrition*, 2005

DOCUMENT 2 — **Sensibilité du tissu adipeux à l'action de l'insuline**

Un protocole consiste à mesurer, *in vitro*, l'absorption de glucose par des cellules du tissu adipeux (les adipocytes) en fonction de la concentration d'insuline perfusée.

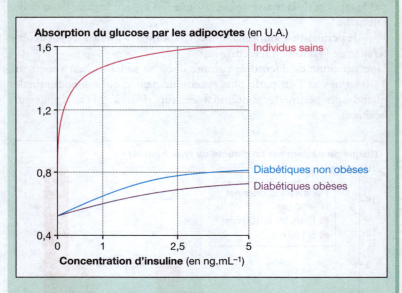

Ces résultats obtenus *in vitro* sont équivalents à ce qu'il se passe en réalité dans le tissu adipeux et permettent d'évaluer sa sensibilité à l'action de l'insuline.

D'après J. M. Olefsky *et al.*, *The American Journal of Medicine*, 1985

DOCUMENT 3 — Évolution du pourcentage de macrophages du tissu adipeux viscéral en fonction de l'IMC

Le tissu adipeux viscéral, situé au niveau de l'abdomen, est constitué d'adipocytes remplis de lipides et d'un ensemble de cellules comprenant notamment des macrophages.

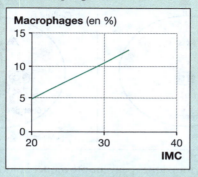

Ces macrophages sécrètent des médiateurs chimiques de l'inflammation parmi lesquels le TNFα et l'interleukine 6, qui favorisent l'insulinorésistance, définie comme une baisse de la sensibilité à l'insuline des tissus cibles.

D'après Curat C *et al.*, *Diabetologia*, 2006

DOCUMENT 4 — Les effets des acides gras circulants

a. Variations au cours d'une journée de la concentration sanguine en acides gras

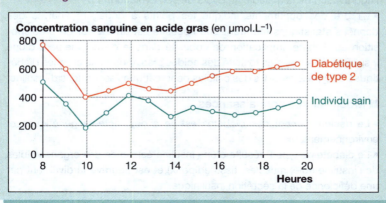

b. Effets des acides gras sur la cellule β des îlots de Langerhans du pancréas

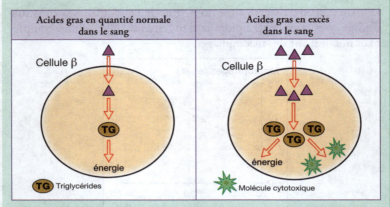

Les molécules cytotoxiques peuvent provoquer la mort d'une cellule.

D'après J. Girard, *Médecine Sciences*, 2003

LES CLÉS DU SUJET

■ Comprendre le sujet

• Il s'agit d'expliquer comment l'obésité, et en particulier l'obésité abdominale, prédisposent à l'apparition d'un diabète de type 2 et contribuent à l'aggravation de la maladie au cours de son évolution.

• L'ordre des documents indique les points à dégager : analyse des données statistiques montrant que l'obésité est un facteur de prédisposition au diabète, implication de l'obésité dans le développement d'une insulinorésistance, puis toxicité des acides gras abondants chez les diabétiques de type 2 vis-à-vis des cellules pancréatiques sécrétrices d'insuline.

■ Mobiliser ses connaissances

• Le déclenchement des diabètes est lié à des facteurs génétiques et environnementaux.

• Le diabète de type 2 résulte d'une insulinorésistance des organes cibles de l'insuline (foie, muscles, tissu adipeux) et est aggravé tardivement par une déficience de la sécrétion insulinique.

CORRIGÉ 38

On estime que l'obésité fait partie des facteurs qui prédisposent à l'apparition d'un diabète de type 2. Nous allons extraire des documents les arguments qui vont dans le sens de cette affirmation et les mécanismes par lesquels l'obésité agit.

I. Les relations entre obésité et diabète de type 2 (document 1)

• À périmètre abdominal identique, le risque de déclencher un diabète de type 2 augmente avec l'indice de masse corporelle (IMC). Cela est d'autant plus vrai que le périmètre abdominal est important.

• Pour un IMC déterminé, le risque est d'autant plus grand que le périmètre abdominal est important.

• Un périmètre abdominal important (signe d'une obésité probable) représente donc un risque augmenté d'apparition d'un diabète de type 2. Le risque est maximal lorsque sont associés un IMC supérieur à 30 kg/m^2 et un périmètre abdominal supérieur à 100 cm.

• Une valeur du périmètre abdominal supérieure à 100 cm expose particulièrement aux risques de développement d'un diabète de type 2 : à un IMC caractéristique d'un individu obèse (supérieur à 30), le risque fait plus que doubler pour un périmètre abdominal supérieur à 100 cm par rapport à un périmètre abdominal compris entre 90 et 100 centimètres.

L'obésité abdominale prédispose donc fortement au diabète de type 2.

II. Obésité et résistance à l'insuline

Le **document de référence** indique que le tissu adipeux est un organe cible de l'insuline.

1. Insulinorésistance des organes cibles chez les diabétiques de type 2 (document 2)

• On constate que, chez tous les individus non diabétiques, l'absorption du glucose par les adipocytes s'élève avec l'augmentation de la concentration en insuline.

L'insuline stimule donc la pénétration du glucose dans les cellules cibles que sont les adipocytes.

- Le document montre également que, quelle que soit la concentration en insuline, l'absorption du glucose par les adipocytes des individus diabétiques est très inférieure à celle observée chez les individus non diabétiques.

Les adipocytes des individus diabétiques répondent donc moins bien à l'insuline que ceux des individus non diabétiques : les adipocytes d'une personne diabétique sont insulinorésistants.

- La diminution de la perméabilité au glucose est un élément contribuant à l'hyperglycémie, donc au diabète de type 2.

- Cette insulinorésistance est un peu plus importante chez les diabétiques obèses que chez les diabétiques non obèses.

2. L'obésité facteur de l'insulinorésistance (document 3)

- Le pourcentage de macrophages présents dans le tissu adipeux viscéral est d'autant plus important que l'IMC est élevé. Pour un IMC supérieur à 30, le pourcentage de macrophages est plus que doublé par rapport à celui d'un individu non obèse.

- Or les macrophages sécrètent des médiateurs chimiques qui favorisent l'insulinorésistance de tous les organes cibles.

Ainsi, en entraînant l'augmentation de la population de macrophages du tissu adipeux viscéral, l'obésité (IMC supérieur à 30) est un facteur favorisant l'apparition de l'insulinorésistance, et donc celle d'un diabète de type 2.

III. Acides gras et cellules bêta du pancréas (document 4)

- Le **document 4a** indique que durant la journée (de 8 heures à 20 heures), la concentration en acides gras d'un individu diabétique de type 2 est toujours supérieure à celle d'une personne non diabétique (deux fois supérieure en moyenne).

- Le **document 4b** montre quant à lui que chez une personne non diabétique, les acides gras pénètrent dans les cellules bêta du pancréas et, après stockage sous forme de triglycérides, sont utilisés comme source d'énergie par ces cellules.

- Ce même document indique que, dans le cas d'un diabète de type 2, les acides gras en excès pénètrent en plus grande quantité dans la cellule bêta et leur métabolisme conduit alors à la formation de molécules toxiques pour les cellules bêta.

Les acides gras en excès, par leur cytotoxicité, peuvent à la longue provoquer une diminution du nombre de cellules bêta sécrétrices d'insuline.

Bilan

• 80 % des individus atteints d'un diabète de type 2 sont obèses : l'obésité favorise l'apparition de ce type de diabète.

• La première cause du diabète de type 2 est l'insulinorésistance. Celle-ci est provoquée chez les obèses par l'infiltration, dans le tissu adipeux, de macrophages qui sécrètent des médiateurs chimiques rendant les cellules cibles de l'insuline résistantes à son action. Cela tend à générer une hyperglycémie qui, dans un premier temps, est compensée par une sécrétion accrue d'insuline.

• Du fait de l'abondance du tissu adipeux chez les obèses, la teneur en acides gras du sang est élevée. L'utilisation par les cellules bêta du pancréas de ces acides gras entraîne une destruction progressive des cellules bêta. Au bout d'un certain temps, la production d'insuline baisse et ne peut plus compenser l'insulinorésistance.

• Le traitement du diabète de type 2 nécessite alors des injections d'insuline afin de compenser le déficit de production de cette hormone par le pancréas.

III. S'entraîner aux QCM

SUJET 39

QCM n° 1 • Sujet inédit
QCM plurithématique

Tout le programme

■ QCM

▶ **Indiquez la proposition exacte pour chaque question.**

Brassage génétique – Évolution

1. Le zygote formé par fécondation :
a) contient une combinaison unique et nouvelle d'allèles.
b) possède deux allèles identiques de chaque gène.
c) possède $2n$ chromosomes résultant de la fusion des chromosomes maternels et paternels.
d) contient une combinaison allélique identique aux autres descendants du couple.

2. Au cours de l'histoire des eucaryotes :
a) il n'y a eu que des innovations évolutives apparues par mutations et ensuite transmises verticalement de génération en génération au sein de l'espèce puis d'espèces en espèces.
b) des phénomènes de symbiose sont intervenus mais pas d'endosymbiose.
c) des phénomènes ont, chez certains eucaryotes, doublé le nombre de chromosomes.
d) les mutations ayant affecté les gènes n'ont modifié que la séquence des protéines codées par les gènes.

3. La réplication de l'ADN a lieu :
a) entre les deux divisions de la méiose.
b) uniquement avant une mitose.
c) uniquement avant une méiose.
d) avant la première division de la méiose.

4. Lors d'une méiose se déroulant sans anomalie, il peut s'effectuer :
a) un brassage intrachromosomique entre chromosomes non homologues.
b) un brassage interchromosmique entre chromosomes homologues.
c) un brassage interchromosomique puis un brassage intrachromosomique.
d) un brassage intrachromosomique puis un brassage interchromosomique.

5. On croise une drosophile femelle aux ailes longues et au corps gris, avec un mâle aux ailes vestigiales et au corps noir. La femelle est hétérozygote pour les deux gènes.
On a obtenu 4 sortes de phénotypes en quantités égales : 25 % ailes longues, corps gris ; 25 % ailes longues, corps noir ; 25 % ailes vestigiales corps gris ; 25 % ailes vestigiales corps noir.
Les données indiquent que :
a) le caractère ailes longues est récessif.
b) le mâle est hétérozygote.
c) les 2 gènes sont situés sur le même chromosome.
d) le résultat s'explique par le brassage interchromosomique ayant lieu durant des méioses chez la femelle.

6. Le genre *Homo* :
a) est constitué par l'Homme et les grands singes actuels.
b) correspond à un groupe d'êtres vivants dont la biodiversité est maximale à l'époque actuelle.
c) est associé à la production d'outils complexes.
d) est apparu il y a environ 55 à 60 millions d'années.

La vie fixée des plantes

7. En relation avec la vie fixée, les plantes ont développé :
a) un système racinaire permettant de prélever du CO_2 dans le sol.
b) un système racinaire qui, par photosynthèse, libère du dioxygène dans le sol.
c) un système aérien permettant des échanges d'ions, d'eau et de gaz avec l'air.
d) un système aérien et un système souterrain pouvant échanger de la matière par un système vasculaire.

8. Les plantes possédant des nouvelles propriétés peuvent être obtenues par :
a) le croisement de variétés différentes et homozygotes pour obtenir des hybrides homozygotes.
b) le croisement de variétés différentes et homozygotes pour obtenir des hybrides hétérozygotes.
c) l'autopollinisation de plantes homozygotes.
d) la pollinisation d'une variété intéressante par des insectes.

9. Le pollen :
a) correspond au gamète femelle.
b) est produit par les étamines.
c) représente l'embryon de la future graine.
d) est toujours transporté par les insectes.

10. Le fruit :
a) contient une quantité variable d'ovules.
b) contient une quantité variable de graines.
c) se forme seulement à partir de l'ovule.
d) se forme avant la pollinisation.

11. Considérons une plante dont certains pieds possèdent uniquement des fleurs à étamines sans pistil alors que d'autres pieds n'ont que des fleurs à pistil sans étamines.

D'une telle plante, on peut dire :
a) que tous les pieds peuvent avoir des fruits.
b) qu'il peut y avoir une autopollinisation.
c) que la fécondation n'a lieu que sur certains pieds.
d) que chaque pied est bisexué.

Le domaine continental et sa dynamique

12. Dans les zones de subduction :
a) la lithosphère océanique chevauche la lithosphère continentale.
b) la lithosphère océanique est moins dense qu'au niveau de la zone d'accrétion.
c) la lithosphère océanique plonge sous une autre lithosphère, le plus souvent continentale.
d) La lithosphère continentale plonge si elle est plus dense que la lithosphère océanique.

13. Dans les zones de subduction, on observe généralement :
a) une activité magmatique générant un volcanisme de type basaltique et des roches de type granitoïde.
b) une activité magmatique générant un volcanisme de type andésitique associée à des empilements de basaltes en coussins.
c) un métamorphisme au niveau de la plaque plongeante provoquant la déshydratation de la péridotite mantellique.
d) un métamorphisme au niveau de la plaque plongeante libérant de l'eau et provoquant la fusion partielle de la péridotite mantellique.

14. La péridotite est :
a) la roche principale du manteau.
b) une roche volcanique.
c) exclusivement présente dans l'asthénosphère.
d) une roche riche en quartz.

15. Les granites qui affleurent dans les chaînes de collision anciennes :
a) sont des roches résultant de la fusion partielle de la péridotite mantellique.
b) sont visibles en surface car ils résultent de la solidification d'un magma épanché en surface.
c) sont constitués par un assemblage de minéraux tous très altérables sous l'action de l'eau.
d) peuvent être transformés sur plusieurs mètres d'épaisseur en une roche meuble, l'arène.

16. Le magma formé actuellement dans les zones de subduction :
a) provient de la fusion totale de la croûte océanique qui subducte.
b) se forme à partir du même mécanisme que le magma engendré à l'axe des dorsales.
c) se forme grâce à l'eau libérée par la transformation métamorphique des roches de la croûte océanique en subduction.
d) est à l'origine d'un volcanisme explosif engendrant des roches, les granodiorites.

17. La lithosphère océanique :
a) subit un métamorphisme à la dorsale qui la déshydrate et un métamorphisme au cours de sa subduction qui la réhydrate (formation de minéraux ayant incorporé de l'eau).
b) augmente d'épaisseur en s'éloignant de la dorsale par accroissement de sa croûte.
c) acquiert, lorsqu'elle est âgée, une densité supérieure à celle de l'asthénosphère.
d) contribue à la formation de magmas anhydres (sans eau) dans les zones de subduction.

18. L'épaisseur de la croûte d'une chaîne de collision :
a) est la même dans les chaînes de montagnes jeunes et anciennes.
b) diminue lorsqu'à la fin de la phase tectonique, l'érosion commence à agir.
c) peut atteindre, dans une chaîne de montagnes jeunes, cinq fois celle de la croûte continentale moyenne.
d) est due en grande partie au chevauchement d'écailles de croûte formées lors de la collision.

Géothermie et propriétés thermiques de la Terre

19. La convection thermique :
a) est un transfert thermique qui n'a lieu que dans les fluides, liquides et gaz.
b) a lieu dans la lithosphère.
c) assure un transfert de chaleur par l'intermédiaire d'un transport de matière.
d) assure un transfert de chaleur moins efficace que la conduction.

20. L'énergie géothermique exploitable par l'Homme :
a) est constante d'une région à l'autre.
b) est maximale dans les régions à gradient géothermique très faible.
c) est optimale en Islande au niveau d'un rift.
d) contribue fortement à la couverture énergétique de l'humanité.

Quelques aspects de la réaction immunitaire

21. La vaccination :
a) consiste à injecter des produits immunogènes et pathogènes.
b) mobilise la réponse innée et adaptative.
c) contient des adjuvants qui déclenchent une réponse adaptative nécessaire à l'installation de la réponse innée.
d) favorise la production d'antigènes par l'organisme.

22. L'immunité innée :
a) n'implique pas de reconnaissance des micro-organismes.
b) s'accompagne de la propriété de mémoire d'une première infection par un micro-organisme.
c) n'existe que chez les Vertébrés.
d) est indispensable à la réaction immunitaire adaptative.

23. La phagocytose :
a) est réalisée par les seuls leucocytes polynucléaires.
b) ne se réalise que dans le sang.
c) n'implique pas des récepteurs cellulaires.
d) est efficace dans la lutte contre les bactéries grâce à la présence dans le cytoplasme des phagocytes de granules riches en substance bactéricide et en enzymes.

24. La réaction inflammatoire :
a) n'implique pas de mécanismes de reconnaissance.
b) est due à la production et la sécrétion de cytokines, molécules pro-inflammatoires.
c) n'a aucun effet sur les leucocytes polynucléaires.
d) est toujours dangereuse pour l'organisme.

25. Les lymphocytes mémoires :
a) sont des cellules de l'immunité innée.
b) sont des cellules effectrices formées à la suite d'une réaction immunitaire.
c) jouent un rôle important dans l'immunité résultant des vaccinations.
d) sont uniquement des cellules appartenant à la lignée des lymphocytes B.
e) sont moins nombreux que les lymphocytes naïfs dont ils dérivent.

Neurone et fibre musculaire : la communication nerveuse

26. Le réflexe myotatique :
a) fait intervenir une seule synapse entre deux neurones moteurs.
b) fait intervenir une seule synapse entre deux neurones sensoriels.
c) nécessite l'intervention de plusieurs synapses entre neurones moteurs.
d) fait intervenir une seule synapse entre un neurone sensoriel et un neurone moteur.

27. Le neurone moteur conduit un message nerveux :
a) codé en fréquence de potentiel d'action vers les centres nerveux.
b) codé en amplitude de potentiel d'action vers le muscle effecteur.
c) codé en fréquence de potentiel d'action vers le muscle effecteur.
d) présentant toujours la même fréquence et la même amplitude des potentiels d'action.

28. Au niveau du cerveau, les cartes motrices :
a) sont innées, présentes dès la naissance.
b) restent identiques tout au long de la vie de l'individu.
c) sont identiques chez tous les individus d'une même espèce.
d) peuvent évoluer en fonction de l'apprentissage.

29. Les neurones afférents du réflexe myotatique :
a) ont leurs corps cellulaires situés dans la substance grise de la moelle épinière.
b) sont activés par l'étirement du muscle qu'ils innervent.
c) ont leurs corps cellulaires recouverts de boutons synaptiques.
d) ont un seul prolongement qui bifurque, chacune des deux bifurcations libérant un neurotransmetteur à son extrémité lorsque le neurone émet un potentiel d'action.

30. Les neurones efférents du cortex moteur droit :
a) sont situés dans le lobe pariétal de l'hémisphère cérébral droit.
b) ont des axones dont la longueur ne dépasse pas 10 cm chez l'adulte.
c) ont des axones qui innervent directement les fibres musculaires dont ils commandent la contraction.
d) commandent les muscles de la partie gauche du corps.

QCM plurithématique CORRIGÉ 39

LES CLÉS DU SUJET

• C'est un exercice de restitution de connaissances uniquement sous forme de QCM et très complet car il recouvre **tout le programme**. Il est peu probable qu'il y ait souvent des exercices I de ce type.
• C'est néanmoins un excellent support pour une révision rapide de tout le programme, voire d'une partie seulement (la partie géologie par exemple). Douze items se rapportent à la partie « Génétique et évolution » dont six sur la vie fixée des plantes ; sept items se rapportent au « Domaine continental et sa dynamique », trois items ont trait aux « Enjeux planétaires et contemporains » (deux pour la géothermie et un pour la plante domestiquée) ; cinq items se rapportent à la partie « Immunologie » et cinq à la « Neurophysiologie ».
• Ce sont des items sans support documentaire de sorte que vous devez confronter les propositions avec vos connaissances pour en apprécier la validité.

CORRIGÉ 39

1. a) Exact.
b) Faux. Les allèles peuvent être identiques ou différents.
c) Faux. Les chromosomes paternels et maternels sont réunis au sein d'un même noyau mais ne fusionnent pas.
d) Faux. La combinaison allélique d'un zygote est unique.

2. c) Exact. Ce sont les mécanismes intervenant dans la polyploïdisation.
a) Faux. Les génomes des eucaryotes ont aussi intégré des gènes venant d'autres organismes, notamment de l'ADN viral.
b) Faux. Des phénomènes de symbiose ont certes contribué à la diversification des eucaryotes, mais les plus importants sont sans doute les phénomènes d'endosymbiose. Par exemple le génome mitochondrial (et une partie du génome nucléaire) est d'origine bactérienne et résulte d'une endosymbiose d'une bactérie avec un eucaryote.
d) Faux. Pour de nombreux gènes de développement, les mutations ayant eu un impact évolutif, notamment sur la morphologie de l'organisme, sont celles qui affectent les régions régulatrices qui contrôlent l'expression des gènes.

3. d) Exact. La réplication de l'ADN a lieu avant la première division de la méiose et il n'y a pas de réplication de l'ADN entre les deux divisions.

> **Attention !**
> Lisez attentivement les propositions. Ici, le mot « uniquement » exclut les propositions b et c.

4. d) Exact. Le brassage intrachromosomique précède le brassage interchromosomique (ce qui exclut la proposition **c**).
a) Faux. Le brassage intrachromosomique se fait entre chromosomes homologues.
b) Faux. Le brassage interchromosomique implique des paires de chromosomes homologues et non une seule paire de chromosomes homologues.

5. d) Exact. Car la femelle a produit 4 sortes de gamètes en quantités égales.
a) Faux. Le caractère « aile longue » est dominant car il est apparent chez la femelle hétérozygote.
b) Faux. Le mâle est homozygote car il présente les 2 caractères récessifs.
c) Faux. Le croisement est un test-cross et le fait que les 4 phénotypes soient produits en quantités égales indique que ces gènes sont situés sur 2 chromosomes différents.

6. c) Exact. À cause du mot « complexe » car les grands Singes sont capables de fabriquer des outils simples.
a) Faux. Les grands Singes africains et asiatiques ne font pas partie du genre *Homo*.
b) Faux. Il y a 50 000 ans, existaient plusieurs types *d'Homo* (*Homo sapiens*, homme de Néandertal, homme de Flores, homme de Denisova…) contre un seul actuellement (*H. sapiens*)
d) Faux. Il est apparu il y a un peu plus de 2 Ma seulement.

7. d) Exact. Par l'intermédiaire des sèves brute et élaborée (des racines au feuilles et inversement).
a) Faux. Par la respiration, les racines rejettent du CO_2 dans le sol.
b) Faux. La photosynthèse a lieu dans les organes aériens et non dans le système racinaire, dépourvu de chlorophylle.
c) Faux. Le système aérien ne permet pas les échanges d'ions avec l'air.

8. b) Exact.
a) Faux. Des hybrides sont toujours hétérozygotes.
c) Faux. Une plante homozygote produit uniquement des gamètes mâles et femelles ayant le même génotype.
d) Faux. Le mode de pollinisation n'intervient pas sur les propriétés de la plante.

QCM plurithématique — CORRIGÉ 39

9. b) Exact.
a) Faux. Le pollen est le vecteur du gamète mâle.
c) Faux. L'embryon résulte de la fécondation.
d) Faux. Il peut aussi être transporté par le vent.

10. b) Exact.
a) Faux. Un fruit ne contient plus d'ovules car ils ont été transformés en graines après fécondation.
c) et **d)** Faux. Le fruit se forme à partir de l'ovaire de la fleur et après pollinisation.

11. c) Exact.
Les autres propositions sont fausses. En effet, les pieds qui n'ont que des fleurs à étamines ne peuvent avoir de fruits, la pollinisation est obligatoirement croisée car chaque pied est unisexué.

12. c) Exact.
a) Faux. C'est l'inverse.
b) Faux. C'est l'inverse, la densité (masse volumique) de la lithosphère océanique augmente en s'éloignant de la dorsale.
d) Faux. Ce n'est jamais le cas car la densité de la lithosphère continentale est toujours inférieure à celle de la lithosphère océanique.

13. d) Exact.
a) Faux. Le volcanisme est de type andésitique et non basaltique.
b) Faux. Les basaltes en coussin sont océaniques.
c) Faux. Il y a hydratation de la péridotite mantellique et non déshydratation.

14. a) Exact.
b) Faux. Ce n'est pas une roche microlithique et aucun magma n'engendre de la péridotite par refroidissement.
c) Faux. La péridotite constitue également le manteau lithosphérique.
d) Faux. La péridotite ne contient pas de quartz ; elle est constituée essentiellement d'olivine, de pyroxène et d'un peu de feldspath.

15. d) Exact.
a) Faux. Les granites des chaînes de collision ont pour origine la fusion partielle des composants de la croûte continentale (gneiss ; granites).
b) Faux. Ils proviennent d'un magma cristallisé en profondeur : ce sont des roches plutoniques (entièrement grenues).
c) Faux. Le quartz est peu altéré alors que feldspaths et micas le sont.

16. c) Exact. Voir commentaire **b**.
a) Faux. Actuellement, il ne provient pas de la fusion de la croûte océanique qui subducte mais de la fusion partielle de la péridotite du manteau de la plaque chevauchante.

b) Faux. Les magmas formés dans les zones de subduction et à l'axe des dorsales résultent de la fusion partielle de la péridotite mantellique. À l'axe de la dorsale, la fusion partielle de la péridotite est due à une diminution de pression (remontée de l'asthénosphère) alors que dans les zones de subduction la fusion partielle est due à l'eau libérée par le métamorphisme de la croûte océanique en subduction.

d) Faux. Le magma est bien à l'origine d'un magmatisme explosif, mais ce volcanisme n'engendre pas des granodiorites (= granitoïdes), roches plutoniques ; il engendre des andésites et rhyolites, roches magmatiques effusives.

17. c) Exact. C'est d'ailleurs cela qui peut entraîner la subduction de la lithosphère.

a) Faux. C'est l'inverse : le métamorphisme que subit la croûte océanique à la dorsale suite à la circulation de l'eau à son intérieur conduit à un métamorphisme hydrothermal, marqué par la formation de minéraux hydroxylés (eau) comme l'amphibole hornblende. En revanche, le métamorphisme de la croûte en subduction conduit à des minéraux anhydres (grenat et jadéite d'un métagabbro éclogitique par exemple) et libère de l'eau.

b) Faux. Elle augmente bien d'épaisseur en s'éloignant de la dorsale mais pas par accroissement de sa croûte. C'est le manteau lithosphérique qui augmente d'épaisseur.

d) Faux. La lithosphère océanique en subduction subit un métamorphisme qui libère de l'eau, laquelle provoque la fusion partielle de la péridotite de la plaque chevauchante et donc la genèse d'un magma riche en eau.

18. d) Exact.

a) Faux. Une chaîne ancienne a une épaisseur moyenne de 30 km contre plus de 50 km pour une chaîne récente.

b) Faux. La surrection et l'érosion sont contemporaines.

c) Faux. Au maximum un peu plus de deux fois.

19. c) Exact.

a) Faux. La convection thermique peut aussi avoir lieu dans les solides comme le manteau asthénosphérique. Mais elle est beaucoup plus lente dans ces solides, et n'a de conséquences importantes qu'à l'échelle des temps géologiques.

b) Faux. Dans la lithosphère, le transfert thermique s'effectue par conduction.

d) Faux. C'est l'inverse.

20. c) Exact. Flux géothermique très élevé.

a) Faux. Elle est plus forte au niveau d'une zone de subduction (géothermie de haute énergie permettant d'obtenir de l'électricité).

b) Faux. C'est l'inverse.

d) Faux. Ce sont les énergies fossiles.

QCM plurithématique **CORRIGÉ 39**

21. b) Exact.
a) Faux. « Pathogène » se dit d'un agent à l'origine d'une maladie.
c) Faux. C'est l'inverse : réponse innée nécessaire à l'installation de la réaction adaptative.
d) Faux. Les antigènes sont introduits avec le vaccin et non produits par l'organisme.

22. d) Exact. La réaction immunitaire innée prépare la réaction immunitaire adaptative.
a) Faux. Les macrophages possèdent des récepteurs PRR qui reconnaissent des motifs moléculaires (PAMP) présents chez des micro-organismes variés.
b) Faux. Il n'y a pas de mise en mémoire : la réaction innée en réponse à des entrées successives du même pathogène est toujours la même.
c) Faux. Elle existe aussi chez les Invertébrés (et même chez les plantes).

23. d) Exact. Cela permet d'ingérer et de digérer les antigènes.
a) Faux. Elle est également réalisée par les monocytes-macrophages et les cellules dendritiques.
b) Faux. Elle peut avoir lieu dans le sang mais se réalise fondamentalement dans les tissus infectés où migrent les polynucléaires et les monocytes à l'origine des macrophages et des cellules dendritiques.
c) Faux. Il existe des récepteurs phagocytaires.

24. b) Exact. Après la reconnaissance des organismes infectieux par les macrophages.
a) Faux. Les macrophages reconnaissent toujours des motifs des pathogènes.
c) Faux. Elle entraîne leur recrutement au niveau du site infectieux.
d) Faux. Elle est utile à l'organisme mais peut devenir dangereuse lorsqu'elle est trop importante, généralisée.

25. c) Exact. Ils sont responsables d'une réponse rapide et amplifiée en cas d'infection par le pathogène.
a) Faux. Ce sont des cellules résultant d'une réaction immunitaire adaptative.
b) Faux. Ils sont bien formés à la suite d'une réaction immunitaire (adaptative) mais ne sont pas des cellules effectrices.
d) Faux. Il existe des cellules mémoires LB, LT CD4 et LT CD8.
e) Faux. C'est l'inverse.

26. d) Exact. Le réflexe myotatique est monosynaptique. Il n'y a pas de synapse entre les neurones moteurs ; il n'y en a pas non plus entre neurones sensoriels.

27. c) Exact. Un neurone moteur conduit un message vers des effecteurs (muscles…). Les effecteurs répondent en fonction des caractéristiques du

message codé en fréquence (variable) de potentiels d'action d'amplitude invariable.
a) Faux. Il conduit le message nerveux vers les muscles effecteurs.
b) Faux. L'amplitude des potentiels d'action est invariable.
d) Faux. La fréquence est variable, au contraire de l'amplitude.

28. d) Exact. Les aires évoluent tout au long de la vie et d'un individu à l'autre en fonction de l'apprentissage, de l'environnement. Elles ne peuvent donc pas être uniquement innées.

29. b) Exact.
a) Faux. Leur corps cellulaire est situé dans un ganglion de la racine dorsale d'un nerf rachidien.
c) Faux. S'il y avait des boutons synaptiques, cela signifierait que des terminaisons axoniques d'autres neurones établissent des contacts synaptiques avec ces neurones ; or ce n'est pas le cas, car ce sont des neurones afférents dont l'activité dépend uniquement du stimulus (étirement du muscle et donc du fuseau neuromusculaire.
d) Faux. Seul le prolongement central (vers la moelle) établit des contacts synaptiques avec un motoneurone, donc sécrète un neurotransmetteur.

30. d) Exact. Les axones des neurones issus du cortex moteur droit subissent un croisement au niveau du bulbe rachidien et établissent ainsi un contact synaptique avec des motoneurones médullaires du côté gauche.
a) Faux. Le cortex moteur est situé dans la région postérieure du cortex frontal et non dans le cortex pariétal.
b) Faux. Les axones des neurones corticaux commandant la musculature des membres inférieurs descendent jusque dans la moelle lombaire, ce qui représente beaucoup plus de 10 cm.
c) Faux. Les axones des neurones corticaux établissent des synapses avec les motoneurones médullaires et ne vont pas jusqu'aux muscles.

QCM n° 2 • FESIC 2013
Génétique et évolution

Méiose dans une cellule d'anthère de lys

La méiose est une division particulière qui permet la production de quatre cellules haploïdes à partir d'une cellule-mère. Elle participe, avec la fécondation, au maintien du caryotype de l'espèce.

DOCUMENT — Photographies de la méiose dans une cellule d'anthère de lys

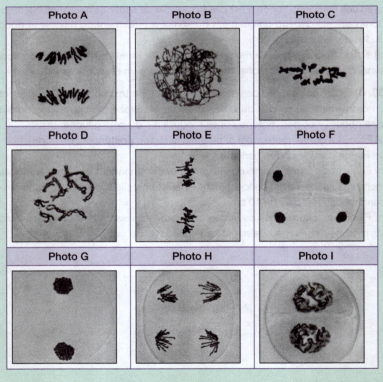

D'après *Looking at chromosomes*, McLeish et Snoad, 1958.

Génétique et évolution CORRIGÉ 40

▶ **Répondez par vrai ou faux.**

a) On peut ordonner les photos selon la suite : B, D, C, A, G, I, E, H, F.
b) La photo A correspond à l'anaphase de première division, c'est-à-dire à la séparation des chromosomes homologues à deux chromatides.
c) La photo D est une prophase de première division durant laquelle il peut se produire des chiasmas à l'origine du brassage intrachromosomique.
d) La photo I est une prophase de deuxième division qui fait immédiatement suite à la photo G, télophase de première division. Seule la première division de méiose est précédée de la réplication de l'ADN selon un mode semi-conservatif.

CORRIGÉ 40

a) Vrai :

• Le cliché B correspond à un début de prophase : il n'y a qu'une seule cellule, les chromosomes sont visibles mais non différenciés.

• Le cliché D est la fin de prophase : il n'y a qu'une seule cellule, les chromosomes homologues sont appariés (les chiasmas sont visibles).

• Le cliché C correspond à une métaphase I : une seule cellule est visible, les chromosomes appariés sont disposés à l'équateur de la cellule.

• Le cliché A est une anaphase I : il n'y a qu'une seule cellule et il y a un lot de chromosomes à chaque pôle de la cellule.

• Le cliché G est une télophase I : il y a 2 noyaux (les chromosomes ne sont pas visibles), donc deux cellules.

• Le cliché I montre deux cellules en prophase de deuxième division (prophase II).

• Le cliché E montre deux cellules en métaphase II.

• Sur le cliché H, on voit quatre groupes de chromosomes à une chromatide, il s'agit donc d'une anaphase de deuxième division (fin d'anaphase II).

• Le cliché F correspond à la télophase II : c'est la fin de la méiose, on distingue 4 cellules avec des noyaux dont les chromosomes ne sont pas visibles.

b) Vrai. Voir la réponse à la question **a)** : l'anaphase I correspond à la séparation des chromosomes homologues.

c) Vrai.

d) Vrai.

Les couleurs du pelage des chats « tortie »

Le pelage des chats possède deux types de pigments : l'eumélanine, qui donne une couleur noire, et la phéomélanine, qui donne une couleur rousse. Les chats « tortie » ont un pelage noir et roux. Ils expriment ces deux pigments.
Ces deux pigments sont codés par deux allèles d'un gène porté par le chromosome X. Lorsque l'on croise une femelle « tortie » avec un mâle noir, on obtient 25 % de femelles noires, 25 % de femelles « tortie », 25 % de mâles noirs, et 25 % de mâles roux.
Dans de rares cas, on observe un mâle « tortie » dans la descendance.

▶ **Répondez par vrai ou faux.**

a) Les allèles codant pour l'eumélanine et la phéomélanine sont codominants.
b) Le croisement permet de mettre en évidence un brassage interchromosomique.
c) En absence d'anomalies, seules les femelles peuvent être « tortie ».
d) Le chat mâle « tortie » est issu de la fécondation d'un gamète anormal présentant un X surnuméraire par un gamète normal.

CORRIGÉ 41

a) Vrai. Les chats femelles « tortie » ayant un pelage noir et roux synthétisent les deux pigments. Elles sont donc hétérozygotes et ont pour génotype XnXr. Puisque l'expression des deux allèles n et r du gène se traduit dans le phénotype de ces femelles, on peut dire que ces deux allèles sont codominants.
À vrai dire, il faudrait nuancer cette conclusion. Dans une cellule de la peau d'une chatte hétérozygote, un seul allèle du gène s'exprime : soit l'allèle n, soit l'allèle r. On ne peut donc pas, rigoureusement, parler de codominance. Mais comme l'allèle qui s'exprime varie d'une cellule à l'autre, le pelage montre des zones noires et des zones rousses.

b) Faux. La femelle « tortie » a pour génotype XnXr. À la suite de la séparation des chromosomes homologues, et donc des deux chromosomes X à la méiose, elle produit 50 % d'ovules Xn et 50 % d'ovules Xr. Le mâle noir a pour génotype XnY. Il produit 50 % de spermatozoïdes possédant le chromosome Xn et 50 % de spermatozoïdes porteurs du chromosome Y, mais dépourvus d'allèles du gène en jeu. La rencontre au hasard des gamètes à la fécondation rend compte des phénotypes de la descendance et de leurs proportions. Les résultats du croisement ne suggèrent nullement d'envisager un brassage interchromosomique. D'ailleurs, ce dernier implique que l'on considère les allèles de deux gènes situés sur deux chromosomes différents.

c) Vrai. Pour avoir le phénotype « tortie », un chat doit posséder deux chromosomes X, l'un portant l'allèle n, l'autre l'allèle r. Ce ne peut être le cas d'un mâle qui ne possède qu'un seul chromosome X, et le chromosome Y ne possède pas d'allèle du gène.

d) Vrai. Supposons une anomalie au cours de la première division de la méiose chez un ovocyte de la femelle « tortie », anomalie caractérisée par la non-séparation des deux chromosomes X, à l'anaphase, qui migrent vers le même pôle. Cette méiose conduira à des ovules possédant deux chromosomes X, l'un portant l'allèle n, l'autre l'allèle r. Supposons que ce type d'ovule soit fécondé par un spermatozoïde portant le chromosome Y. Le zygote aura le génotype XnXrY. Du fait des deux allèles n et r, il donnera un chat « tortie » et, du fait du chromosome Y, ce sera un mâle.

SUJET 42

QCM n° 4 • FESIC 2016
Génétique et évolution

Le déterminisme du sexe chez les oiseaux

Le caryotype est caractéristique d'une espèce.
Le caryotype du poulet comporte 78 chromosomes ($2n = 78$) répartis en 9 paires de macrochromosomes (dont les gonosomes ZZ ou ZW), comparables en taille à des chromosomes de mammifères, et en 30 paires de microchromosomes quasiment indiscernables les uns des autres.

DOCUMENT

Caryotype de la poule	Caryotype du coq

Des aviculteurs qui désiraient connaître au plus tôt le sexe des poussins qui ne présentent pas d'organes sexuels externes, se sont aperçus que le plus simple était de croiser un coq noir avec une poule barrée (plumage noir strié de blanc). Quels que soient les individus possédant ces phénotypes, ils obtenaient des coqs barrés et des poules noires. Mais le croisement d'un coq barré avec une poule noire ne produisait que des individus à plumage barré, quel que soit leur sexe.

Répondez par vrai ou faux.

a) Les chromosomes sexuels constituent la 2e paire de chromosomes.
b) Les poules sont hétérogamiques et possèdent des chromosomes sexuels W et Z.
c) Si on s'intéresse aux chromosomes sexuels, le coq ne produit qu'une seule catégorie de gamètes, contrairement à l'homme.
d) Le gène responsable du caractère plumage noir uni/plumage noir strié est porté par le chromosome Z.

CORRIGÉ 42

a) Faux. Chez le coq comme chez la poule, les deux chromosomes de la deuxième paire sont identiques morphologiquement. Cela exclut que ces chromosomes soient des chromosomes sexuels. En revanche, on voit que les deux chromosomes de la cinquième paire chez la poule sont de taille nettement différente alors qu'ils sont identiques chez le coq (et identiques au plus grand chromosome 5 de la poule). Cela indique que les deux chromosomes de la cinquième paire sont les chromosomes sexuels.

b) Vrai. Les poules possèdent deux chromosomes sexuels différents dénommés W et Z. Elles produisent donc deux types d'ovules en ce qui concerne les chromosomes sexuels, les uns porteurs du chromosome Z, les autres du chromosome W. Cela justifie l'utilisation du terme « hétérogamétique ».

c) Vrai. Le coq possède deux chromosomes sexuels identiques et ne produit donc qu'une seule catégorie de gamètes en ce qui concerne les chromosomes sexuels, alors que l'homme en produit deux types, les uns porteurs du chromosome X, les autres du chromosome Y.

d) Vrai. Le résultat du croisement dépend du sens du croisement, et le premier croisement montre que le phénotype de la descendance est lié au sexe. C'est un cas d'hérédité liée au sexe, ce qui signifie que le gène en cause est porté par un des chromosomes sexuels.

Le deuxième croisement indique que l'allèle « barré » du gène en cause est dominant, et l'allèle noir récessif, et que le coq transmet l'allèle « barré » aussi bien à ses descendants femelles que mâles. En revanche, le premier croisement montre que la poule de phénotype « barré » ne transmet l'allèle « barré » qu'à ses descendants mâles. On peut en conclure que le gène responsable de la couleur du pelage est situé sur le chromosome sexuel Z et absent du chromosome sexuel W. Une poule noire a le génotype Zn//W et un coq noir le génotype Zn//Zn.

SUJET 43

QCM n° 5 • FESIC 2016
La vie fixée des plantes

Biologie du lichen

Longtemps considérés comme des végétaux, les lichens sont des organismes pionniers qu'on trouve sur de nombreux supports comme les troncs d'arbre, les murs et les rochers.

Une coupe de lichen fait apparaître deux types de structures : des éléments sphériques et verts contenus dans une matrice filamenteuse beige. Ces éléments peuvent être cultivés séparément.

Afin de déterminer les relations entre ces éléments, on place un lichen dans une enceinte contenant du CO_2 radioactif. On suit alors l'évolution de la quantité de CO_2 fixé sous forme de molécule organique complexe (comme du glucose) dans les différentes couches du lichen.

DOCUMENT — **Évolution de la quantité de CO_2 fixé dans les tissus du lichen en fonction du temps**

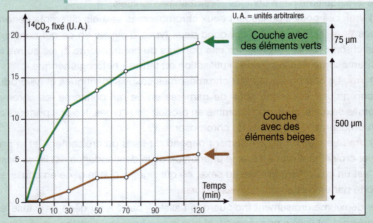

La même expérience effectuée sur les éléments verts montre la production de matière organique radioactive dans ces éléments. Celle effectuée sur les éléments beiges ne montre aucune production de matière organique radioactive.

La vie fixée des plantes CORRIGÉ 43

▸ Répondez par vrai ou faux.

a) Les éléments sphériques verts sont des organismes photosynthétiques.
b) Les éléments beiges sont autotrophes.
c) La présence de CO_2 fixé dans les éléments beiges au bout de 10 min est due à un transfert de matière organique des éléments verts vers les éléments beiges.
d) Le lichen est probablement une plante à fleur.

CORRIGÉ 43

a) Vrai. Les éléments verts doivent leur couleur à la présence de pigments chlorophylliens, pigments indispensables à la photosynthèse. En outre, le texte du document indique qu'ils utilisent du CO_2 pour synthétiser des matières organiques, ce qui est une caractéristique fondamentale de la photosynthèse.
b) Faux. Les éléments beiges sont dépourvus de chlorophylle et donc incapables de faire la photosynthèse. Ils ne sont pas autotrophes mais hétérotrophes.
c) Vrai. Les éléments beiges, non photosynthétiques, sont incapables de synthétiser des matières organiques à partir du CO_2 radioactif. Pourtant, à partir de 10 minutes d'exposition à une atmosphère contenant du CO_2 radioactif, ces éléments contiennent des molécules organiques radioactives. Elles ne peuvent provenir que des éléments verts photosynthétiques. D'ailleurs, les matières organiques radioactives apparaissent immédiatement dans les éléments verts lors de l'exposition à l'atmosphère contenant du CO_2 radioactif et avec un délai de 10 minutes dans les éléments beiges.
d) Faux. Les données fournies n'ont rien à voir avec la reproduction du lichen et ne fournissent aucun argument pour émettre l'idée que c'est une plante à fleur. Bien entendu, ce n'est pas une plante à fleur ; le texte d'introduction suggère d'ailleurs que le lichen n'est plus considéré comme un végétal.

SUJET 44

QCM n° 6 • FESIC 2017
La vie fixée des plantes

Structure d'une fleur de lys

On étudie la structure d'une fleur de lys.

DOCUMENT 1 — Photographie de fleur de lys jaune

DOCUMENT 2 — Différents diagrammes floraux

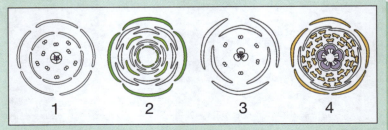

La vie fixée des plantes **CORRIGÉ 44**

▶ **Répondez par vrai ou faux.**

a) Le diagramme floral de la fleur de lys correspond au numéro 3.
b) Les étamines contiennent les gamètes mâles de la fleur.
c) Le diagramme numéro 2 correspond à une fleur stérile.
d) Il existe quatre groupes de gènes du développement qui gouvernent la mise en place de la fleur.

CORRIGÉ 44

a) Vrai. Le diagramme numéro 3 indique une fleur avec deux cycles de 3 pétales à l'extérieur, un cycle de 6 étamines non soudées et, au centre, un pistil constitué de 3 carpelles soudés. Cette structure de fleur est conforme à la photographie. En particulier les 3 stigmates visibles au centre de la fleur, qui indiquent que le pistil est constitué de 3 carpelles, et l'ovaire qui forme un tout indique que ces 3 carpelles sont soudés.

b) Vrai. Les étamines produisent et libèrent les grains de pollen, d'ailleurs visibles sur les pétales de la photographie. Chaque grain de pollen contient un futur gamète mâle.

c) Vrai. Le diagramme floral numéro 2 montre uniquement des cycles de sépales et de pétales. Sépales et pétales sont des pièces florales stériles. Cette fleur manque d'étamines et de pistil, lesquels sont respectivement les pièces mâles et les pièces femelles de la fleur.

d) Faux. Il existe non pas quatre groupes de gènes de développement mais trois. Les gènes du groupe A, qui, en s'exprimant seuls, déterminent les sépales, les gènes des groupes A et B, qui, en s'exprimant dans le même territoire, déterminent les pétales, les gènes des groupes B et C, qui, en s'exprimant dans le même territoire, déterminent les étamines et, enfin, les gènes du groupe C, qui, en s'exprimant seuls, entraînent la mise en place du pistil.

Les métagabbros

Dans une région des Alpes, on a prélevé deux roches G1 et G2 dont les lames minces figurent dans le document 1.

▶ **Répondez par vrai ou faux.**

a) Le gabbro G1 est un métagabbro de faciès schiste bleu.
b) Le gabbro G2 est caractéristique d'une zone de subduction.
c) La roche caractéristique du domaine de stabilité D est l'éclogite.
d) Le domaine de stabilité A correspond à un métamorphisme par hydratation.

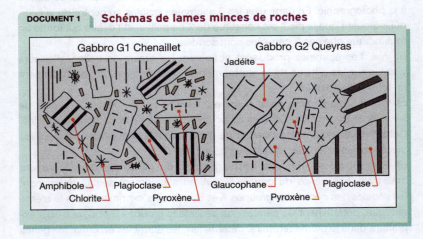

DOCUMENT 1 — Schémas de lames minces de roches

Le domaine continental et sa dynamique CORRIGÉ 45

DOCUMENT 2 — **Domaine de stabilité de certaines associations de minéraux**

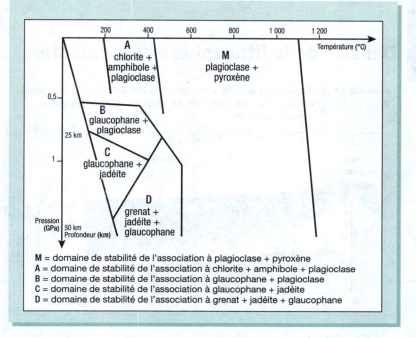

M = domaine de stabilité de l'association à plagioclase + pyroxène
A = domaine de stabilité de l'association à chlorite + amphibole + plagioclase
B = domaine de stabilité de l'association à glaucophane + plagioclase
C = domaine de stabilité de l'association à glaucophane + jadéite
D = domaine de stabilité de l'association à grenat + jadéite + glaucophane

CORRIGÉ 45

a) Faux : un minéral caractéristique du faciès schiste bleu est le glaucophane. Le gabbro G1 ne possède pas ce minéral et n'appartient donc pas à ce faciès.

b) Vrai : la présence de jadéite et de glaucophane dans le gabbro 2 indique qu'il est passé par le domaine de stabilité C, qui correspond à des profondeurs supérieures à 25 km. La croûte océanique ne faisant que quelques kilomètres, la présence d'un gabbro à 25 km et plus de profondeur indique qu'il y a été entraîné par une subduction.

c) Vrai : l'éclogite est une roche caractérisée par l'association grenat-jadéite avec souvent du glaucophane en plus. Ce sont les minéraux caractéristiques du domaine de stabilité D.

d) Vrai : amphibole et chlorite sont des minéraux hydroxylés.

SUJET 46

QCM n° 8 • FESIC 2017
La convergence lithosphérique

Densité de la lithosphère et subduction

DOCUMENT 1 — Évolution de l'épaisseur de la lithosphère océanique en fonction de son âge et densité des différentes enveloppes

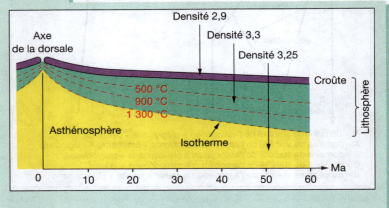

DOCUMENT 2 — Évolution de la densité de la lithosphère en fonction de son âge

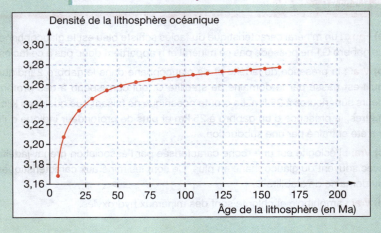

La convergence lithosphérique **CORRIGÉ 46**

▶ **Répondez par vrai ou faux.**

a) D'après les documents, la subduction peut s'installer à partir de 40 millions d'années environ.
b) La lithosphère océanique s'épaissit aux dépens de l'asthénosphère lors de son refroidissement.
c) La densité de la lithosphère océanique est inférieure à la densité de la lithosphère continentale.
d) Le phénomène de subduction ne peut se rencontrer que dans le domaine océanique.

CORRIGÉ 46

a) Vrai. Le document 1 indique que la densité de l'asthénosphère est 3,25. La lithosphère océanique peut subducter lorsque sa densité est supérieure à celle de l'asthénosphère, donc supérieure à 3,25. Le document 2 indique que cela est réalisé lorsque la lithosphère océanique atteint 40 millions d'années environ.

b) Vrai. La lithosphère océanique est formée de la croûte et du manteau lithosphérique. La croûte formée à l'axe de la dorsale garde la même épaisseur lorsque la lithosphère océanique s'éloigne de l'axe de la dorsale. En revanche, l'épaisseur du manteau lithosphérique augmente. En effet, en se refroidissant, une partie du manteau asthénosphérique devient du manteau lithosphérique.

c) Faux. Du fait d'une croûte plus épaisse et moins dense, la lithosphère continentale a toujours une densité inférieure à celle de la lithosphère océanique.

d) Faux. Le phénomène de subduction peut avoir lieu non seulement lorsqu'une lithosphère océanique subducte sous une lithosphère continentale mais aussi lors de la collision entre deux lithosphères continentales. Dans ce cas, une lithosphère continentale, du moins son manteau, subducte sous l'autre lithosphère continentale.

SUJET 47

QCM n° 9 • FESIC 2017
Quelques aspects de la réaction immunitaire

Le phénotype immunitaire et son évolution

DOCUMENT 1 — Représentation schématique de deux variants du virus de la grippe

a. Variant 1 du virus de la grippe

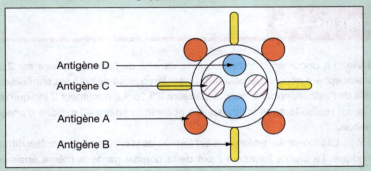

b. Variant 2 du virus de la grippe
(ce variant présente certains antigènes différents du variant 1)

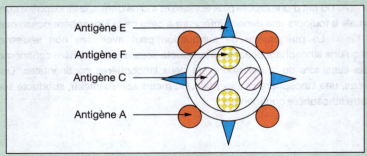

Quelques aspects de la réaction immunitaire SUJET 47

DOCUMENT 2 — **Étude du taux d'anticorps chez un individu mis en contact avec le virus de la grippe à deux reprises ; la première fois à l'âge de 2 ans puis à l'âge de 5 ans**

En abscisse sont indiqués les différents antigènes contre lesquels sont dirigés les anticorps.

a. Taux d'anticorps produits par l'individu à l'âge de 2 ans

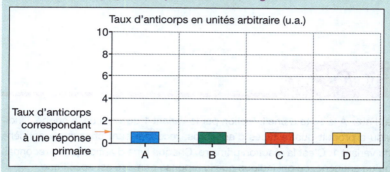

b. Taux d'anticorps produits par l'individu à l'âge de 5 ans

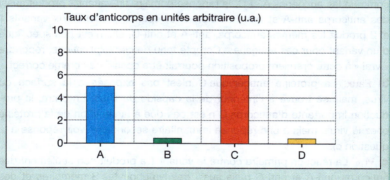

▶ **Répondez par vrai ou faux.**

a) Le document 2 montre que la réponse primaire à un virus n'est pas spécifique.
b) Quand l'individu est âgé de 5 ans, la production d'anticorps anti-C est plus importante, car il s'agit d'une protéine exposée à la surface du virus.

Quelques aspects de la réaction immunitaire CORRIGÉ 47

c) Chez l'individu infecté pour la deuxième fois par un variant du virus de la grippe, la production d'anticorps anti-A et anti-C traduit une réponse secondaire qui fait intervenir des cellules mémoires LT et LB.

d) Cette réponse à une deuxième infection par un virus grippal montre l'importance du choix de la souche virale utilisée pour le vaccin contre la grippe saisonnière.

CORRIGÉ 47

a) Faux. À la suite d'une infection par le variant 1 du virus de la grippe, l'individu a produit quatre types d'anticorps, reconnaissant chacun un antigène du variant 1. C'est la réaction primaire. Chaque type d'anticorps ne reconnaît qu'un antigène, ce qui indique que la réponse primaire est spécifique.
Toutefois, si l'on considère globalement les variants 1 et 2, qui possèdent en commun les antigènes A et C, la réponse primaire au variant 2 produit aussi des anticorps anti-A et anti-C. Puisque la réponse primaire aux variants 1 et 2 produit les mêmes anticorps, anti-A et anti-C, elle n'est pas spécifique d'un variant pour ces antigènes. Compte tenu de ces explications, répondre « vrai » à cette première proposition pourrait être considéré comme correct.

b) Faux. La protéine antigénique C n'est pas exposée à la surface du virus, mais se trouve à l'intérieur de la capside du virus. En outre, la production importante d'anticorps C n'est pas due à la situation de la protéine chez le virus, mais à une réponse immunitaire secondaire (voir réponse à la question c).

c) Vrai. La réaction primaire contre le variant 1 a produit non seulement des anticorps anti-A et anti-C mais aussi des lymphocytes B mémoires et des lymphocytes T4 mémoires spécifiques des antigènes A et C. Ce sont ces cellules mémoires qui, au cours de l'infection par le variant 2, sont à l'origine d'une réaction immunitaire secondaire se traduisant par une production importante des anticorps anti-A et anti-C.

d) Vrai. La souche vaccinale doit, si possible, posséder les mêmes antigènes que ceux du virus qui risque d'infecter l'individu vacciné. Ainsi, cet individu aura non seulement des anticorps spécifiques des antigènes du variant infectieux, mais aussi des lymphocytes mémoires spécifiques, permettant une réponse secondaire rapide et importante. Il bénéficiera d'une protection efficace.

SUJET 48

QCM n° 10 • FESIC 2016
La communication nerveuse

Effet du curare sur le système nerveux

On étudie l'effet du curare sur le système nerveux.

DOCUMENT 1   Schéma simplifié d'une synapse

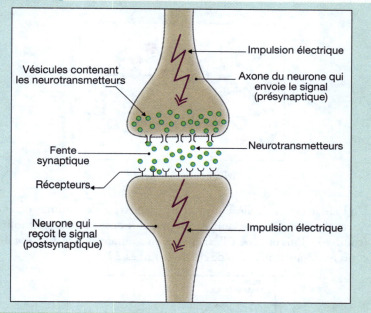

DOCUMENT 2   Expérience d'injection de curare

Les Indiens d'Amazonie utilisent le curare pour chasser leurs proies en les paralysant avec des fléchettes projetées à l'aide de sarbacanes. Pour l'Homme, le curare est un poison qui provoque la mort par paralysie des muscles respiratoires.

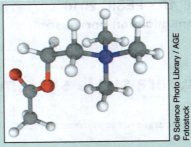

Molécule d'acétylcholine

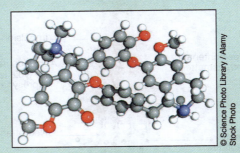

Molécule de curare

Un muscle isolé est relié à un système permettant de mesurer son état de contraction. On introduit au temps t_0 une dose test d'acétylcholine (courbe 1). Puis on répète l'expérience en ajoutant à cette dose test des concentrations croissantes de curare (courbes 2 à 4).

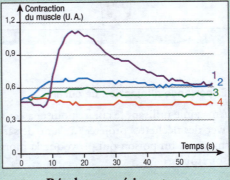

Résultats expérimentaux

La communication nerveuse — CORRIGÉ 48

▶ **Répondez par vrai ou faux.**

a) L'acétylcholine est le neurotransmetteur qui intervient au niveau d'une synapse neuromusculaire.
b) Un neurotransmetteur permet parfois l'apparition d'une hyperpolarisation au niveau du neurone postsynaptique.
c) L'intensité de l'effet du curare varie en fonction de sa concentration lors des injections.
d) Le curare détruit l'acétylcholine, ce qui explique l'absence de contraction musculaire en sa présence.

CORRIGÉ 48

a) Vrai. C'est une notion que vous devez connaître.
b) Vrai. Le document ne fournit aucun indice pour porter un jugement sur cette affirmation, mais, là aussi, c'est une notion que vous devez connaître. Un neurotransmetteur qui hyperpolarise le neurone postsynaptique diminue son excitabilité, c'est-à-dire sa capacité à émettre des potentiels d'action. Une synapse où un tel neurotransmetteur est en jeu est dite inhibitrice. Dans le réflexe myotatique, c'est le cas de la synapse entre un interneurone et un motoneurone antagoniste du muscle étiré.
c) Vrai. L'effet du curare est apprécié par l'amplitude de la contraction du muscle. On constate que plus la concentration du curare est forte, plus l'amplitude de la contraction est faible.
d) Faux. Le curare ne détruit pas l'acétylcholine. Il se fixe, en raison de son analogie de structure avec l'acétylcholine, sur les mêmes récepteurs postsynaptiques de la fibre musculaire que ce neuromédiateur. Ce faisant, le curare entre en compétition avec l'acétylcholine au niveau de la synapse neuromusculaire. Mais, contrairement à l'acétylcholine, le curare ne déclenche pas la contraction musculaire ; il diminue l'effet de l'acétylcholine en occupant un plus ou moins grand nombre de récepteurs en fonction de sa concentration.

SUJET 49

QCM n° 11 • FESIC 2016
La communication nerveuse

Aspects histologiques du système nerveux

On observe la structure du document 1, dont le document 2 est une partie agrandie.

DOCUMENT 1

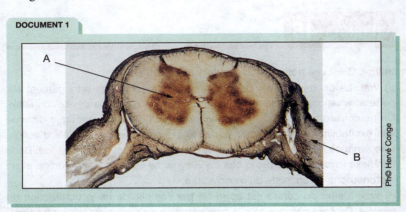

DOCUMENT 2

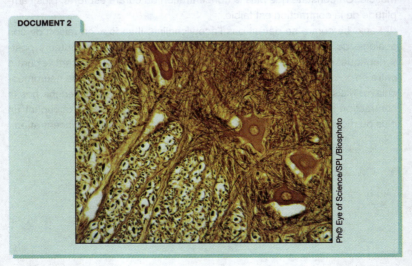

La communication nerveuse **CORRIGÉ 49**

▶ **Répondez par vrai ou faux.**

a) Le document 2 correspond au grossissement de la zone B du document 1.
b) Sur le document 2 on peut observer des corps cellulaires de neurones sensitifs.
c) L'influx nerveux véhiculé par l'intermédiaire des neurones du document 2 est efférent.
d) La structure observée sur le document 1 est un centre nerveux.

CORRIGÉ 49

a) Faux : la zone B du document 1 est un ganglion rachidien. Le document 2 est une coupe transversale dans la moelle épinière et non dans un ganglion rachidien. On y reconnaît la substance blanche à droite et la substance grise à gauche.

b) Faux : les corps cellulaires des neurones sensitifs (neurones en T) sont localisés dans les ganglions rachidiens et non dans la substance grise de la moelle épinière.

c) Vrai : la substance grise dans le document 2 correspond à une corne antérieure de la moelle épinière (zone A, document 1) où sont localisés les corps cellulaires des motoneurones. Les messages émis par ces motoneurones se propagent jusqu'aux muscles et sont donc bien efférents.

d) Vrai : la moelle épinière est un centre nerveux où s'effectuent les connexions entre neurones sensitifs et neurones moteurs (traitement de l'information).

IV. Préparer l'épreuve pratique

SUJET 50

Sujet zéro
ÉVALUATION DES CAPACITÉS EXPÉRIMENTALES • 4 points

Utilisation du glucose et respiration des levures

Il est impossible, dans un Annabac, d'évaluer la qualité des manipulations réalisées, mais le corrigé vous indique cependant les comportements qui, au cours de celles-ci, seront pris en compte dans la notation.

Dans ce sujet, la première partie : « Comprendre ou proposer une démarche de résolution » consiste à imaginer le principe d'un protocole expérimental, permettant de résoudre le problème posé, à partir du matériel qui vous est proposé et de sa description. La réponse doit être rédigée dans les dix premières minutes de l'épreuve sur une fiche réponse fournie et ramassée par l'examinateur. Ce dernier vous remet alors le protocole imposé de la manipulation à réaliser.

Dans d'autres sujets, on ne vous demandera pas de concevoir un protocole expérimental car celui-ci vous sera fourni d'emblée et une ou deux questions posées à son propos, incluant souvent l'exploitation d'une fiche document, vous permettront de montrer que vous avez saisi l'intérêt de la démarche proposée.

Les levures sont des organismes unicellulaires hétérotrophes régénérant leur ATP par un métabolisme respiratoire ou fermentaire.
On cherche à déterminer si les levures étudiées utilisent le glucose par voie respiratoire.

Matériel :
– une chaîne d'acquisition ExAO comportant une sonde à dioxygène, avec dispositif d'agitation ;
– un logiciel d'acquisition des données ;
– la fiche technique du logiciel utilisé ;
– une solution de glucose à $10 \text{ g} \cdot \text{L}^{-1}$;
– une suspension de levures ($10 \text{ g} \cdot \text{L}^{-1}$) préparée avec de l'eau du robinet, aérée par un aérateur d'aquarium durant 24 à 48 h (levures « affamées » qui ont perdu la quasi-totalité de leurs réserves glucidiques) ;
– une seringue de 1 mL, une pipette et une propipette ;
– du papier absorbant ;
– une fiche document indiquant les bilans métaboliques à partir du glucose.

ACTIVITÉS ET DÉROULEMENT DES ACTIVITÉS

▶ **1.** Proposer, en utilisant le matériel mis à disposition et la fiche document, un principe de protocole permettant de tester l'hypothèse selon laquelle le glucose est utilisé par voie respiratoire.
Durée conseillée : environ 10 minutes.

Appeler l'examinateur pour échanger votre fiche réponse contre le protocole de la manipulation.

▶ **2. a)** Paramétrer les mesures puis réaliser le montage en suivant les consignes de la fiche protocole.
Appeler l'examinateur pour vérification.
b) Acquérir les données pertinentes pour la résolution du problème selon le protocole proposé dans la fiche-protocole.
Lire la question suivante avant l'enregistrement dans le répertoire. Un résultat de secours vous sera fourni en cas de besoin.
Appeler l'examinateur pour vérification, enregistrer.

▶ **3.** Annoter le graphique (ou le document de secours) de manière la plus complète possible.

> Vous pouvez choisir de porter ces informations directement à l'aide du logiciel d'acquisition.

▶ **4.** Exploiter les résultats pour déterminer si les levures utilisent le glucose par voie respiratoire.

FICHE DOCUMENT

Bilans métaboliques à partir du glucose

Métabolisme respiratoire

$$C_6H_{12}O_6 + 6\ O_2 + 6\ H_2O \rightarrow 6\ CO_2 + 12\ H_2O$$
(glucose)

Métabolisme fermentaire

$$C_6H_{12}O_6 \rightarrow 2\ CH_3CH_2OH + 2\ CO_2$$
(glucose)   (éthanol)

PROTOCOLE

Organiser le poste de travail de façon à manipuler proprement et en accord avec les consignes de sécurité.

Paramétrage des mesures et réalisation du montage

On réalisera les étapes 2 et 3 dans l'ordre qui convient en fonction du matériel.

1. Paramétrer la mesure : durée = 10 min, O_2.
2. Remplir l'enceinte avec la quantité de suspension de levures nécessaire (préalablement agitée) en utilisant une pipette.
3. Installer dans l'enceinte la sonde à dioxygène, vérifier l'absence de bulles d'air et éponger les débordements éventuels.
4. Fermer si nécessaire les autres orifices.
5. Lancer l'agitation à vitesse modérée.
6. Préparer une seringue avec la solution de glucose à $10 \text{ g} \cdot \text{L}^{-1}$.
7. Prévoir l'insertion d'un repère légendé sur le graphique précisant le moment de l'injection.

Appeler l'examinateur pour vérification.

Protocole d'acquisition des mesures

- Lancer la mesure.
- À $t = 1$ min 30, ajouter dans le réacteur 0,2 mL de de la solution de glucose et insérer un repère légendé sur le graphique.
- Poursuivre l'enregistrement durant le temps restant.
- Présenter les résultats de façon optimale en jouant sur les fonctionnalités du logiciel.

Appeler l'examinateur pour vérification.

En cas d'échec de l'obtention d'une courbe valable à cause d'une mauvaise manipulation ou d'une incapacité à utiliser le logiciel (mauvais paramétrage par exemple), un résultat de secours vous sera fourni (document 1).
Vous devrez le rendre complété en fin d'épreuve (document 2).

Évaluation des capacités expérimentales **CORRIGÉ 50**

DOCUMENT 1 — Résultat de secours

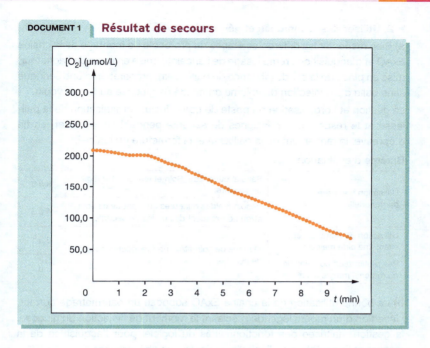

CORRIGÉ 50

▶ 1. Comprendre ou proposer une démarche de résolution

On place une suspension de levures « affamées » dans l'enceinte d'une chaîne ExAO ; ces levures n'ont aucune substance énergétique à leur disposition. Si on leur fournit du glucose et qu'elles sont capables de l'utiliser par voie respiratoire, la concentration de dioxygène dans l'enceinte doit diminuer.

Grâce à la sonde oxymétrique, on suit l'évolution de la concentration en dioxygène de la suspension de levures avant et après une injection de glucose.

La mesure avant l'injection de glucose est utilisée comme témoin.

Barème d'évaluation

Bien compris. Propositions pertinentes mêmes si maladroites.	3
Globalement compris mais propositions peu pertinentes ou trop incomplètes.	2
Mal compris. Proposition(s) très incomplète(s).	1
Pas compris. Pas de proposition.	0

Évaluation des capacités expérimentales **CORRIGÉ 50**

▶ **2. Utiliser des techniques et gérer le poste de travail**

a) Bien respecter les différentes étapes du protocole de montage de la chaîne ExAO et d'acquisition : remplissage de l'enceinte, mise en route de l'agitateur, mise en place de la sonde (absence de bulle d'air), préparation d'une seringue sans bulle d'air, injection du volume demandé de glucose au temps voulu.

La gestion et l'organisation du poste de travail inclut l'organisation de la paillasse et le respect des consignes de sécurité pendant l'épreuve et, en fin d'épreuve, le rangement de la paillasse et la fermeture du logiciel.

Barème d'évaluation

Utilisation maîtrisée du matériel.	Sans aucune aide. Soin et respect des règles de sécurité.	6 à 5
	Besoin d'aides mineures ou manque de soin et/ou non-respect des règles de sécurité.	4 à 3
Utilisation du matériel nécessitant une aide majeure.	Manque de soin et/ou non-respect des règles de sécurité.	2 à 1
Pas d'utilisation convenable du matériel malgré les aides.		0

b) La bonne utilisation de la chaîne ExAO suppose un paramétrage correct, l'insertion d'un repère légendé précisant le moment de l'injection du glucose, la gestion maîtrisée des fonctionnalités du logiciel pour l'acquisition de la mesure et l'adaptation de l'échelle des axes aux phénomènes.

Barème d'évaluation

Utilisation maîtrisée du matériel.	Sans aucune aide. Soin et respect des règles de sécurité.	5
	Besoin d'aides mineures ou manque de soin et/ou non-respect des règles de sécurité.	4 à 3
Utilisation du matériel nécessitant une aide majeure.	Manque de soin et/ou non-respect des règles de sécurité.	2 à 1
Pas d'utilisation convenable du matériel malgré les aides.		0

▶ **3. Communiquer à l'aide de modes de représentation**

La communication des informations et des résultats à l'aide d'un graphique implique :

– l'insertion du titre du graphique et de la légende (injection du glucose) ;

– la délimitation et l'annotation (à la main ou à l'aide du logiciel) des différentes parties du graphique (consommation significative ou non de dioxygène après injection de glucose).

DOCUMENT 2 — Mode de représentation des informations

Variation de la concentration en dioxygène au cours du temps

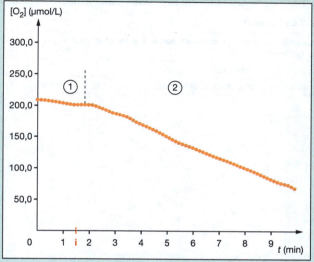

① = Consommation pratiquement nulle de dioxygène par les levures (respiration très faible)
② = Consommation nettement plus importante de dioxygène par les levures à la suite de l'injection de glucose (respiration plus importante)
i = Moment d'injection du glucose

Barème d'évaluation

Présence de l'essentiel de l'information. Exactitude et pertinence.	Présence du vocabulaire attendu. Mise en valeur de l'information et respect des codes de représentation.	4
	Au moins une partie du vocabulaire attendu ou faible mise en valeur de l'information ou non-respect des codes de représentation.	3
Traduction partielle de l'information.	Au moins une partie du vocabulaire attendu. Mise en valeur de l'information et respect des codes de représentation.	2 à 1
Mauvaise traduction de l'information.	Peu de vocabulaire ou faible mise en valeur de l'information ou non-respect des codes de représentation.	0

Évaluation des capacités expérimentales CORRIGÉ 50

▶ 4. Appliquer une démarche explicative

La concentration en dioxygène diminue plus rapidement après injection de glucose, donc les levures utilisent le glucose comme métabolite respiratoire.

Barème d'évaluation

Prise en compte de (presque) toutes les données et mises en relation pertinentes et cohérentes.	2
Réponse partielle au problème.	1
Pas de conclusion ou trop maladroite et confuse.	0

V. La boîte à outils

▶ **Schémas et documents clés** 304
▶ **Le lexique** 324

Schémas et documents clés

Comment utiliser cette rubrique ?

▶ Dans les questions de synthèse de type I, vous pouvez être amené à **réaliser un schéma** : vous trouverez ici des **indications pratiques pour représenter** les figures utiles.

▶ Certains **documents** reviennent souvent dans les QCM de type I et les questions de type II : vous trouverez ici des aides pour **les reconnaître et les interpréter**.

Les schémas et documents se rapportent aux thèmes suivants

1. Le brassage génétique intrachromosomique
2. Le brassage génétique interchromosomique
3. Les anomalies chromosomiques
4. L'organisation fonctionnelle de la plante
5. La reproduction de la plante
6. Deux frontières océan-continent
7. Trois roches caractéristiques de la croûte continentale
8. Les roches constitutives d'une ophiolite
9. Les déformations tectoniques associées à un raccourcissement
10. Le flux thermique
11. Deux aspects des réactions immunitaires
12. Les anticorps
13. Deux aspects de la réaction immunitaire adaptative
14. Les réactions immunitaires innée et adaptative
15. L'arc réflexe myotatique
16. Des éléments du réflexe myotatique
17. La jonction neuromusculaire
18. La motricité nerveuse

1. Le brassage génétique intrachromosomique

a. Représenter le brassage génétique intrachromosomique *(figure)*

Représenter les chromosomes maternel et paternel chacun avec une couleur différente. Pour chaque gène, considérer deux allèles différents. Dans la figure de prophase de première division (prophase I), placer le chiasma entre les loci des deux gènes. Aboutir (en légende) aux gamètes parentaux et aux gamètes recombinés. À chaque étape, figurer les limites cellulaires.

b. Reconnaître les chromosomes homologues appariés durant la prophase I *(photo)*

Repérer les deux chromatides de chaque chromosome. Localiser les centromères et les chiasmas.

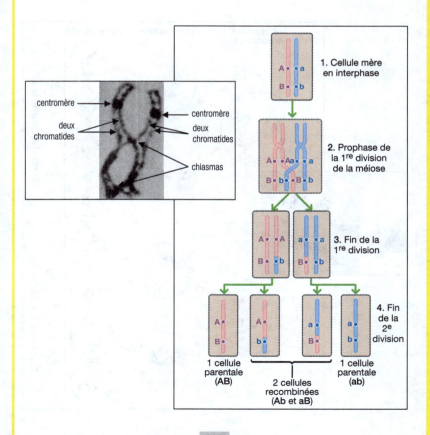

2. Le brassage génétique interchromosomique

a. Représenter le brassage génétique interchromosomique *(figure)*

Représenter deux paires de chromosomes non homologues de forme différente, en distinguant par la couleur les chromosomes d'origine paternelle et ceux d'origine maternelle. Localiser deux gènes, le premier sur l'une des paires de chromosomes, le deuxième sur l'autre paire. Pour chaque gène, considérer deux allèles différents. Schématiser les deux méioses possibles en insistant sur le « ou », qui traduit le comportement indépendant des paires de chromosomes au cours des deux méioses. Indiquer les gamètes parentaux et les gamètes recombinés.

b. Reconnaître une anaphase de première division de méiose *(photo)*

Reconnaître deux lots de chromosomes, chacun formé de deux chromatides. Si le nombre de chromosomes de l'espèce (*2n*) est précisé, noter qu'on n'en compte que *n* à chaque pôle.

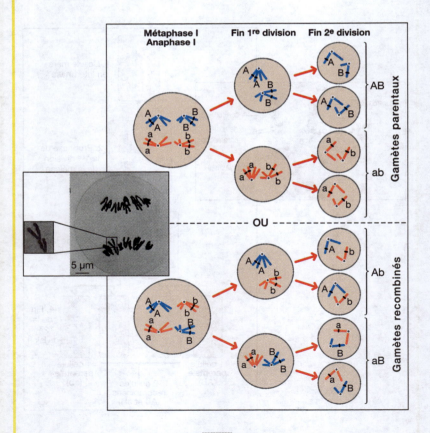

3. Les anomalies chromosomiques

Représenter des anomalies de la méiose aboutissant à des gamètes chromosomiquement anormaux

Représenter les deux possibilités : anomalie au cours de la première division de la méiose (*figure a*) ou anomalie au cours de la deuxième division de la méiose (*figure b*). Représenter une paire de chromosomes (A en bleu, par exemple) ayant un comportement normal et une paire de chromosomes (21 en rouge, par exemple) présentant un comportement anormal. Bien situer l'anomalie dans le déroulement de chaque méiose.

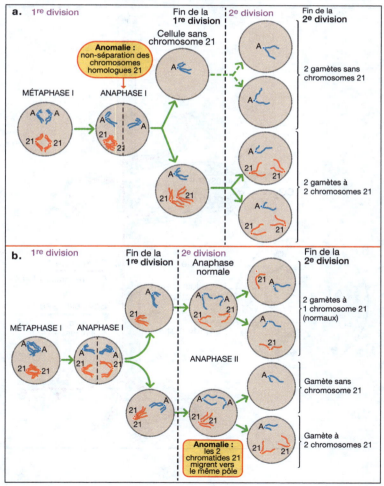

4. L'organisation fonctionnelle de la plante

a. Représenter l'organisation fonctionnelle de la plante *(figure a)*

Mettre en évidence les lieux d'absorption des ions minéraux et de l'eau (poils absorbants des racines) et du CO_2 (au niveau des feuilles), le lieu de synthèse des matières organiques (photosynthèse) dans les feuilles ainsi que la circulation de la sève brute et de la sève élaborée.

b. Représenter un stomate *(figure b)*

Représenter l'orifice (ostiole), limité par deux cellules chlorophylliennes.

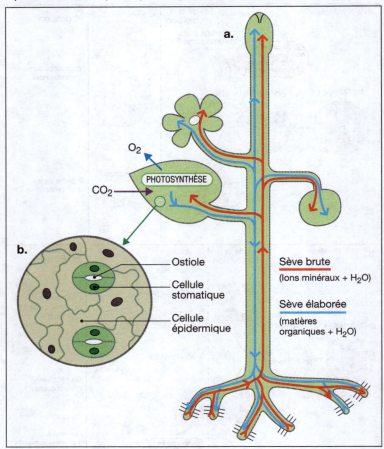

c. Reconnaître les tissus d'une feuille *(photo 1)*

Repérer les deux épidermes, leur cuticule ainsi que des stomates dans l'épiderme inférieur, et les parenchymes chlorophylliens : le tissu palissadique dans la région supérieure et le tissu lacuneux (grande surface d'échanges).

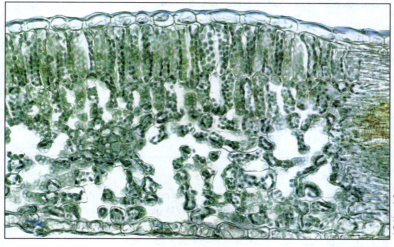

Photo 1

d. Reconnaître les tissus conducteurs d'une tige en coupe transversale *(photo 2)*

Repérer les vaisseaux conducteurs de la sève brute colorés en vert et les tubes criblés, colorés en rouge, véhiculant la sève élaborée.

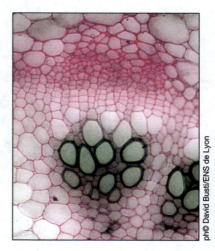

Photo 2

5. La reproduction de la plante

a. Reconnaître l'organisation de la fleur

Lire un diagramme floral en déterminant les éléments constitutifs (sépales, pétales, étamines et carpelles). En tirer la formule florale de la plante en indiquant les éléments soudés entre parenthèses.

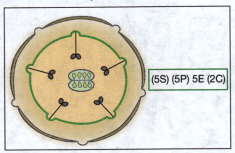

(5S) (5P) 5E (2C)

b. Représenter la fécondation

Schématiser un pistil en indiquant ses trois parties : stigmate, style et ovaire. Placer un ovule dans l'ovaire et y localiser le gamète femelle. Placer un grain de pollen sur le stigmate et dessiner le tube pollinique qui en dérive, vecteur d'un gamète mâle atteignant le gamète femelle.

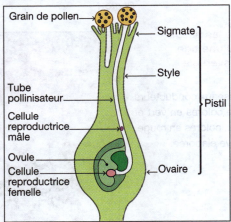

6. Deux frontières océan-continent (marges)

a. Représenter les lithosphères océanique et continentale (marge passive)

Utiliser des couleurs différentes pour les deux croûtes, le manteau lithosphérique et l'asthénosphère. Indiquer la profondeur des différentes limites.

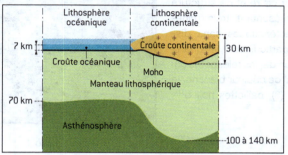

b. Représenter une marge active : subduction et magmatisme associés

Représenter la plaque plongeante et la plaque chevauchante. Dans la croûte continentale, représenter un pluton granitique et un volcan en relation avec une chambre magmatique. À l'aplomb du volcan, placer la zone de genèse du magma à la limite lithosphère-asthénosphère (vers 100 km de profondeur). Matérialiser le lien entre le métamorphisme de la croûte océanique plongeante et le magmatisme de la plaque chevauchante à l'aide de flèches symbolisant l'eau libérée gagnant la zone de genèse du magma.

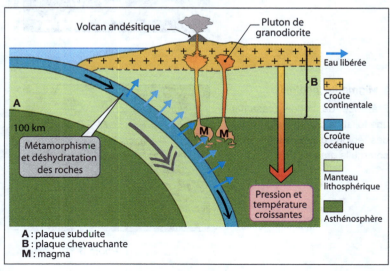

7. Trois roches caractéristiques de la croûte continentale

Reconnaître à l'œil nu granite, gneiss et migmatite

▶ **Granite** (*photo 1*)

De couleur claire et de structure grenue, présentant trois minéraux caractéristiques sans disposition particulière : le quartz (1), translucide, les feldspaths (2), en général de couleur blanche, le mica noir (3), paillettes noir brillant.

Photo 1

▶ **Gneiss** (*photo 2*)

De couleur claire et de texture foliée avec alternance de lits clairs (quartz et feldspaths) et sombres (mica noir).

Photo 2

▶ **Migmatite** (*photo 3*)

Présence de zones présentant une foliation comme le gneiss, et des régions claires sans foliation comme le granite.

Photo 3

8. Les roches constitutives d'une ophiolite

Reconnaître en lame mince basalte, gabbro et péridotite

▶ **Basalte** (*photo 1*)

Une structure microlitique, avec des cristaux de pyroxène (orange), d'olivine (bleu) et de feldspaths (blancs et noir).

Photo 1

▶ **Gabbro** (*photo 2*)

Une structure grenue et présentant les mêmes minéraux que le basalte.

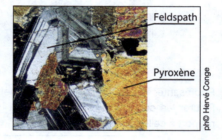

Photo 2

▶ **Péridotite** (*photo 3*) :

Une structure grenue contenant essentiellement de l'olivine de couleurs vives, quelques feldspaths et un peu de pyroxène (vert).

Photo 3

9. Les déformations tectoniques associées à un raccourcissement

a. Représenter des plis anticlinal et synclinal

Veiller à présenter les couches plissées en les faisant se correspondre d'un point à un autre, avec une épaisseur constante et en leur donnant un figuré permettant de les suivre sur l'ensemble du schéma.

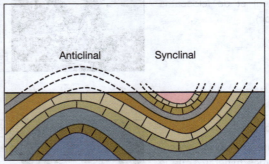

b. Représenter une faille inverse

Représenter la faille (F) par un trait incliné (par exemple de droite à gauche). Figurer les couches du compartiment à gauche de la faille surélevées par rapport à celles de droite.

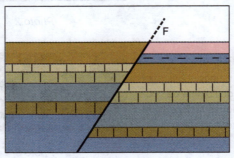

10. Le flux thermique

a. Représenter un gradient géothermique dans la lithosphère et l'asthénosphère

Placer les profondeurs en ordonnées et les températures en abscisses. Localiser la limite lithosphère-asthénosphère vers 100 km de profondeur et situer le point de coordonnées (1 300 °C ; 100 km). Tracer la courbe du géotherme de 0 à 1 300 °C puis la poursuivre jusqu'au point (1 500 °C ; 600 km).

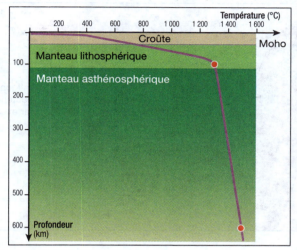

b. Représenter le flux thermique et dynamique du globe

Représenter par une ligne horizontale le flux thermique moyen à la surface du globe puis indiquer, par rapport à ce flux moyen, un flux très important à l'axe de la dorsale, plus faible au niveau de la fosse de subduction et élevé au niveau de l'arc volcanique.

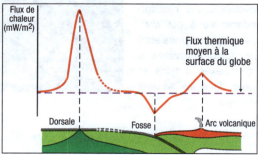

11. Deux aspects des réactions immunitaires

a. Reconnaître les acteurs d'une réaction immunitaire innée : la réaction inflammatoire

Noter la phase de reconnaissance des bactéries par des mastocytes, des macrophages et des cellules dendritiques, entraînant la sécrétion de cytokines. Repérer la diapédèse vers le site d'inflammation. Enfin, reconnaître la phase de phagocytose.

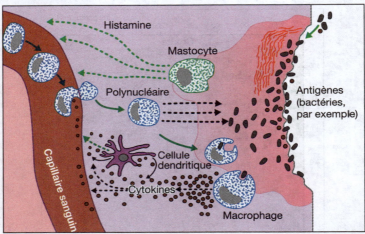

b. Reconnaître un aspect de la réaction immunitaire adaptative : le complexe immun

Repérer les traits entre le puits central contenant un antigène et les puits contenant du sérum d'individus ayant développé une réaction immunitaire adaptative à cet antigène (puits 2, 4 et 6). Ces traits sont des arcs de précipitation révélant la présence de complexes immuns, et donc d'anticorps dans les sérums des puits concernés.

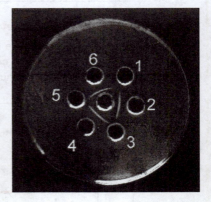

12. Les anticorps

a. Représenter un anticorps circulant (effecteur)

Traduire par des couleurs l'identité des deux chaînes lourdes et des deux chaînes légères ainsi que la partie constante et la partie variable de chaque chaîne. Matérialiser les deux sites de reconnaissance de l'antigène (site antigénique).

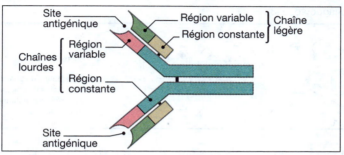

b. Représenter la spécificité des lymphocytes B par leurs anticorps membranaires

Représenter chaque anticorps membranaire de façon très simplifiée avec un seul site antigénique. Traduire le fait que chaque lymphocyte B diffère des autres lymphocytes B par un type d'anticorps membranaire propre, tous les anticorps membranaires étant identiques pour un même lymphocyte B.

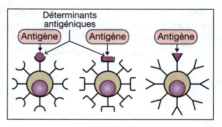

c. Représenter des anticorps circulants et la formation de complexes immuns

Représenter des anticorps identiques, avec leurs deux sites reconnaissant chacun un même antigène constituant d'un virus ou d'une bactérie, et traduire que l'ensemble forme un complexe immun grâce aux ponts créés par les anticorps.

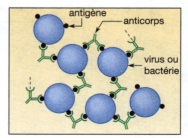

13. Deux aspects de la réaction immunitaire adaptative

a. Représenter la phagocytose par l'intermédiaire des anticorps

Représenter une cellule phagocytaire et un complexe immun (1). Schématiser l'invagination du phagocyte, consécutive à la fixation des anticorps par leur partie constante à des récepteurs du phagocyte (2). Représenter la vésicule de phagocytose (3).

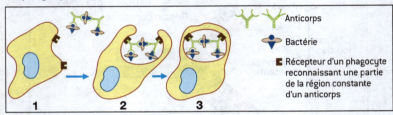

b. Représenter une manifestation de la mémoire immunitaire

Représenter les deux injections du même antigène séparées dans le temps. Différencier la réponse secondaire de la réponse primaire (délai plus court, production plus importante d'anticorps). Traduire la spécificité de la mémoire en figurant une réponse primaire à un deuxième antigène.

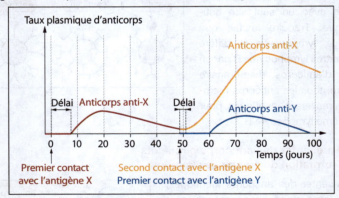

14. Les réactions immunitaires innée et adaptative

Représenter le déroulement des réactions immunitaires

Figurer la reconnaissance par les lymphocytes T4 (TCD4) et T8 (TCD8) des antigènes présentés par les CPA (cellules présentatrices d'antigènes) et la reconnaissance directe des antigènes par les lymphocytes B. Traduire que l'activation des lymphocytes T8 et des lymphocytes B se fait par l'intermédiaire des interleukines sécrétées par les lymphocytes T4 activés.

Matérialiser les phases successives de la réaction immunitaire adaptative après la reconnaissance : multiplication puis différenciation en cellules effectrices et en cellules mémoires, phase effectrice.

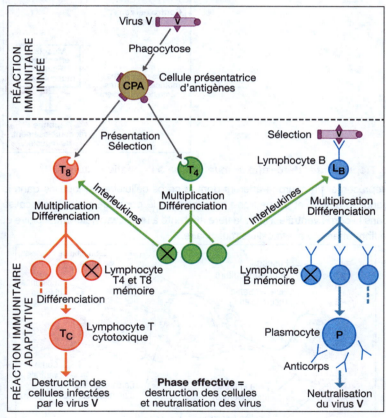

15. L'arc réflexe myotatique

a. Représenter l'organisation générale du réflexe

Bien mettre en évidence les cinq éléments du réflexe myotatique et le fait que le muscle est à la fois capteur et effecteur.

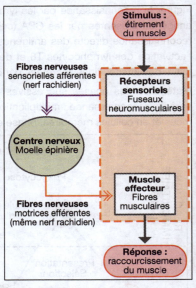

b. Représenter l'arc réflexe myotatique à l'échelle cellulaire

Représenter un neurone afférent dont le corps cellulaire est localisé dans le ganglion spinal, et un neurone efférent dont le corps cellulaire est localisé dans la corne ventrale. Relier la fibre afférente à un fuseau neuromusculaire et la fibre efférente à une cellule musculaire.

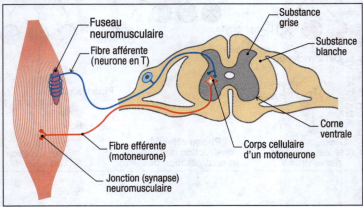

16. Des éléments du réflexe myotatique

a. Reconnaître une coupe transversale de moelle épinière

Distinguer la substance grise en forme de X, au centre, entourée de la substance blanche périphérique. Reconnaître la racine dorsale, présentant le ganglion spinal et la racine ventrale.

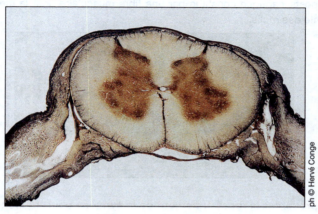

ph © Hervé Conge

b. Reconnaître un nerf en coupe transversale

Repérer les faisceaux de fibres nerveuses, chaque fibre se présentant comme un disque et certaines présentant un point noir au centre (axone) entouré d'une zone claire bordée de noir.

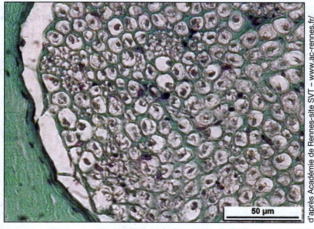

d'après Académie de Rennes-site SVT – www.ac-rennes.fr/pedagogie/SVT

17. La jonction neuromusculaire

a. Reconnaître les éléments d'une synapse neuromusculaire

Reconnaître l'élément présynaptique (extrémité de l'axone d'un motoneurone) grâce aux vésicules qu'il renferme, l'espace (fente) synaptique et l'élément postsynaptique constitué par une fibre musculaire dont la membrane présente des replis.

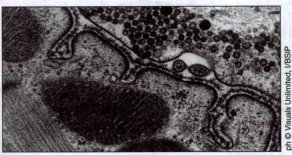

ph © Visuals Unlimited, I/BSIP

b. Représenter le fonctionnement de la synapse neuromusculaire

Représenter la synapse au repos (1) puis la synapse suite à l'arrivée d'un potentiel d'action (2). À l'arrivée du potentiel d'action (PA), bien matérialiser l'exocytose des vésicules synaptiques et la libération du neuromédiateur dans la fente synaptique, ainsi que sa fixation sur des récepteurs membranaires de la région postsynaptique.

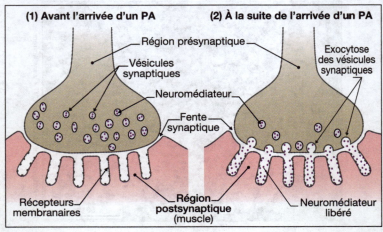

18. La motricité nerveuse

a. Représenter le trajet suivi par le message nerveux volontaire

Représenter une coupe des hémisphères cérébraux, y localiser le corps cellulaire d'un neurone du cortex moteur, et la moelle épinière en y plaçant le corps cellulaire d'un motoneurone. Après un croisement au niveau du bulbe rachidien, l'axone du neurone cortical rejoint le corps cellulaire d'un motoneurone (synapse).

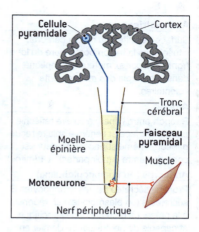

b. Reconnaître la représentation du corps au niveau du cortex moteur

Reconnaître une projection des différentes régions du corps dans le cortex moteur. Remarquer que leur importance n'est pas proportionnelle à leur masse musculaire mais à la complexité et à la précision des mouvements à réaliser.

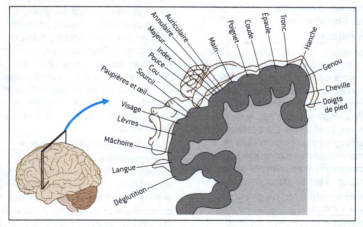

Le lexique

A B C

Aire motrice
Surface délimitée du cortex cérébral, située dans la région postérieure du lobe frontal. Le cortex moteur est impliqué dans le contrôle des mouvements volontaires.

Albédo
Rapport entre l'énergie solaire réfléchie par une surface et l'énergie solaire reçue par cette même surface. Sa valeur est comprise entre 0 (noir parfait) et 1 (miroir).

Anticorps (ou immunoglobuline)
Protéine sécrétée par les lymphocytes B sécréteurs (ou plasmocytes) en réponse à la présence d'un antigène spécifique, et capable de neutraliser ce dernier en se liant à lui pour former un complexe immun. Les anticorps sont des molécules effectrices de l'immunité acquise.

Antigène
Toute substance reconnue par le système immunitaire et qui est à l'origine de l'apparition d'anticorps ou de lymphocytes T cytotoxiques.

Arc réflexe
Ensemble fonctionnel nerveux qui relie un récepteur sensoriel à un effecteur via un centre nerveux. Le neurone afférent sensoriel relie le récepteur sensoriel au centre nerveux, et le neurone efférent moteur (motoneurone) relie le centre nerveux à l'effecteur. L'arc réflexe le plus simple (réflexe myotatique) ne comprend qu'un neurone afférent et un motoneurone et ne présente qu'une seule synapse : il est dit monosynaptique.

Arc volcanique (ou magmatique, ou encore insulaire)
Guirlande d'îles volcaniques dessinant un arc convexe vers le large ; c'est l'un des marqueurs de certaines zones de subduction.

Asthénosphère
Partie du manteau située sous la lithosphère et formant, avec la base de celle-ci, le manteau supérieur. Elle est moins rigide que la lithosphère ; dans les zones de subduction, la densité de la lithosphère est telle qu'elle peut s'enfoncer dans l'asthénosphère.

ATP
L'adénosine triphosphate ou ATP est la source principale d'énergie pour toutes les cellules animales ou végétales, chlorophylliennes ou non. Sa synthèse, qui provient de la dégradation de la matière organique, a lieu dans le cytoplasme (glycolyse) et surtout dans la mitochondrie (respiration). Dans le chloroplaste, l'ATP synthétisé au cours de la phase photochimique de la photosynthèse est utilisé durant la phase non photochimique : il n'est donc pas livré à la cellule chlorophyllienne.

Brassage interchromosomique
Il est responsable de la mise en place de nouvelles combinaisons d'allèles. Celles-ci résultent du comportement indépendant des différentes paires de chromosomes homologues lors de la séparation de ces derniers à la métaphase – anaphase de la première division de la méiose (complété par le comportement indépendant des couples de chromatides lors de la deuxième division de la méiose).

Brassage intrachromosomique
Il est responsable de la création de nouvelles associations d'allèles par échanges de fragments (crossing-over) entre les chromatides non sœurs des chromosomes homologues au cours de la prophase de la première division de la méiose.

Caractères homologues
Structures présentes chez des espèces différentes et dérivant d'une même

structure ancestrale. Les caractères homologues peuvent être morphologiques, anatomiques ou embryonnaires, mais également moléculaires (gènes homologues).

Cellule germinale
Cellule à l'origine des gamètes (elle a subi ou subira la méiose).

Cellule somatique
Cellule qui ne subira jamais la méiose ; autrement dit, cellule n'appartenant pas à la lignée germinale.

Charriage
Phénomène tectonique qui entraîne un ensemble de terrains à recouvrir d'autres formations géologiques, créant ainsi un contact anormal. Son amplitude varie de quelques kilomètres à plusieurs centaines de kilomètres.

Coévolution
Évolution conjointe de deux espèces ayant des relations. Par exemple, l'évolution d'une plante à fleurs et celle de son insecte pollinisateur.

Collision
Elle caractérise les zones de convergence où les lithosphères continentales de deux plaques différentes entrent en contact à la suite d'une subduction ; elle conduit à l'édification d'une chaîne de montagnes.

Conduction
Transfert de chaleur, sans déplacement de matière, entre deux régions d'un même milieu présentant des températures différentes, ou par contact entre deux milieux à températures différentes.

Convection
Transfert de chaleur par déplacement de matière dans le milieu, contrairement à la conduction.

CPA
Les cellules présentatrices d'antigène (macrophages, cellules dendritiques) stimulent une réponse immunitaire adaptative en présentant aux lymphocytes T des peptides issus de la phagocytose d'antigènes.

Croûte continentale
Sous une couverture sédimentaire épaisse de quelques kilomètres au maximum, elle est constituée par des roches magmatiques et métamorphiques de composition globalement granitique. Son épaisseur de 30 km en moyenne atteint de 60 à 70 km sous les chaînes de montagnes.

Croûte océanique
Sous une couverture sédimentaire épaisse de 0 à 2 km, elle est constituée par une couche (moins de 2 km) de basaltes en coussins *(pillow lavas)* surmontant des gabbros (de 4 à 5 km d'épaisseur). Basaltes et gabbros sont des roches magmatiques ayant la même composition, les unes à structure microlithique (basaltes) et les autres à structure grenue (gabbros). L'épaisseur de la croûte océanique est d'une dizaine de kilomètres.

D

Datation absolue
Elle permet, en donnant accès à l'âge des roches et des fossiles, de mesurer les durées des phénomènes géologiques. Elle permet également de situer dans le temps l'échelle relative des temps géologiques.

Datation relative
Elle permet d'ordonner chronologiquement des structures (strates, plis, failles, minéraux) et des événements géologiques variés (discordance, sédimentation, intrusion, orogenèse) les uns par rapport aux autres.

Dérive génétique ou génique
Elle peut se produire dans une population isolée à faible effectif. Sur le nombre de gamètes fabriqués à chaque génération, seul un petit nombre d'entre eux est utilisé pour donner naissance à la génération suivante. Étant donné le faible

nombre de reproducteurs, certains génotypes vont disparaître de la descendance et certains allèles seront ainsi perdus : les fréquences alléliques et génotypiques varient ainsi dans la population, de manière aléatoire.

Discordance
Discontinuité de la limite entre une strate de roche sédimentaire et les couches plus anciennes plissées, déformées et souvent érodées sur lesquelles elle repose.

Dorsale
Elle se présente en un alignement de reliefs sous-marins surplombant le plancher océanique de 2 km en moyenne sur une longueur de dizaines de milliers de km. Certaines dorsales présentent en leur axe un fossé d'effondrement, ou rift. La dorsale caractérise une zone en distension où s'écartent deux plaques lithosphériques et où naît du plancher océanique.

Duplication génique
Forme de mutation aboutissant au doublement d'un gène. Par sa répétition, elle est à l'origine des familles multigéniques qui, au sein d'une espèce, sont formées de gènes dérivant d'un même gène ancestral. Les duplications géniques sont responsables de la complexification du génome au cours de l'évolution.

Enzymes
Catalyseurs biologiques de nature protéique qui, en tant que protéines, résultent de l'expression directe de gènes. En tant que catalyseurs biologiques, elles interviennent dans les réactions chimiques du vivant en augmentant leur vitesse tout en se retrouvant intactes à la fin de celles-ci. Ces protéines sont spécifiques d'un substrat ou d'un type de réaction.

État ancestral
État (primitif) d'un caractère qui préexiste à une innovation évolutive le concernant ;

celle-ci est à l'origine d'un nouvel état, qualifié de « dérivé » (évolué).

État dérivé
État (évolué) d'un caractère né d'une innovation évolutive ayant affecté un caractère ancestral (ou primitif).

Fécondation
Union des gamètes mâle et femelle en une cellule unique, l'œuf, ou zygote. La fécondation rétablit la diploïdie en réunissant les lots haploïdes des gamètes.

Fosse océanique
Région caractéristique (marqueur) des zones de subduction où le fond océanique des plaines abyssales, voisin de – 4 km, s'enfonce pour donner une fosse allongée, étroite et profonde, pouvant atteindre voire dépasser les – 10 km. Cette fosse marque la flexion de la plaque subduite qui plonge sous une plaque chevauchante.

Fusion partielle
Fusion de certains minéraux d'une roche donnant naissance à un liquide et à un résidu non fondu ayant chacun une composition chimique différente de celle de la roche mère. À l'origine de la diversité des magmas.

##

Gène de développement
Gènes qui interviennent dans la construction d'un organisme à partir de l'œuf. Les plus connus sont les gènes homéotiques. Ils présentent une homologie remarquable chez les animaux : ils sont un héritage de l'ancêtre commun à la majorité des animaux. Des gènes homéotiques différents de ceux des animaux régissent l'organisation de la fleur.

Génome
Ensemble des gènes d'une espèce.

Génotype
Ensemble des gènes d'un organisme. On envisage souvent le génotype impliqué dans l'établissement d'un phénotype :

il se matérialise alors par l'écriture des deux allèles du gène considéré (pour un organisme diploïde).

Glycolyse
Processus se déroulant dans le hyaloplasme de toutes les cellules, au cours duquel une molécule de glucose est dégradée en deux molécules de pyruvate. Cette réaction métabolique produit de l'énergie libre sous forme de deux molécules d'ATP. C'est un préalable indispensable à la respiration mitochondriale.

Granitoïde
Terme désignant l'ensemble des diverses variétés de granites.

Hétérozygotie
Elle est le résultat de l'existence, au sein des populations, de plusieurs formes d'un même gène, les allèles. Dans l'espèce humaine, un individu est hétérozygote pour environ 10 % de ses gènes. En conséquence, les chromosomes homologues portent des allèles identiques (homozygotie) pour certains gènes, et des allèles différents (hétérozygotie) pour d'autres. L'hétérozygotie est responsable de l'efficacité du brassage génétique.

Hominidés
Ensemble regroupant les gorilles, les chimpanzés, les bonobos et les hommes.

Homininés
Ensemble des genres appartenant à la lignée humaine, c'est-à-dire australopithèques et hommes. Toute forme possédant au moins un caractère dérivé possédé uniquement par l'homme actuel appartient à la lignée humaine.

Hominoïdes
Ensemble regroupant les hominidés, les orangs-outans et les gibbons. Ils se caractérisent par l'absence de queue, leurs vertèbres caudales se soudant pour former un coccyx.

Hormone
Substance (molécule) élaborée par des cellules spécialisées, déversée dans le milieu intérieur et véhiculée par la circulation sanguine ; elle agit en se fixant à des récepteurs de cellules cibles, ce qui entraîne une modification de la physiologie de ces dernières.

Hybridation
Croisement de deux individus appartenant à deux variétés de la même espèce (intraspécifique) ou à deux espèces différentes (interspécifique). Elle peut être provoquée par l'homme mais peut également se produire naturellement.

Immunité acquise
Elle se développe tout au long de la vie en réponse aux conditions antigéniques de l'environnement, et résulte du fonctionnement du système immunitaire. Elle est mise en place soit par action naturelle de l'environnement soit par vaccination.

Immunité innée
Première ligne de défense immunitaire, à mise en jeu immédiate (pas de délai) et à large spécificité donc à reconnaissance globale (distinction du soi et du non-soi). Il n'y a pas de mise en mémoire après une réaction immunitaire innée. La mobilisation des mécanismes de l'immunité innée est indispensable au déroulement de la réponse immunitaire adaptative (acquise).

Inflammation
Ses manifestations décelables sont : rougeur, chaleur, œdème, douleur, altération fonctionnelle. Elles traduisent les différentes phases de la réaction inflammatoire : reconnaissance du pathogène par les macrophages et les cellules dendritiques, sécrétion de cytokines, attraction des phagocytes…

Innovation génétique
Mutation ponctuelle ou duplication de gènes ; l'innovation génétique se traduit donc par l'apparition d'un nouvel allèle ou d'un nouveau gène.

Interleukine
Protéine, sécrétée en particulier par les lymphocytes T4, agissant sur les lymphocytes B et les lymphocytes T8 (précytotoxiques) sélectionnés par l'antigène et provoquant leur expansion clonale et leur différenciation, respectivement en plasmocytes et en lymphocytes T cytotoxiques.

Isostasie
Application du principe d'Archimède aux éléments constitutifs du globe terrestre : la pesanteur de la lithosphère est équilibrée par la poussée d'Archimède que développe en réponse l'asthénosphère.

L M

Lithosphère
Couche la plus externe du globe terrestre ; elle est épaisse de quelques kilomètres au niveau des dorsales, d'une centaine de kilomètres sous les océans et de 150 à 200 kilomètres sous les vieux boucliers continentaux. Elle est formée de la croûte (océanique ou continentale) et de la partie supérieure du manteau. Considérée comme rigide, elle est découpée en plaques mobiles et repose sur le manteau asthénosphérique, plus plastique, moins cassant. En conséquence, les foyers sismiques sont toujours localisés dans la lithosphère.

Lymphocyte B
Globule blanc né dans la moelle osseuse et qui préexiste à l'entrée d'un antigène. Capable de reconnaître un antigène précis grâce à ses molécules d'anticorps membranaires toutes identiques, il est à l'origine de plasmocytes sécréteurs d'anticorps circulants et de lymphocytes B à mémoire, spécifiques de l'antigène reconnu.

Lymphocyte T8
Né dans la moelle osseuse, un lymphocyte T8, ou lymphocyte T précytotoxique (pré-CTL), préexiste à la pénétration d'un antigène. Les LT8, après reconnaissance d'un antigène précis présenté par les CPA, sont à l'origine des lymphocytes T cytotoxiques (CTL), effecteurs spécifiques.

Lymphocytes T4
Globules blancs nés dans la moelle osseuse et qui préexistent à l'entrée d'un antigène ; ils reconnaissent un antigène présenté par une CPA, subissent alors une expansion clonale et une différenciation en lymphocytes T4 sécréteurs d'interleukine et en lymphocytes T4 à mémoire. Ils sont porteurs de protéines membranaires CD4 et CCR5, auxquelles le VIH se fixe pour permettre son entrée dans les T4.

Macrophage
Cellule, présente dans les tissus, capable de phagocyter des antigènes. Porteur de protéines membranaires CD4, un macrophage constitue une des cibles du VIH et, par conséquent, un véritable réservoir à virus lors d'une infection.

Maladie opportuniste
Maladie normalement combattue efficacement par le système immunitaire, mais qui se développe dramatiquement chez les individus atteints d'immunodéficience.

Méiose
Elle assure le passage de la phase diploïde à la phase haploïde. Elle suit une phase de réplication de l'ADN et se compose de deux divisions cellulaires successives, qui aboutissent à la naissance de quatre cellules haploïdes. C'est durant la méiose que se produit le brassage génétique.

Mémoire immunitaire
Elle repose sur l'existence de cellules à mémoire (lymphocytes T4, T8 et B mémoire) spécifiques d'un antigène ; ces cellules résultent d'une réaction immunitaire vis-à-vis de cet antigène. Elles se caractérisent par une durée de vie très longue et une très grande réactivité lors d'un deuxième contact avec l'antigène.

Métamorphisme
Transformation d'une roche à l'état solide en raison d'un changement de pression et de température se produisant après sa formation. De nouveaux minéraux apparaissent et les roches métamorphiques présentent une structure et une texture différentes de celles de la roche d'origine.

Monophylétique
Caractère d'un groupe qui comprend une espèce ancestrale et tous ses descendants.

Motoneurone
Neurone dont le corps cellulaire est situé dans le tronc cérébral ou dans la corne antérieure de la substance grise de la moelle épinière et qui véhicule un message nerveux efférent vers des fibres musculaires. Un motoneurone et les fibres musculaires qu'il innerve constituent une unité motrice. Les motoneurones constituent l'unique voie de sortie du système nerveux central et constituent la voie finale de tout acte moteur.

Mutation
Modification de la séquence des nucléotides d'une molécule d'ADN par substitution, délétion ou addition d'un ou de plusieurs nucléotides ; ce terme désigne également l'expansion d'un motif constitué de quelques nucléotides. La duplication d'un gène est souvent considérée elle aussi comme une mutation.

Mutation faux-sens
Elle se traduit par le remplacement d'un acide aminé par un autre dans la séquence polypeptidique ; elle peut être conservatrice, si elle ne modifie pas les propriétés du polypeptide, ou non conservatrice si elle les modifie.

Mutation neutre
Mutation échappant à la sélection naturelle et pouvant, de façon aléatoire, se répandre dans une population ou disparaître.

Mutation non-sens
Elle transforme un triplet de nucléotides codant pour un acide aminé en un codon STOP ; cela entraîne la production d'un polypeptide tronqué, généralement non fonctionnel.

Mutation silencieuse
Par suite de la redondance du code génétique, elle n'entraîne aucune modification dans la séquence des acides aminés.

Ophiolites
Ensemble de roches (basaltes, gabbros et péridotites ou serpentinites) que l'on trouve dans les chaînes de montagnes et qui sont des fragments de la croûte océanique et du manteau supérieur ramenés en surface. Ces ophiolites peuvent être métamorphisées, et elles témoignent alors de la subduction d'une croûte océanique ; non métamorphisées, elles ont été charriées sur la croûte continentale sans avoir subi de subduction au préalable.

Palynologie
Étude des pollens et spores conservés dans les couches sédimentaires. Elle permet de reconstituer les conditions climatiques qui régnaient au moment de leur fossilisation.

Phagocytose
Mécanisme de l'immunité innée réalisé par des macrophages et des polynucléaires. Par ce processus, des particules volumineuses (poussières, débris cellulaires, bactéries...) sont éliminées après avoir été ingérées, par une digestion intracellulaire se déroulant dans des vacuoles de phagocytose ou phagolysosomes riches en enzymes.

Phase asymptomatique
Période de l'infection par le VIH sans manifestation pouvant évoquer une maladie, si ce n'est parfois des ganglions lymphatiques gonflés ; elle dure en moyenne 10 ans, mais sa durée est en réalité très variable (de 1 à 16 ans et plus).

Phase diploïde
Période durant laquelle l'organisme considéré est constitué d'une ou de plusieurs cellules diploïdes, c'est-à-dire d'une ou de plusieurs cellules possédant deux lots de chromosomes homologues ($2n$ chromosomes).

Phase haploïde
Période durant laquelle l'organisme considéré est constitué d'une ou de plusieurs cellules haploïdes, c'est-à-dire d'une ou de plusieurs cellules possédant n chromosomes (un chromosome de chaque paire existant dans la ou les cellules du même organisme lors de la phase diploïde).

Phénotype immunitaire
Il correspond, à un moment donné, aux clones présents dans l'organisme de lymphocytes B et T (T8 et T4), de cellules-mémoire, de cellules effectrices (plasmocytes, CTL) et de molécules effectrices (anticorps).

Phloème
Tissu conducteur des végétaux vasculaires où circule la sève élaborée. Constitué par des tubes criblés formés par l'alignement de cellules vivantes (sans noyau) dont les parois longitudinales et transversales présentent des pores (cribles). Le phloème est coloré en rose par le carmin aluné.

Plan de Benioff (ou plan de Wadati-Benioff)
Région grossièrement plane, formant un angle de 20 à 80 degrés, où sont localisés les foyers des séismes dans une zone de subduction. Le plan de Benioff traduit l'enfoncement d'une plaque lithosphérique sous une autre plaque.

Plasmocyte
Cellule effectrice sécrétrice d'anticorps. Les plasmocytes naissent de lymphocytes B à la suite d'une réaction immunitaire. Ils sont également nommés lymphocytes B sécréteurs.

Polyploïdie
Se dit d'une espèce dont le caryotype est constitué de plus de 2 jeux de n chromosomes.

Primates
Ordre de la classe des mammifères où l'on regroupe des espèces possédant les caractères dérivés suivants : pouce opposable aux autres doigts, boîte crânienne volumineuse par rapport à la face, présence d'ongles.

Primo-infection
Première phase de l'infection par le VIH ; elle est marquée par des symptômes discrets, comparables à ceux d'une maladie virale bénigne, comme une grippe légère (fièvre et douleurs musculaires).

R S T V X

Racine crustale
Elle est constituée par des écailles de manteau lithosphérique coincées dans la croûte et faisant partie des chevauchements affectant celle-ci dans certaines régions des chaînes de collision. Elle témoigne du raccourcissement et de l'épaississement (plus de 70 km) de la croûte continentale sous les chaînes de montagnes.

Radiochronologie
Ensemble de méthodes permettant de donner un âge absolu à des minéraux, des roches ou des fossiles en mesurant leur teneur en un élément radioactif (élément père) et celle du produit (élément fils) provenant de sa désintégration.

Relation de parenté
Deux espèces A et B sont plus étroitement apparentées l'une avec l'autre qu'elles ne le sont avec une espèce C si elles possèdent un ancêtre commun qu'elles ne partagent pas avec C. Cela signifie qu'elles possèdent des états dérivés hérités de cet ancêtre commun, états dérivés que ne possède pas C.

Sélection massale
Sélection à chaque génération des variants d'une population présentant le plus nettement, le (ou les) caractère(s) recherché(s).

Sélection naturelle
Elle résulte du fait qu'une innovation génétique peut se répandre ou non dans une population suivant qu'elle confère ou non une plus grande capacité de survie ou de reproduction aux individus qui la présentent par rapport à ceux qui ne la possèdent pas.

Séropositivité
Elle se traduit par la présence, dans le milieu intérieur, d'anticorps spécifiques d'antigènes caractéristiques, d'une bactérie ou d'un virus…

Sida
Syndrome de l'immunodéficience acquise ; stade terminal de l'infection due au VIH.

Solidus
Une roche étant constituée par un assemblage de minéraux de compositions chimiques différentes, elle ne se comporte pas comme un corps pur qui fond à une température précise. À une pression donnée, une partie des minéraux commencent à fondre à une certaine température, tandis que les autres restent à l'état solide : la roche subit une fusion partielle. Cette dernière ne devient totale qu'à une température plus élevée. Dans un diagramme température – pression, le solidus désigne la courbe de fusion commençante de la roche.

Subduction
Phénomène caractéristique des zones de convergence où la lithosphère océanique disparaît, soit sous une lithosphère continentale, soit sous une autre lithosphère océanique. Elle est caractérisée par un certain nombre de marqueurs qui en sont la conséquence.

Symbiose
Association à bénéfice réciproque, étroite et durable entre deux organismes.

Synapse
Zone de connexion entre l'extrémité de l'axone (bouton synaptique) d'un neurone et une autre cellule. Elle comporte une région présynatique caractérisée par la présence de vésicules synaptiques, un espace (ou fente) synaptique et une région postsynaptique dépourvue de vésicules. La synapse est polarisée : le message nerveux est uniquement transmis dans le sens présynaptique – postsynaptique grâce à un neuromédiateur contenu et libéré par les vésicules synaptiques.

Tétrapodes
Vertébrés possédant quatre membres locomoteurs munis de doigts.

Transfert viral
Certains virus incorporent leur ADN à celui d'autres êtres vivants. Certains des gènes viraux peuvent continuer à s'exprimer chez l'hôte, et sont source de diversité génétique qui entraîne la diversité phénotypique.

Transgenèse
Technique consistant à introduire un ou plusieurs gènes dans le génome d'un organisme vivant. Elle permet d'obtenir de nouvelles espèces animales ou végétales résistant aux parasites, aux insectes ou à des conditions climatiques négatives. Les organismes issus de la transgenèse constituent l'ensemble des organismes génétiquement modifiés (OGM).

VIH
Virus de l'immunodéficience humaine, c'est-à-dire virus du Sida.

Xylème
Tissu conducteur des végétaux vasculaires où circule la sève brute. Chaque vaisseau du xylème est constitué d'un alignement de cellules mortes plus ou moins lignifiées. Le xylème est coloré en vert par le vert d'iode.

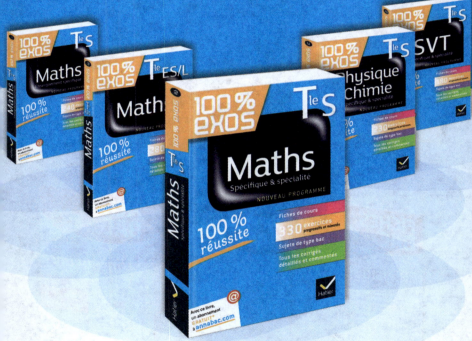

Révise avec le N°1 !

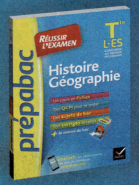
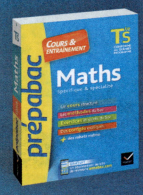

GRATUIT
Plus d'exercices et de sujets
sur **annabac.com**

Savoir faire ■ Faire savoir

CLAIR, VISUEL ET... 100% EFFICACE !

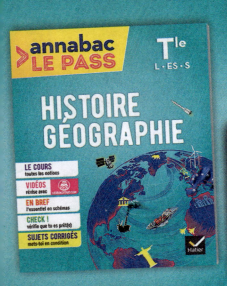

RÉVISE TON BAC AUTREMENT

Savoir faire • Faire savoir